Tom Cutler
Das Lieblingsbuch aller Männer

**Tom Cutler**, Sohn eines Sexualtherapeuten und ehemaligen Dominikanermönchs, brachte seine frühen Mannesjahre mit dem planlosen Studium der Kunstgeschichte und Philosophie an einer weltabgeschiedenen Universität zu. Seine berufliche Laufbahn begann er mit einer Reihe von Fehlstarts als Lehrer, Bühnenbildner, Kontrabassist, Redenschreiber, Drucker, Geschäftsführer eines Spielzeuggeschäfts, Texter, Weinkellner, städtischer Referent, Puppenmacher, Schriftsetzer, Zeitschriftenredakteur, Bandleader, Porträtmaler, Rundfunkreporter, Karikaturist und Ghostwriter für Kardinal Hume, bevor er aus dieser Tretmühle ausstieg, um sich seinen Filzpantoffeln zu widmen.

Tom ist Verfasser zweier hochgelobter Bücher mit Kinderliedern. Sein Lied »Pigs on Holiday« wurde live und szenisch von Martin McGuinness von der irischen Partei Sinn Féin aufgeführt. Cutler ist praktizierender Magier und Mitglied des Magischen Zirkels.

TOM CUTLER

# DAS LIEBLINGSBUCH ALLER MÄNNER

Übersetzung aus dem Englischen
von Wolfdietrich Müller

GUSTAV LÜBBE VERLAG

Gustav Lübbe Verlag in der Verlagsgruppe Lübbe

Titel der englischen Originalausgabe:
»211 Things a Bright Boy Can Do«

Für die Originalausgabe:
Copyright © 2006 by Tom Cutler
Published by arrangement with HarperCollins Entertainment, London

Walter de la Mare, *Tired Tim*: published by kind permission from The Literary
Trustees of Walter de la Mare and the Society of Authors and their
representatives. Deutsche Übersetzung von Isolde Grabenmeier.

Für die deutschsprachige Ausgabe:
Copyright © 2008 by Verlagsgruppe Lübbe GmbH & Co. KG,
Bergisch Gladbach
Illustrationen: Nicolette Caven
Titelillustration: © Roy Konitzer / iStockphoto; Creative Collection
Umschlaggestaltung: Kirstin Osenau
Textredaktion: Petra Trinkaus, Köln, und Isolde Grabenmeier, Bonn
Satz: Dörlemann Satz, Lemförde
Gesetzt aus der Adobe Caslon
Druck und Einband: CPI – Ebner & Spiegel, Ulm

Printed in Germany
ISBN 978-3-7857-2345-6

5  4  3  2  1

Sie finden uns im Internet unter: www.luebbe.de
Bitte beachten Sie auch: www.lesejury.de

*Dieses Buch ist dem Gedenken an
Fred Banting und Charles Best gewidmet,
ohne deren Fantasie und sture
Hartnäckigkeit es nie entstanden wäre.*

*Armer, müder Tim! Wie traurig für ihn.*
*Er trödelt den schönen Morgen herum,*
*Immer so müde und nichts zu tun.*
*Trübselig schleppt er sich durch den Tag,*
*Hat nichts zu denken, nichts, was er mag.*
*Mit der Kerze nach oben schleicht er dann,*
*So müd, dass er nicht einmal gähnen kann.*
*Armer, müder Tim! Wie traurig für ihn.*

WALTER DE LA MARE

# Inhalt

## III    Der Baum der nutzlosen Erkenntnis

ALLES, WAS SIE SCHON IMMER KÖNNEN WOLLTEN,
ABER NICHT WUSSTEN, WO SIE MIT DEM ÜBEN
ANFANGEN SOLLTEN

## IV    Der ideale Sportsmann

SPORT, HOBBYS UND SPIELE AN DER FRISCHEN LUFT

# INHALT

## V    Nichts im Fernsehen
SALON-UNTERHALTUNG FÜR EINEN VERREGNETEN
MITTWOCH

## VI Reingefallen!
### Gags, Wetten, Streiche und Schwindeleien

## VII Exhibitionistenparade
### Ungewöhnliche Tricks und Partygags für den anspruchsvollen Witzbold

# INHALT

# Dank

Jeder kluge Junge wird, wenn er einmal darüber nachdenkt, merken, wie oft er von Mädchen und Frauen abhängig ist. Dies sind nur einige jener weiblichen Wesen, die auf mich aufpassten, als ich an diesem Buch arbeitete: erstens meine Mutter, Pauline Cutler, die schockiert meinte, ich sei wohl nicht ganz richtig im Kopf; zweitens meine reizende Lektorin bei HarperCollins, Kate Latham, die einfach immer nur begeistert war; drittens meine stets fröhliche Agentin, Laura Morris, die einen Orden für ihre jedes gewöhnliche Maß übersteigende Geduld verdient; sodann Nicolette Caven, deren tolle Illustrationen den Text zum Leuchten bringen; nicht zu vergessen meine gute Freundin Jo Uttley, die eine Art Heldentherapie anwendete, indem sie ab und zu mit mir ins Theater ging; und schließlich meine ungläubige, nachsichtige, glückliche, normale (und so süße) Gattin Marianne, die stets dafür sorgte, dass ich genug Fahrgeld für den Bus hatte und ordentlich gekämmt war. Sie ist mir die Liebste von ihnen allen.

# Gebrauchsanweisung für dieses Buch

Dieses Buch ist für alle Jungen und Männer von etwa 16 bis 106 Jahren geschrieben worden, die an einem verregneten Mittwochnachmittag nichts mit sich anzufangen wissen. Spähen Sie für sich und das Buch einen geeigneten Rückzugsort aus – er sollte trocken, bequem, ausreichend geheizt und gut belüftet sein – und beginnen Sie zu lesen.

Hier finden Sie – neben den üblichen Anleitungen zum Mauerziegellegen und der Benutzung einer Armbanduhr als Kompass – vieles beschrieben, wovon Sie vielleicht schon gehört, das Sie aber für unmöglich gehalten haben. Etwa, wie man seinen Kopf wiegt, wie man im Spielkasino Geld gewinnt und wie man die Unterhose auszieht, ohne die Hose auszuziehen. Mit anderen Worten, all die fundamentalen Dinge, die man nicht in der Schule lernt.

Anders als gängige Anleitungsbücher, die oft esoterische Zutaten wie Kaliumpermanganat, Auripigment, Scheidewasser oder Bleiglätte verlangen, braucht man für dieses Buch nur Requisiten und Zutaten, die ohnehin herumliegen. Zugegeben, wenn Sie ein Spanferkel am Spieß braten wollen, benötigen Sie schon einiges ungewöhnliche Zubehör, aber meist müssen Sie nicht lange nach dem Material suchen.

Die Bastelbücher meiner Jugend enthielten oft so langweilige und komplizierte Anleitungen, dass man schon beim Lesen einschlief. Ich habe mich deshalb darum bemüht, dass die Anleitungen in diesem Buch nur aus einigen wenigen Schritten bestehen und die Beschreibungen kristallklar wie Engelstränen sind.

Ich habe auch fast alles persönlich ausprobiert und geprüft, muss allerdings gestehen, dass ich keine Gelegenheit hatte, tatsächlich über glühende Kohlen zu gehen. Aber ich habe selbst Eier eingelegt und Glasharmonika gespielt – wenn auch nicht gleichzeitig. In jenen Fällen, in denen ich etwas nicht selbst ausprobieren konnte, habe ich die fachmännischsten Fachmänner ausgefragt, derer ich habhaft werden konnte.

Der Einfachheit halber habe ich durchweg vorausgesetzt, dass Sie Rechtshänder sind. Wenn nicht, schicken Sie bitte keine Briefe an den Verlag, sondern benutzen Sie die Anweisungen einfach spiegelverkehrt, dann ist alles okay. Die Hände kommen nämlich auf den folgenden Seiten ziemlich häufig vor. So habe ich im Folgenden die einzelnen Finger bezeichnet:

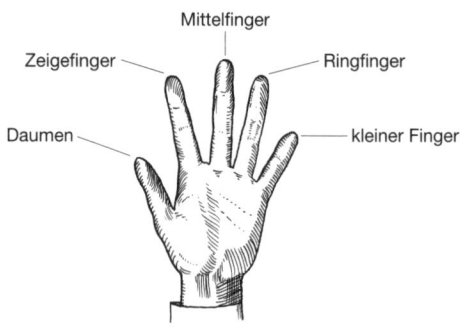

Bei Taschentüchern, Servietten und Papierbögen habe ich immer die obere linke Ecke mit A, die obere rechte mit B, die untere linke mit C und die untere rechte mit D bezeichnet.

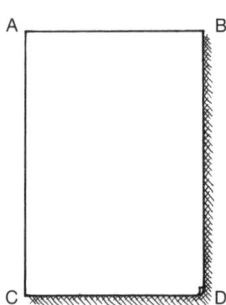

Gelegentlich spreche ich von Frauen als »Mädels«. Sollte sich Ihr Mädchen darüber aufregen, halten Sie sie bitte von einer Bücherverbrennung ab und machen Sie sie darauf aufmerksam, dass ich, wo immer es passend schien, »sie« statt »er« geschrieben habe. Insofern habe ich mich schon um politische Korrektheit bemüht.

Mit ein wenig Übung und selbstbewusstem Auftreten werden Sie selbst mit dem einfachsten Trick aus diesem Buch Furore machen. Viele habe ich aus den Tiefen meiner Erinnerung hervorgeholt, und die meisten habe ich seit meiner Schulzeit immer wieder ausprobiert. Darüber hinaus muss ich Martin Gardner Dank abstatten, dem Autor zahlreicher Bücher über Nutzloses, Erstaunliches und Witziges aus dem unscharfen Niemandsland zwischen Naturwissenschaften, Mathematik und Zauberei. Seine umfangreichen Sammlungen erinnerten mich gelegentlich an etwas, das ich vergessen hatte. Ich danke auch Ben Dunn, der die Idee zu diesem Buch hatte und mich als Autor verpflichtete. Er brachte mich auf ein paar Dinge, von denen ich noch nie gehört hatte – und das will etwas heißen. Ich bitte ihn um Entschuldigung, dass ich ihm bei einem Trick, der ein bisschen zu aufregend geriet, die Haare am Arm angesengt habe.

*Ich fordere Sie eindringlich auf, nichts von dem Gefährlichen auszuprobieren, das Sie hier lesen.* Über glühende Kohlen zu gehen ist auch für einen professionellen Fakir ein Wagnis. Betrachten Sie diese Geschichten lieber als Fantasien: reine Kopfgeburten, die man in einer Welt der Imagination umsetzen könnte.

Ich habe einige Tricks und Gags aufgenommen, für die man Zigaretten, Aschenbecher und Streichhölzer braucht, obwohl mir klar ist, dass Tricks mit diesen Requisiten heutzutage schwierig auszuführen sind – schlicht und einfach wegen der zahlreichen Rauchverbote. Bemühen Sie einfach Ihre Vorstellungskraft.

Sie dürfen gern Anleitungen und Rezepte dem Inhalt Ihres Küchenschranks anpassen, aber wenn in der Anleitung von einer scharfen Schere die Rede ist, dann brauchen Sie genau die, und wo Klebstoff steht, ist mit Klebeband nichts zu machen. Geben Sie auf keinen Fall mir die Schuld, wenn Sie etwas anders machen und die Sache in die Hose geht.

Aber wir vergeuden Zeit; legen wir los.

# Der echte Mann

## Ein Leitfaden für Kerle

*So lasst uns denn bereit sein und handeln …*
Henry Wadsworth Longfellow

# Die Armbanduhr als Kompass

Angenommen, Ihr Jeep ist in der Wüste liegen geblieben. Sie wissen, dass 10 Kilometer weiter östlich eine Oase liegt, sich aber über 80 Kilometer in jeder anderen Richtung Wildnis erstreckt. Zu allem Übel haben Sie Ihren Kompass verloren, und wie wollen Sie nun das nächste Wasserloch finden? Wie immer in diesen äußerst ungewöhnlichen Situationen ist die Antwort ganz einfach. Sie verwenden Ihre Armbanduhr als Kompass. Und so geht's.

So wird's gemacht

1    Nehmen Sie die Uhr ab und richten Sie den Stunden-
     zeiger auf die Sonne.

2    Legen Sie ein Streichholz quer über das Zifferblatt,
     in die Mitte zwischen den Stundenzeiger und die
     Zwölf (während der Sommerzeit in Mitteleuropa, wo
     es allerdings keine Wüsten gibt, nehmen Sie, wenn Sie
     dieses Experiment simulieren, die Elf). Das Streich-
     holz zeigt dann nach Süden (in der nördlichen Hemi-
     sphäre – in der südlichen Hemisphäre zeigt es nach
     Norden). Und das ist schon alles.

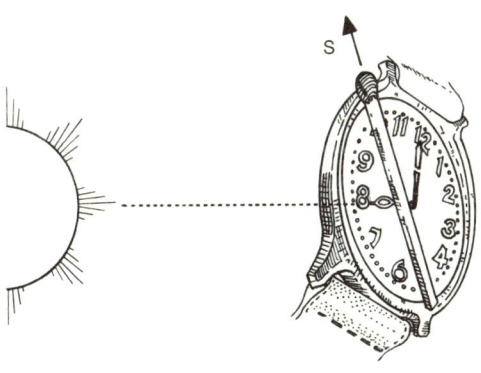

## FEHLERQUELLEN

Angenommen, Sie sind nicht in der Wüste, sondern im Dschungel, und die Sonne versteckt sich hinter Wolken. Wenn Sie einen Bleistift, einen Stock oder auch einen Finger senkrecht auf einen hellen Stein halten, wirft er selbst an einem trüben Tag einen recht deutlichen Schatten, der die Richtung der Sonne anzeigt. Nun können Sie Ihre Uhr korrekt ausrichten.

Und wenn Sie eine Digitaluhr tragen? Dann lesen Sie einfach die Zeit ab, zeichnen eine imaginäre Uhr mit dem Finger auf die Handfläche und bestimmen die Richtung wie oben beschrieben.

® *1 Million Sekunden sind 11 Tage; 1 Milliarde Sekunden sind 31,7 Jahre.* ®

# Weinbestellung im Restaurant

Sollten Sie in einem 08/15-Wirtshaus essen, verstehen Sie vermutlich mehr vom Wein als die Bedienung. Wirklich gute Restaurants hingegen verfügen über einen eigenen Weinkellner, den »Sommelier«, der Sie beraten wird. Leider sind manche Weinkellner – auch in richtig teuren Fresstempeln – arrogante Besserwisser, ignorante Barbaren oder beides in einer Person. Die beste Verteidigung gegen solche unangenehmen Zeitgenossen ist, sich vorher ein wenig kundig zu machen. Hier kommt die Überlebensstrategie für Otto Normaltrinker.

### AUSWAHL AUS DER WEINKARTE

1   Trotz seiner beachtlichen eigenen Weinproduktion ist Deutschland der größte Importeur des Rebensafts weltweit. An erster Stelle der Herkunftsländer steht Italien, dann folgen mit Abstand Frankreich und Spanien und schließlich sehr viel weiter hinten Chile und

die USA, aus denen etwas die gleichen Mengen nach Deutschland importiert werden. Eingeführt werden vor allem Rotweine. Aber halten wir uns an die europäischen Weine. Als grober Anhaltspunkt in der Frage »Was passt wozu?« gilt: Rote Burgunder passen gut zu dunklem Fleisch und deftiger französischer Küche. Beaujolais aus dem Südburgund (nördlich von Lyon) harmoniert mit leichteren Speisen und fleischigem Fisch. Weißweine einschließlich Champagner passen eher zu leichteren Gerichten und allen anderen Meeresfrüchten.

Wenn Sie sich zwischen Italien und Spanien entscheiden müssen, werden Sie feststellen, dass Rioja und Tapas gut zusammenpassen, während Chianti und Orvieto gut zu Pasta, Pizza und anderen italienischen Leckereien schmecken. So einfach ist das: Trinken Sie zu landestypischen Speisen den entsprechenden Wein, und es passt. Wenn Sie einen guten Wein zu einem vernünftigen Preis suchen, finden Sie oft Kandidaten mit weniger klangvollen Namen auf der Karte versteckt.

2  Restaurants schlagen im Allgemeinen auf Getränke kräftig auf, wie Sie manchmal deprimiert an einem an der Flasche vergessenen 3,99 €-Supermarkt-Preisschild ablesen können. Restaurantmanager wissen auch, dass es ihren Gästen oft peinlich ist, den billigsten Wein zu wählen, und sie sich stattdessen für *den Zweituntersten auf der Karte* entscheiden. An diese Stellen setzen sie deshalb irgendeinen Fusel mit einer gigantischen Gewinnspanne. Am besten entscheiden Sie sich also für einen Posten aus dem mittleren Bereich.

3  Manchmal wirkt die Fülle des Angebots überwältigend, aber lassen Sie sich nicht einschüchtern. Ein guter Tipp sind Weine, von denen Sie noch nie gehört haben oder die Sie nicht aussprechen können. Meiden

Sie die Chardonnays, Merlots, Pinot Grigios, Frascatis, Valpolicellas und andere »Fabrik«-Weine, und seien Sie bei Bordeaux vorsichtig: Es gibt zweitklassige Jahrgänge, und die Gewinnspannen sind häufig sehr groß. Bei chilenischen, spanischen, argentinischen, kroatischen, portugiesischen und griechischen Weinen ist das Preis-Leistungs-Verhältnis oft reeller, das gilt besonders für die roten.

4 Viele Hausweine schmecken wie frisch aus dem Tankwagen, und wer anständig essen will, sollte sie lieber meiden. Zu billigen Magenfüllern allerdings, oder wenn Sie stark erkältet sind, ist es wenig sinnvoll, etwas Ausgefallenes zu bestellen. Greifen Sie bedenkenlos zum Hauswein. Machen Sie sich aber nicht die Mühe, ihn zu probieren *(siehe unten)*. Einmal kurz schnuppern genügt.

5 Seien Sie gewappnet, wenn Sie Champagner bestellen – die Preise können einen umhauen. Es muss nicht immer Champagner sein. Ein wirklich guter, nicht perlender Weißwein ist oft die bessere Wahl. Weißweine (einschließlich Schaumwein) werden kalt serviert, Rotweine im Allgemeinen temperiert, obgleich ein gekühlter Beaujolais Primeur ausgezeichnet mundet. Bitten Sie um einen Eiskübel, wenn Sie Ihren Wein kühl halten wollen. Wenn darin vor allem Wasser und zu wenig Eis ist, reklamieren Sie sofort.

## DER ZIRKUS UM DIE FLASCHE

Das theatralische »Verkosten« eines ordinären Hausfusels, das in so vielen Fresstempeln zelebriert wird, können Sie sich sparen. Dennoch sollten Sie sich unbedingt die Mühe machen, zu prüfen, ob der teure Wein, den Sie bestellt haben, auch wirklich in Ordnung ist. Lassen Sie sich dabei Zeit. Bevor der Kellner die Flasche öffnet, wird er sie Ihnen zeigen. Er tut das nicht aus Spaß, sondern damit Sie ihm einige Dinge bestätigen.

1 Als Erstes achten Sie darauf, dass die Flasche nicht geöffnet ist. Falls doch, lassen Sie sie zurückgehen (kommt allerdings kaum vor).

2 Dann werfen Sie einen Blick auf das Etikett. Wenn Sie verwirrt sind, befinden Sie sich in guter Gesellschaft: 72 % der französischen Weintrinker sagen, dass sie die Angaben auf Flaschenetiketten eigentlich nicht verstehen. Zunächst kontrollieren Sie, ob es die richtige Lage und der richtige Jahrgang ist. Falls nicht, fragen Sie nach dem richtigen oder bestellen einen anderen. Die Preis- und Qualitätsunterschiede zwischen zwei Jahrgängen desselben Weinguts können beträchtlich sein.

3 Sobald die Flasche geöffnet ist, muss der Kellner das Glas höchstens zur Hälfte füllen, außer bei Champagner. Ein guter Kellner weiß, dass Sie Platz brauchen, um den Wein ein wenig zu schwenken.

4 Betrachten Sie den Wein: Er sollte klar und »leuchtend« sein. Ist er trüb oder schwimmen Partikelchen darin, lassen Sie ihn zurückgehen. Halten Sie nun den Fuß des Glases mit dem Zeige- und Mittelfinger fest und beschreiben Sie einen kleinen Kreis auf der Tischplatte. Beschleunigen Sie die Drehung allmählich. Durch dieses Schwenken werden die Aromen des Weins (das *Bouquet*) freigesetzt.

5 Schnuppern Sie am Wein, um zu prüfen, ob er nicht in der Flasche gekippt ist. Durch moderne Produktionsmethoden kommt dies bei jüngeren Jahrgängen kaum noch vor. Riecht der Wein allerdings nach nasser Pappe oder den modrigen Ecken unter einer Eisenbahnunterführung, hat er vermutlich mit dem Korken reagiert und ist gekippt. Er »korkt«. Wenn Sie den Duft von Käse oder Sauerkraut wahrnehmen, ist der Wein ebenfalls verdorben; lassen Sie ihn zurückgehen. Riecht er nach Essig, haut es Sie ohnehin um, sobald die Flasche offen ist. Falls er komisch riecht, Sie sich

aber nicht ganz sicher sind, fragen Sie den Sommelier: »Sie sind der Experte, junger Mann, werfen Sie mal einen Blick darauf und nehmen Sie eine Nase voll. Soll ein Wein trüb sein und das Aroma von feuchtem Hund in einem ungelüfteten Stall haben?« Und lassen Sie sich ja nicht einreden, das sei okay. Lassen Sie sich nicht beirren; Nasen lügen nicht. In einem seriösen Lokal wird der Kellner einen reklamierten Wein ohne Einwände durch einen anderen ersetzen.

6 Falls Sie den Korken gereicht bekommen, ignorieren Sie das. Früher prüften Restaurantgäste, ob Lage und Jahrgang auf dem Korken mit dem Etikett übereinstimmten, um zu verhindern, dass skrupellose Restaurants noble Etiketten auf miesen Wein klebten, aber das kommt heute nicht mehr vor. Das Schnuppern am Korken entspricht dem Fußtritt gegen die Reifen eines Gebrauchtwagens. Es hat absolut keinen Sinn, und Sie wirken wie ein Idiot – besonders, wenn der Korken aus Kunststoff ist! Ich habe einmal einen Typen an einem Schraubverschluss riechen sehen. Keine Ahnung, was in diesem Kopf vor sich ging.

7 Sie können den Wein jetzt kosten, aber wenn er den Test bis hierher bestanden hat, ist er fast sicher in Ordnung. Sagen Sie übrigens niemals: »Ja, der ist köstlich.« Der Kellner möchte, dass Sie überprüfen, ob der Wein in gutem Zustand ist, und dass Sie ihn gern bestellen. Er will nicht wissen, was Ihnen schmeckt. Wenn es in Restaurants darum ginge, würden die Kellner nächtelang Flaschen öffnen und die Hälfte davon wieder wegtragen.

8 Nur ein Sommelier, der nichts von seinem Handwerk versteht, würde Ihnen einen Sekt zum Kosten anbieten. Wenn er schäumt, ist er gut.

---

*❀ Die Wahrscheinlichkeit, von einem Champagnerkorken getötet zu werden, ist sehr viel höher als die, durch den Biss einer Vogelspinne umzukommen. ❀*

# Wie merkt man, dass ein Mädchen einen mag?

Wenn es darum geht, die zahllosen Flirtsignale zu erkennen, mit denen eine Dame einem Mann zu verstehen gibt, dass er ihr gefällt, sind Männer in etwa so aufgeschmissen wie ein Neandertaler in einem Kabuki-Drama. Frauen, die diese Sprache aus dem Effeff beherrschen und ständig anwenden, um Partner anzulocken, stellen oft fest, dass sie ihren Sirenengesang sozusagen an taube Ohren verschwenden. Hier findet der Cro-Magnon-Mensch eine Klartext-Liste jener Zeichen, nach denen er Ausschau halten muss.

## Am Strand und auf der Strasse
* *Blick zurück über die Schulter*: Dieses Signal bedeutet »Folge mir«. Also folgen Sie ihr.
* *Sich ans Haar fassen*: Wenn sie ihr Haar berührt oder damit spielt, hat sie Sie auf dem Radar.
* *Den Kopf hochwerfen*: oft mit gleichzeitigem Zurückwerfen der Haare – Sie haben freie Bahn.
* *Haare zurückwerfen*: Wie das Hochwerfen des Kopfes wird dies von manchen schwulen Männern imitiert.

## In geschlossenen Räumen
* *Kleidung glatt streichen oder überprüfen*: Unter einer Vielzahl von Signalen ist dies oft ihr erster Schritt.
* *Die Innenseite des Handgelenks zeigen*: Häufig kombiniert mit dem Berühren des Haares, bedeutet es grünes Licht.
* *Daumen im Gürtel*: Diese »zeigende« Geste ist sexuell aufgeladen – vielleicht mögen Sie das.
* *Seitenblick durch halb geschlossene Augenlider*: Falls sie wegblickt, wenn sich Ihre Blicke begegnen, ist das eine eindeutige Aufforderung.

## AUS NÄCHSTER NÄHE

* *Hand/Hände auf den Hüften, Körper Ihnen zugewandt:* Die Sache kommt in Schwung.

* *Langsames Übereinanderschlagen oder Entkreuzen der Beine:* Der Händler stellt seine Ware aus.

* *Geöffneter Mund:* ein sexuelles Allzwecksignal, das genaue Gegenteil der gespitzten Lippen einer alten Jungfer.

* *Weit offene Augen und hochgezogene Brauen:* Wegen seiner Kürze eines der subtilsten unterbewussten Signale, das häufig übersehen wird. Es besagt, »Ich bin ganz schön scharf auf dich!« Halten Sie Ausschau danach.

* *Der Schuhtrick:* Wenn sie mit der Ferse immer wieder aus dem Schuh schlüpft, ist dies eine offen erotische Geste.

* *Sie streicht sich über den Schenkel:* Na los, Alter, das ist das Startsignal.

* *Nähe:* Ist sie Ihnen so nahe gerückt, dass Sie ihren Atem spüren? Worauf warten Sie noch?

* *Kniekontakt:* Hat ihr Knie ganz leicht Ihre Knie gestreift? Nein, das war kein Zufall.

* *Berühren der Hand:* Könnte sehr kurz sein, aber Sie sind auf der Zielgeraden.

* *Der lange intime Blick mit erweiterten Pupillen:* Spannt Ihre Hose?

* *Streicheln eines länglichen Gegenstands, etwa einer Flasche, eines Baguettes oder eines Pfefferstreuers:* Na, also bitte!

* *Fingerlutschen:* Nicht auszuhalten! Wenn sie einen Vorwand findet, Sie zu bitten, ihren Finger zu lutschen, oder wenn sie Ihren lutscht, vergeuden Sie wertvolle Zeit. Ab ins Bett.

---

*Die Pheromone eines weiblichen Nachtfalters können Männchen in 10 Kilometer Entfernung erregen.*

# Was sagt ein Händedruck?

Die Briten sind berühmt für ihre Abneigung gegen Berührungen. Auch wenn sie allmählich lernen, bei gesellschaftlichen Zusammenkünften oder im Geschäftsleben Hände zu schütteln, haben sie noch viel Nachholbedarf gegenüber den Franzosen, die sogar ihren Frauen am Frühstückstisch die Hand drücken. Der Händedruck ist ein ganzes Bündel uralter Signale, die uns helfen, schnell unterbewusste Urteile über den Menschen zu fällen, den wir gerade kennengelernt haben. Ganz gleich, ob es sich um einen zukünftigen Mitarbeiter, einen Politiker oder einen neuen Freund handelt – wer diesen prähistorischen nonverbalen Gruß analysieren kann, ist im Vorteil.

Die Art eines Händedrucks kann stark variieren, dennoch gibt es drei Grundtypen: den beherrschenden, den unterordnenden und den gleichberechtigten. Jeder Händedruck lässt sich in eine dieser Kategorien einordnen, wobei die Handhaltung wichtige Rückschlüsse auf die Intention zulässt.

1     Der gleichberechtigte Händedruck
Der gebräuchlichste Händedruck ist der gleichberechtigte, bei dem die offene Handfläche senkrecht mit dem Daumen nach oben gereicht wird. Wenn man eine Hand so geboten bekommt, darf man annehmen, dass das Gegenüber einen als Gleichgestellten ansieht. Also schüttelt man die Hand wie üblich, die Standardzahl der Handbewegungen liegt zwischen fünf und sieben.

2     Der unterordnende Händedruck
Schüttelt man die Hand mit der Handfläche nach oben, gibt man zu erkennen, dass man auf Autorität verzichtet. Dieser Händedruck kann nützlich sein, wenn sich der andere bedroht fühlt, aber es gibt einige abstoßende Versionen, bei denen es den Empfänger

kalt überläuft. »Feuchter Tintenfisch« oder »Pfarrers-
finger« ist wohl der bekannteste kriecherische Händedruck. Es ist schrecklich, vier feuchtkalte weiße Finger
anfassen zu müssen, die schlaff vor einem baumeln,
wobei die schlaffe Hand eine schlaffe Persönlichkeit
spiegelt. Eine noch ausgeprägtere passiv-aggressive
Version ist die lasche »zweifingrige Witwe«. Es ist, als
würden einem ein Paar Kuhzitzen zum Schütteln gereicht. Diese passiven Formen des Händedrucks ver-
mitteln körpersprachlich eine starke Zurückweisung –
und es funktioniert.

3 (A)  DER BEHERRSCHENDE HÄNDEDRUCK

Den beherrschenden Händedruck erlebt man in der
Regel bei einem aggressiven Chef oder einer anderen
Autoritätsperson, von der in der Regel auch die Initiative zum Händedruck ausging. Eine nach unten wei-
sende Handfläche ist das Signal, dass die betreffende
Person Sie beherrschen möchte, und der Winkel der
Handfläche zum Fußboden spiegelt den Grad der Ag-
gressivität und Dominanz.
Wenn Sie ein Vorstellungsgespräch haben oder Anweisungen von Ihrem Schuldirektor bekommen, gibt
es nur eine höfliche Form, den Händedruck zu erwi-
dern: mit der Handfläche zur Decke. Wenn aber der
Verflossene Ihrer Freundin einen solchen Händedruck
versucht, müssen Sie auf jeden Fall Gegenmaßnah-
men ergeifen. Zu diesem Zweck treten Sie mit dem
linken Fuß vor, während Sie nach seiner Hand greifen,
und zwar auf die einzig mögliche Art, nämlich mit der
Handfläche nach oben unter seiner Hand. Jetzt rücken
Sie mit dem rechten Fuß vor und drehen gleichzeitig
seine Hand so, das Ihre oben ist. Damit haben Sie
seinen dominanten Händedruck kastriert und sind in
seine Individualdistanz eingedrungen, sodass er sich
schrecklich unwohl fühlt. Dann sagen Sie so etwas

wie: »Wissen Sie eigentlich, dass Sie mit dieser Frisur sehr weiblich aussehen?« Problem gelöst.

Der aggressivste Händedruck dieser Art ist der mit steifem Arm, ausgestrecktem Daumen und der Handfläche nach unten, ziemlich ähnlich einem Hitlergruß mit gesenktem Arm. Unterwerfen Sie sich nicht dieser tyrannischen Geste, es sei denn, Sie freuen sich auf die Schinderei, die Ihnen dann bevorsteht. Die einzige Möglichkeit, das zu kontern, ist, die Hand gar nicht zu nehmen, sondern von oben anzugreifen, indem Sie fest sein Handgelenk umfassen und heftig den Arm schütteln. Dies wird ihn demütigen. Kombiniert mit einem beherzten Schritt nach vorn in seine Intimsphäre, ist es kaum zu toppen.

3 (B) **Der beidhändige beherrschende Händedruck**

Dieser auch als »Politikergriff« bezeichnete, bestimmte Händedruck hat mehrere Grade. Der Schüttler legt seine linke Hand auf die rechte des Empfängers und setzt ein breites, schmieriges Grinsen auf. Die nächsten vier Stufen sind alle bei Verkäufern beliebt, wobei diese Ihre rechte Hand wie normal festhalten und die linke (a) zum Handgelenkgriff benutzen, dann fortschreiten zu (b) der Ellbogenklammer, (c) dem Bizepsdrücken und schließlich (d) dem Schultergriff. Es gibt noch einen weiteren, allerdings selten zu sehenden komplexen Händedruck, bei dem der Schultergriff beibehalten wird, während der Verkäufer – in der Regel lächelnd oder breit lachend – seine linke Wange an Ihre Schulter sinken lässt, als schwelge er mit Ihnen in einer lange vergessenen lustigen Familiengeschichte. Diese Formen sollen alle unterschiedlichen Grade von Kumpelhaftigkeit demonstrieren, rufen aber gewöhnlich im Gesicht des Opfers nur ein mattes Grinsen hervor.

## Die Handzeichen der Freimaurer

Es ist allgemein bekannt, dass sich die Freimaurer durch geheime Handzeichen verständigen, allerdings war keiner meiner Gesprächspartner bereit, das Folgende zu bestätigen. Von manchen als Zeichen einer böswillen Verschwörung gefürchtet, gleicht der Händedruck der Freimaurer tatsächlich eher den Erkennungszeichen unter Pfadfindern, bedeutet also kaum mehr als die Mitgliedschaft in einem Club Gleichgesinnter. Die Freimaurer sind ein hierarchischer Bund mit einer strengen Ordnung verschiedener Händedrücke, die eine beeindruckende biblische Nomenklatur haben, darunter die Bezeichnungen »Schibboleth«, »Giblim«, »Boas« und »Tubalkain«.

Die Handschläge reichen vom subtilen, unauffälligen bis zum ausgewachsenen »echten Griff« des Freimaurermeisters, »Ma-Ha-Bone«, der an ein Paar kopulierender Kopffüßer erinnert. Unten folgt eine Beschreibung des »Ausweis-Griffs« des Meisters, damit Sie üben können. Probieren Sie es doch mal am Polizeipräsidenten aus, wenn Sie ihm das nächste Mal begegnen. Mal sehen, was passiert.

## Tubalkain – der »Ausweis-Griff« des Meisters

Für einen Zuschauer sieht es eigentlich wie jeder andere Händedruck aus, drückt man aber einem Freimaurer die Hand, wird er den Unterschied spüren. Dieser Griff ist dem niedriger einzustufenden »Schibboleth« sehr ähnlich, bei dem man den Daumen auf die Stelle zwischen dem ersten und zweiten Knöchel der Hand des Gegenübers drückt, und

dem »Jachin«, der zwischen »Schibboleth« und »Tubalkain« rangiert und bei dem man den Daumen auf den zweiten Knöchel drückt.

»Tubalkain« verlangt, dass man den Daumen fest zwischen den zweiten und dritten Knöchel des anderen Mannes drückt, wie auf der Abbildung dargestellt. Wenn Sie es mit einem Freimaurer zu tun haben, wird er das Gleiche tun. Was Sie als Nächstes anstellen, kommt ganz allein auf Sie an.

⊛ Manch alten Zopf schneidet man besser ab. ⊛

## Einmaleins des Tabakschnupfens

Da es heute immer schwieriger wird, einen öffentlichen Ort zu finden, an dem ein junger Mann eine Zigarette, Pfeife oder Zigarre rauchen darf, finde ich es an der Zeit, die Kunst des Tabakschnupfens wieder aufleben zu lassen.

Schnupftabak ist pulverisierter Tabak mit den aromatischen Extrakten exotischer Früchte und Gewürze, die selbst einen alten Blaustrumpf auf der Stelle bekehren. Neulinge werden staunen über die verwirrende Vielfalt der Schnupftabake, von köstlich mit Bergamotte parfümierten Sorten bis zu den in der Nase beißenden Mentholvarianten – sie werden empfohlen als schnell wirkendes Mittel gegen Seekrankheit.

Es stimmt nicht, dass die einzige richtige Art des Schnupfens darin besteht, das Pulver auf den Handrücken zu streuen, bevor man es durch die Nasenlöcher inhaliert. Das Streuen hat den Sinn, dass das Pulver sich mit Luft vermischen kann, während es in die Nasengänge steigt. Das Aroma wirkt runder und weniger brennend. Aber mit etwas Übung kann man wunderbar direkt aus den Fingern schnupfen. Ein Tabakschnupfer aus meinem Bekanntenkreis machte es so und warf dabei elegant den Kopf zurück. Leider wurde er wegen seiner dandyhaften Kleidung häufig von Jugendlichen auf der Straße angepöbelt.

## TABAKSCHNUPFEN FÜR ANFÄNGER

* *Die Schnupftabakdose öffnen (natürlich der entscheidende erste Schritt).*

* *Eine kleine Prise zwischen Daumen und Zeigefinger nehmen.*

* Auf den Handrücken der *linken* Hand streuen (für Linkshänder: der *rechten* Hand).

* *Die Dose schließen (in eine offene Dose zu niesen erzeugt eine teure braune Wolke).*

* *Den Kopf über die Hand beugen und die Hälfte der Prise in einem schnellen Zug ins linke Nasenloch saugen.*

* *Die zweite Hälfte der Dosis mit dem rechten Nasenloch einsaugen (dabei nicht tief einatmen, sonst gelangt der Tabak in die Kehle).*

* *Nase und Hand elegant abwischen und die Tränen aus den Augen tupfen.*

Der Wirkstoff im Schnupftabak ist Nikotin – ein starkes Suchtmittel. Deshalb ist es klug, Gelegenheitsschnupfer zu bleiben. Der englische Romancier und Kritiker Kingsley Amis beschrieb einmal einen Zustand, den er »doppelte Schnupfernase« nannte. Er zeichnet sich durch die Empfindung aus, zwei etwa wespengroße Igel in der Nase zu haben. Der Gewohnheitsschnupfer entdeckt schnell andere unschöne Nebenwirkungen des Schnupftabaks: einen ständig tropfenden Rüssel, Niesen in Technicolor, braune Kopfkissen und eine gesalzene Wäscherechnung. Schnupftabaktücher sehen dekorativ aus, aber sie sind aus gutem Grund lebhaft gemustert – damit man die ekligen verkrusteten Nasenabsonderungen nicht sieht.

Gesundheit!

*® Es ist unmöglich, mit offenen Augen zu niesen. ®*

# Die hohe Kunst des Rasenmähens

Eine alte Weisheit besagt: »Einen englischen Rasen oder ein ruhiges Leben – beides kann man nicht haben.« Wie viele andere Weisheiten geht sie völlig an der Realität vorbei. Mit etwas Mühe kann man durchaus einen beeindruckenden Rasen besitzen *und* die Zeit haben, ihn zu genießen. Vernachlässigt man die Rasenpflege dagegen, muss sich das schöne Gras bald gegen eine Allianz aus Disteln, Gänseblümchen und Moos durchsetzen. Man sollte den Rasen regelmäßig düngen, wässern und stets unverzüglich gegen auftretendes Unkraut, Würmer und andere Schädlinge vorgehen. Regelmäßiges Mähen bringt den Rasen in Bestform und lässt ihn üppig sprießen. Es folgt die Mäherbibel in Kurzfassung.

* *Besorgen Sie sich einen wirklich hochwertigen Rasenmäher und pflegen Sie ihn gut.*

* *Mähen Sie von März bis Oktober – zweimal wöchentlich im Sommer, einmal wöchentlich im Frühjahr und Herbst –, und zwar stets, wenn der Rasen trocken ist. Regelmäßiges Mähen ist gut. Seltene Fassonschnitte sind schlecht.*

* *Die optimale Grashöhe beträgt zwischen 2,5 und 3 cm. Vor dem Mähen unbedingt Steine, Tennisbälle und Bierdosen mit einem Rechen entfernen.*

* *Lassen Sie keine Grasabfälle auf dem Rasen liegen: Das sieht hässlich aus und schadet mehr, als es nützt.*

* *Um Rippen im Gras (»Waschbrett«) zu vermeiden, wechselt man nach jeder gemähten Bahn die Richtung um 90°. Von links nach rechts, dann von oben nach unten und wieder von links nach rechts.*

* *Streifen – ziehen Sie die um Himmels willen ordentlich! Zunächst brauchen Sie eine Walze für den Rasenmäher, denn dadurch entstehen die Streifen. Der Effekt ergibt sich, indem man mit dem Mäher ohne anzuhalten über den ganzen Rasen fährt, als würde man einen alten Menschen im Rollstuhl schieben. Die Skizze zeigt, wie es geht:*

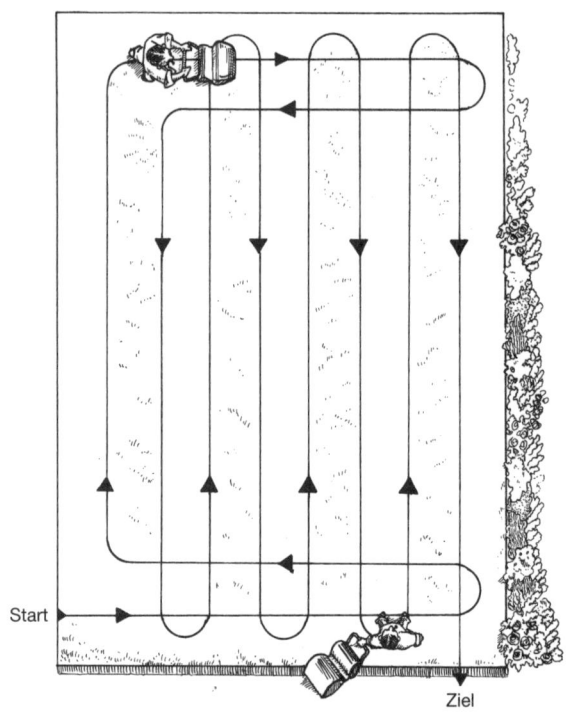

Start

Ziel

® *Der Court No. 1 und der Centre Court in Wimbledon werden nur*
*während Grand-Slam-Turnieren benutzt.* ®

# So übersteht man eine Woche mit nur einer Garnitur Kleidung

Angenommen, Sie stranden in einem fremden Hotel. Vielleicht hat ein Hurrikan den Flughafen und die Geschäfte zerstört, oder Sie haben geistesabwesend nur Kleidung für einen Tag eingepackt: ein Hemd, einen Pullover, eine Hose, eine Unterhose und ein Paar Socken. Selbst der nachlässigste Typ wird bei dem bloßen Gedanken erbleichen, jeden Tag in denselben Klamotten herumzulaufen, vor allem, wenn er dem schönen Geschlecht zugetan und in Ferienstimmung ist. Keine Angst, so meistern Sie diese kleine Notlage.

1  Duschen Sie jede Nacht im Hotel – in Socken. Seifen Sie die Füße mit den Socken gut ein. Gleichzeitig waschen Sie Ihr Taschentuch gründlich mit Seife oder Shampoo aus. Nach gründlichem Abspülen ziehen Sie die Socken aus, wringen sie aus und hängen sie über den Heizkörper. Das Taschentuch pressen Sie an die Kacheln der Dusche und lassen es dort kleben.

2  Der Rundfunksprecher Johnny Morris behauptete, er sei mit nur drei Hemden um die Welt gereist: Eins trug er am Leib, während eines im Waschbecken einweichte und eines zum Trocknen in seinem Hotelzimmer auf dem Bügel hing. Bei meiner Methode kommt man sogar mit einem einzigen Hemd aus. Lassen Sie Wasser in die Badewanne und waschen Sie Hemd und Unterwäsche mit der Hotelseife. Den Hemdkragen bürsten Sie kräftig mit der Nagelbürste. Wringen Sie die Unterhose aus und hängen Sie sie über den Heizkörper. Dann hängen Sie das Hemd über einen Kleiderbügel und lassen es im Bad oder über einem Heizkörper trocknen. Stark knitternde Hemden hängt man neben die möglichst heiß laufende Dusche. Durch den Dampf verschwinden die Falten von selbst. Einer äußerst unglücklichen Illusion erliegt, wer glaubt, er brauche ein schmutziges Hemd bloß über Nacht zusammenzulegen, damit es sich selbsttätig reinige.

3  Bei sorgsamem Umgang kann eine Hose leicht eine Woche halten. Bei Jeans oder ähnlichen Freizeithosen hat man Glück. Sie werden einfach ordentlich über einen Stuhl gehängt. Geschneiderte Hosen legen Sie unter den Matratzenschoner und schlafen darauf. So bleiben die Bügelfalten schön akkurat. Legen Sie die Hosen aber nicht unter die Matratze, weil sich dann

deren Federn abdrücken. Ein Pullover bleibt lange präsentabel, falls man ihn nicht mit Suppe bekleckert oder ihn zerknautscht.

4 Am Morgen ist alles trocken. Außerdem ist das Taschentuch glatt »gebügelt«, wenn Sie es von den Kacheln lösen. Was wollen Sie mehr? Soviel ich weiß, hat den Trick mit dem Taschentuch und den Socken der englische Schriftsteller und Radiomoderator Frank Muir während einer aufreibenden Lesereise erfunden. Dieser Akt der Kreativität verdient wenigstens einen Applaus im Sitzen.

*Naphthalin-Mottenkugeln sind bei oraler Einnahme giftig.* ※

# So beeindruckt man mit wenig Geld ein Mädchen

Macht wirkt als Aphrodisiakum auf die meisten Frauen. Ihre Symbole sind Sportwagen, teure Kleidung und elegante Uhren. An diese Sachen kommt ein junger Mann nicht so leicht heran. Wenn Sie sie also nicht besitzen, müssen Sie vor einer umworbenen Dame wenigstens so tun, als ob. Angenommen, Sie haben sich für einen Tag in der Stadt verabredet. Hier ein paar Vorschläge.

\* Zunächst müssen Sie sich entsprechend kleiden. Fahren Sie häufiger in urbane Zentren in der Umgebung. Dort gibt es in Secondhandshops wohlfeil exquisite gebrauchte Kleidung, zum Beispiel neuwertige Leinenanzüge und Seidenkrawatten.

\* Zwei Monate vor der Verabredung schreiben Sie an den Buckingham Palace und bitten um eine Audienz bei der Queen. Eine Weile später wird ein Umschlag mit einer höflichen Absage eintreffen, der das königliche Wappen trägt. Nicht öffnen.

* Am Vorabend des Dates klingeln Sie an einem Haus mit einem wundervollen Blumengarten. Sie erzählen der netten alten Dame, die dort wohnt, dass Ihre Mutter im Sterben liegt und ein paar Blumen ihr die letzten Stunden versüßen würden. Sie wird Ihnen einen hübschen Strauß binden. Den wickeln Sie in schickes Papier (Kosten ca. 1 €).

* Am Tag des Treffens legen Sie den königlichen Briefumschlag an eine gut sichtbare Stelle in der Wohnung. Dann schauen Sie in einer teuren Parfümerie vorbei und probieren ein stilvolles Aftershave aus.

* Das Auto ist ein Problem. Taxis kosten ein Vermögen, und man kann sein Mädchen kaum in einen verbeulten japanischen Kleinwagen zwängen, den man hinter dem Supermarkt geparkt hat. Also bestehen Sie darauf, frische Luft schnappen zu wollen. Ein kurzer Gang in eine gute Kunstgalerie (freier Eintritt) ist genau das Richtige. Ein wenig Pauken vorher, und Sie können mit Dingen aufwarten wie: »So ist das halt, nach dem *Lachenden Kavalier* endete Frans Hals als bettelarmer alter Mann im Armenhaus.« Das gibt Ihnen das Flair des Kunstkenners und kostet Sie keinen Cent.

* Wenn Sie keine schicke Armbanduhr besitzen, sollten Sie gar keine tragen. Sollte das Thema zur Sprache kommen, bemerken Sie beiläufig: »Ich trage nie eine Uhr. Wie Goethe sagte: ›Die Gegenwart ist eine mächtige Göttin‹.« Mit solcher Belesenheit punkten Sie mehr als mit einer Rolex.

* Wenn es auf die Essenszeit zugeht, sagen Sie: »Es ist so ein herrlicher Tag, wie wäre es mit einem Picknick am Fluss?« Diesen Vorschlag wird das Mädchen äußerst reizvoll finden. (Verglichen mit einem Restaurant ist es fantastisch *billig*.) Während Sie es sich unter einer Weide gemütlich machen, zaubern Sie die Krönung aus der Tasche: eine Flasche französischen Champagner. Dass dies eine der beiden Flaschen ist,

die Ihre liebe Tante von einem Ausflug in einen Supermarkt in Straßburg mitgebracht hat, verschweigen
Sie geflissentlich. Lässt man sie in der Kühltruhe, bis
sie fast gefroren ist, ist sie mittags noch kalt. Nach
einem Glas Champagner tischen Sie das Picknick auf.
Dieses besteht aus kräftigem Bauernbrot, einem Töpf-
chen französischer Pastete (dem Lockartikel), selbst
eingelegten Eiern (siehe Rezept S. 317), einem guten
Salat mit frischem Rucola und so weiter. Als Nachtisch sind Donuts billig und sättigend; Lutscher sehen
toll aus, halten ewig und kosten fast nichts.

\* Wenn Sie es richtig anstellen, werden 80 % des Cham-
pagners durch die Kehle der Freundin fließen, sodass
sie wahrscheinlich nach dem Essen einfach etwas
unter den Bäumen dösen will. Das ist prima, das kostet nichts. Wenn Sie Lust haben, können Sie ein paar
Tricks mit einem Grashalm machen (Anleitungen
S. 149).

\* Als Abendunterhaltung sollten Sie die Oper meiden
(zu teuer) und sich stattdessen um Freikarten für
irgendeine lustige Fernsehshow bemühen. Anschließend laden Sie sie zu sich nach Hause zum »Abendessen« ein.

\* Sie öffnen die Tür und heben den königlichen Briefumschlag auf. Während Sie den Brief lesen, murmeln
Sie vor sich hin: »Schon wieder ein Auslandseinsatz.«
Pasta rapida (*siehe* S. 339) ist billig, köstlich, riecht so
gut, wie sie aussieht, und gelingt immer (nur nicht zu
lange kochen). Die zweite Flasche von Tantes Champagner wird alles in die richtigen Bahnen lenken.

Von der Anfahrt abgesehen dürfte der ganze Tag nicht viel
teurer als einen Zehner kommen, und der Rest des Abends
sollte völlig kostenlos sein …

⊛ *Jede Stunde werden gut 22 000 Schecks von den falschen Bankkonten abgebucht.* ⊛

# So streicht man eine Tür

Handwerkliche Arbeiten haben etwas Ursprüngliches und sind wie das Grillen eine Männerdomäne. Es gibt allerdings unterschiedliche Herangehensweisen, von unbekümmert über fachmännisch bis zu pedantisch, aber gleich, wie man es macht – eine ordentlich gestrichene Tür ist schön anzuschauen, und man kann manche zufriedene Stunde damit verbringen, die glänzenden Türsprossen zu bewundern.

Dies ist die altmodische Methode. Um sich die Reinigung zu erleichtern, reibt man die Hände mit Vaseline ein oder trägt Einmalhandschuhe.

Was man braucht
* *Farbe*
* *Pinsel*
* *Terpentin*
* *Bimsstein*
* *Sandpapier*
* *Radio*
* *Thermoskanne mit Tee oder Kaffee*

So wird's gemacht
Zuerst scheuern Sie die Tür gründlich mit dem Stumpf eines alten Pinsels und einer schwachen Seifenlauge ab. Dann glätten Sie die ganze Fläche mit einem Bimsstein und viel Wasser, besonders wenn die Oberfläche durch das Abwaschen wellig geworden ist. Nach gründlichem Abspülen lässt man sie trocknen (am besten zwei oder drei Tage).

Mit einem Stab rühren Sie die Farbe um und füllen die benötigte Menge in ein kleineres Gefäß um. Nehmen wir an, es handelt sich um eine Tür mit vier Feldern. Als Erstes streichen Sie mit einem Flachpinsel (25 mm) die Leisten, Wülste, vertieften Risse und Rillen. Streifen Sie nahe dem Ring ein Gummiband um die Borsten, damit die Pinselstriche ordent-

lich und sauber bleiben. Jetzt ist es Zeit für eine Tasse Tee oder Kaffee. Damit der Pinsel während Ihrer Pause nicht eintrocknet, wickeln Sie ihn in ein Stück Frischhaltefolie. So bleibt er auch über Nacht feucht.

Nachdem Sie die Leisten gestrichen haben, sind die Felder dran. Den Richtungen der Pfeile auf der nebenstehenden Zeichnung folgend streichen Sie mit einem mindestens doppelt so breiten Pinsel *quer* zur Maserung, und sobald die Felder überstrichen sind, beginnen Sie, in Richtung der Maserung Farbe zu verteilen. Zu diesem Zweck wischen Sie überschüssige Farbe vom Pinsel und setzen die Borstenspitzen auf das Feld. Jetzt ziehen Sie den Pinsel mit leichtem Druck zum unteren Ende des Feldes und fahren so mit ein wenig überlappenden Strichen nach rechts fort, bis alle Felder fertig sind.

Dann streichen Sie die senkrechten mittleren Sprossen, danach die obere, mittlere und untere waagrechte Sprosse und zuletzt die senkrechten Seitenstücke. Die Anstriche sollten wechselweise »scharf« (mit Terpentin verdünnt) und »rund« (unverdünnt, für einen glänzenden Anstrich) sein. Jeden Anstrich gut trocknen lassen und vor dem zweiten Anstrich mit feinem Sandpapier aufrauen.

❦ *Bertolt Brecht schrieb »Das Lied vom Anstreicher Hitler«* ❦

## Selbstverteidigung mit dem Stockschirm

Jeder junge Mann sollte sich mit dem Einmaleins der Selbstverteidigung mittels Regen-, Sonnenschirm oder Spazierstock vertraut machen, und sei es nur für eine unterhaltsame Tischrede, Videodarbietung oder um den Welfenprinzen Ernst-August von Hannover nachzuahmen, der mit einem Regenschirm einen Fotografen vertrieb und seitdem auch als »Prügel-Prinz« bekannt ist.

Richtig verwendet, wird ein fest gerollter Schirm zur einmalig effektiven Verteidigungswaffe. Als Keule ist er allerdings wenig geeignet. Man sollte nicht versuchen, einen Angreifer damit zu schlagen – davon wird er höchstens nass, denn ein geschlossener Schirm absorbiert viel von jener Energie, die ein derber Stock direkt auf den Kopf eines Angreifers übertragen würde, und ein geöffneter Schirm ist eine vollends nutzlose Waffe, vor allem bei starkem Wind. Ich habe gehört, dass man einen potenziellen Mörder kurzfristig erschrecken kann, wenn man vor seiner Nase plötzlich einen Automatikschirm aufspringen lässt; das verschafft einem zwar einen kleinen Überraschungsvorteil, man hat aber nun das Problem, den Schirm wieder zu schließen und aufzurollen. Nein, am besten benutzt man die Spitze, eine tödliche Geheimwaffe. Sie halten das Werkzeug vor sich wie ein Florett und versetzen dem Gegner einen schnellen, heftigen Stoß ins Gesicht, den Unterleib oder die Weichteile. Das sollte seine Angriffslust schnell dämpfen.

Ein Verwandter des Schirms ist der Spazierstock, und die gleiche Stoßbewegung mit seiner stumpfen Metallkappe übt auf einen Raufbold eine ebenso überzeugende Wirkung aus. Liegt er erst einmal am Boden, werden Sie feststellen, dass Sie ihn mit dem entschlossen in seine Mitte gedrückten Stock bis in alle Ewigkeit dort halten können. Gelegentliches Nachdrücken dient als überzeugende Erinnerung, dass er sich in einer schwachen Verhandlungsposition befindet. Sie können nun mit ihm über die Verwerflichkeit des Fluchens, die Folgen unsozialen Verhaltens, das erwartete Eintreffen der Polizei und andere interessante Dinge plaudern.

Während ein Schirm eine schlechte Schlagwaffe abgibt, ist für Kenner der Spazierstock als Knüppel erste Wahl. Ein beherzter Hieb mit einem schnell geschwungenen Spazierstock bringt selbst einen zittrigen Opa in eine starke Position. Am besten übt man bei Spaziergängen auf dem Land, den Stock in großen Kreisen durch die Luft sausen zu lassen. Aber Vorsicht, Sie bekommen damit genügend Schwung, um locker Außenspiegel von Autos zu schlagen.

Gegenüber einem Angreifer schwingen Sie den Stock wie den Rotor eines Hubschraubers und ziehen ihn dann plötzlich in einer schneidenden Bewegung von oben auf ihn herab. Das macht es schwierig, nach Ihrer Waffe zu greifen, erhöht den zugefügten Schmerz und lässt Ihnen einen Arm frei, um einen Nasengriff oder Ohrendreher anzubringen oder sich selbst zu schützen. Man zielt vor allem auf den Unterarm, die Innenseite des Knies oder auf bestimmte Knochen: Schlüsselbein, Schienbein, Ellbogen und Hand. Den Kopf eines Angreifers sollten Sie verschonen – es sei denn, Sie wollen ihn umbringen.

® *Der Kung-Fu-Star Bruce Lee hat Philosophie studiert.* ®

# Wie wirke ich intelligenter, als ich bin?

Von Mark Twain stammt der berühmte Satz, es sei besser, den Mund zu halten und dumm zu erscheinen, als ihn aufzumachen und alle Zweifel zu beseitigen. So geistreich diese Bemerkung ist – nach neueren Forschungen trifft sie nicht zu, denn es hat sich erwiesen, dass die Leute den IQ von Fremden nach merkwürdigen Maßstäben beurteilen. Hier sind einige Empfehlungen, die auf diesen Erkenntnissen beruhen.

* *Schnell sprechen.* Schnelles Sprechen ist ein echter Indikator für Intelligenz, kann aber auch ein Zeichen sein, dass man am Kochsherry genippt hat, also aufpassen.

* *Großen Wortschatz verwenden.* Über einen umfangreichen Wortschatz zu verfügen ist ein verlässliches Kennzeichen von Intelligenz. Es ist unwahrscheinlich, dass Dummköpfe sich die Mühe machen, hier etwas vorzutäuschen, weil es harte Arbeit bedeutet.

* *Eindeutig sein.* Klarheit ist ein weiterer eindeutiger Indikator geistiger Fähigkeiten. Sie ist allerdings schwer vorzutäuschen.

* *Andere unterbrechen.* Es mag unhöflich sein, aber jemand, der anderen ins Wort fällt, wird für intelligenter gehalten.

* *Laut sprechen.* Dies wird – fälschlich – als Zeichen intellektuellen Vermögens betrachtet. Tatsächlich ist es einfach ein Zeichen, dass man laut spricht.

* *Eine stockende Sprechweise vermeiden.* Es wird irrtümlich angenommen, dass Zögerlichkeit und eine mit »hm« und »äh« gespickte Sprechweise auf geringe Geisteskraft hinweisen, obgleich viele kluge Menschen stammelnde Nuschler sind.

* *Keinen Slang benutzen.* Obwohl gescheite Leute oft Slang verwenden, wird dies (fälschlich) für ein Zeichen von Dämlichkeit gehalten.

* *Groß sein.* Es gibt jede Menge gescheite Winzlinge. Aber der Größere wirkt schlauer.

* *Eine Brille tragen.* Man weiß schon seit langem, dass Brillenträger als intelligenter gelten. Das stimmt zwar nicht, aber die Leute bleiben trotzdem bei ihrem Glauben.

* *Sauber und ordentlich aussehen.* Wie die Körpergröße hat dies wenig mit Intelligenz zu tun, aber die Leute glauben daran.

* *Schlank sein.* Obwohl es natürlich völlig verrückt ist, zu glauben, dicke Menschen seien weniger intelligent, glauben die Leute genau das.

⊛ *»Wer illegal ins Land kommt, handelt illegal.« George W. Bush jun.* ⊛

## Vom Umgang mit überfüllten Zügen und Warteschlangen

Einmal stand ich in einer U-Bahn mit meinen Mitpassagieren zusammengepresst wie die Heringe. Nach einer Minute war ein Fahrgast von der Situation so genervt, dass er laut rief: »Können Sie bitte weitergehen!« Die Leute traten von einem Fuß auf den anderen, rührten sich aber nicht vom Fleck. Der Mann – eindeutig ein Genie auf diesem Gebiet – rief dann: »*Hallo, die Frau hier muss sich gleich übergeben.*« Noch nie habe ich Leute so bereitwillig zurückweichen sehen, und heute benutze ich diese Methode selbst. Es funktioniert immer.

Dadurch ermutigt, begann ich jenes andere Rätsel unserer Zeit zu erforschen: Wie man die kürzeste Schlange im Supermarkt wählt.

Selbst eine einfache mathematische Analyse eines Systems von nicht mehr als drei Kassen ergibt, dass vom Standpunkt der Wahrscheinlichkeitstheorie aus die Chancen zwei zu eins stehen, dass eine der Schlangen, die man nicht gewählt hat, sich schneller verkürzen wird als die, an der man sich angestellt hat. Aber es ist noch schlimmer, denn echte Menschen und ihre altersbedingten Verhaltensweisen machen einem einen Strich durch die Wahrscheinlichkeitsrechnung.

Diese Komplikation kann man dadurch verhindern, dass man das Durchschnittsalter jeder Schlange ausrechnet, indem man das (geschätzte) Alter aller Personen addiert und durch die Personenzahl der Schlange dividiert. Man stelle sich zwei Schlangen vor: In Schlange A stehen drei Personen im Alter von geschätzten 45, 20 und 60 Jahren. Das Durchschnittsalter der Schlange (DAS) beträgt also gerundete 41,7 Jahre. Schlange B wird von drei Personen im Alter von 11, 65 und 85 Jahren gebildet, hat also ein DAS von (gerundet) 53,7. Erstrebenswert ist ein möglichst niedriges DAS. Schlange A bekommt in diesem Beispiel einen Jugendbonus von 12,0.

Als Nächstes müssen Sie das DAS mit der geschätzten Zahl der Artikel in den Einkaufswagen in dieser Schlange multiplizieren, das Ergebnis durch 1000 teilen und runden, damit Sie eine handhabbare Zahl erhalten. Angenommen, Schlange A hat etwa 60 Artikel in den Einkaufswagen und Schlange B rund 35. (Als Faustregel gilt, dass ältere Leute weniger Sachen in ihren Wagen haben.) Die gerundeten Endergebnisse ergeben eine Punktzahl von 2,5 für Schlange A (41,7 × 60 : 1000 = 2,48) und 1,9 für Schlange B (53,7 × 35 : 1000 – 1,88). Also scheint Schlange B, die ältere Schlange, jetzt die bessere zu sein.

Moment! Man muss den Kleine-alte-Frau-Quotienten (KAFQ) berücksichtigen! Wir alle wissen: KAFs haben es nie eilig. Außerdem muss jede Einheit von 30 Extrasekunden, die eine KAF für ein Gespräch mit der Kassiererin über »Doppelherz« braucht, mit der Zahl der Menschen hinter ihr multipliziert werden. Wenn zehn andere Leute in der Schlange sind, macht das zehnmal 30 Sekunden oder 300 Sekunden oder fünf *wertvolle Männerminuten*, die mit unnötigem, Herzinfarkt auslösendem Stress angefüllt sind. Dieser 30-Sekunden-Klatsch alter Damen an der Kasse ist eine ernsthafte und potenziell letale Bedrohung der Männergesundheit.

Um den KAFQ zu erhalten, müssen Sie die Zahl der KAFs durch die Zahl der Leute in der Schlange dividieren und das Ergebnis mit fünf multiplizieren, damit eine vernünftige Zahl dabei herauskommt. Je niedriger der KAF-Quotient, desto schneller die Schlange. Wenn also fünf KAF in einer Zehner-Schlange stehen, ist der KAFQ 0,5. In Schlange A ist es ein bereinigter KAFQ von 0 und in Schlange B ist es ein KAFQ von 0,7 (aufgerundet). Jetzt multiplizieren Sie das mit 5 und erhalten einen KAFQ von 0 für Schlange A und von 3,5 für Schlange B.

Indem Sie den bereinigten KAFQ zu der vorigen Zahl addieren, erhalten Sie die ESP (endgültige Schlangen-Punktzahl). Also addieren Sie in Schlange A (jünger) 0 zu 2,5 und erhalten eine endgültige Schlangen-Punktzahl von 2,5. In Schlange B (älter) addieren Sie den KAFQ von 3,5 zu 1,9 und erhalten eine ESP von 5,4. Dies gibt Schlange B, der älteren Schlange, einen Nachteil von 2,9. Obwohl hier weniger Artikel im Korb sind, werden sie länger brauchen.

Wenn Ihnen diese ganze Rechnerei zu lästig ist, probieren Sie es mit einer schnellen Überschlagsrechnung. Alt und viele Artikel, schlecht. Jung und wenige Artikel, gut.

Oder Sie stellen sich einfach in die Schlange mit der hübschesten Kassiererin.

*⊛ Der Einkaufswagen wurde 1937 von Sylvan Goldman erfunden. ⊛*

# Mauern wie ein Maurer

Nichts machte Winston Churchill in Mußestunden mehr Spaß, als ein Stück Ziegelmauer hochzuziehen. Wenn Sie also Premierminister werden oder ein faschistisches Regime stürzen wollen, könnte die Maurerei genau das Richtige sein, um Sie auf den richtigen Weg zu bringen.

## Was man braucht
* *Kelle (im Notfall tut es ein Tortenheber oder stabiler Bratgutwender)*
* *Mörtel*
* *Ein Lineal*
* *Ein Betonfundament*
* *Mörtelbrett*
* *Backsteine*
* *Eine Kartoffel an einer Schnur*

## So wird's gemacht
Bevor Sie beginnen, markieren Sie eine gerade Linie auf dem Fundament. Um die ersten Backsteine zu legen, nehmen Sie einen Klacks Mörtel und verteilen ihn mit der Kelle oder dem Tortenheber entlang der Linie. Auf einer Seite des Backsteins befindet sich ein Loch. Man verlegt die Backsteine mit dem Loch nach oben.

Nach dem ersten Stein legen Sie den zweiten in einem gewissen Abstand und legen die Wasserwaage über die Lücke, um zu prüfen, ob sie auf gleicher Höhe sitzen. Wenn Sie zufrieden sind, füllen Sie den Zwischenraum mit weiteren Backsteinen. Für die Fugen zwischen den Steinen kratzen Sie ein wenig Mörtel auf die Kante. Backsteine zu schneiden ist äußerst unangenehm. Stattdessen rückt man sie zurecht, um die Lücken auszugleichen. So fahren Sie fort, bis Sie das Ende der Mauer erreicht haben.

Falls Sie keine Ecke bauen (für Fortgeschrittenere), müssen Sie die zweite Schicht mit einem halben Backstein begin-

nen, sonst sitzen alle Fugen auf einer Linie, wodurch die Mauer instabil wird. Wie erwähnt, ist das Schneiden eines Backsteins die Pest. Am besten legen Sie ihn auf den Boden und schlagen kräftig mit einem Spaten darauf.

Sie verteilen Mörtel auf der unteren Lage und ritzen ihn mittig über die gesamte Länge ein. Wenn Sie die Backsteine auflegen, wird der Mörtel in diese Rille gedrückt. Was sich seitlich herausdrückt, wird abgekratzt. Eine gespannte Schnur hilft, die zweite und die folgenden Reihen in einer Linie auszurichten.

In bestimmten Abständen dürfen Sie folgende Kontrollen nicht vergessen:

* *Kontrolle mit Stab.* Mit einem markierten Stab über-
prüft man, ob die Schichten die richtige Höhe haben.
* *Kontrolle mit Wasserwaage.* Man sollte nicht versuchen,
einzelne Backsteine geradezudrücken, sonst wird man
verrückt. Die Wasserwaage wird über eine ganze Reihe
gelegt. Aus der Reihe tanzende Backsteine werden zu-
rechtgeklopft.
* *Kontrolle mit der Kartoffel an der Schnur.* Diese improvisierte Lotschnur (man nimmt eine kleine Kartoffel)
sorgt dafür, dass die Mauer senkrecht ist.
* *Kontrolle mit Lineal.* Damit garantiert man, dass die
Fläche der Mauer eben ist. Der Griff der Kelle ist bestens dafür geeignet, mit bockigen Backsteinen fertig
zu werden, die nicht richtig sitzen.

*Nicht vergessen:* Beim Mauern sollte die Hose immer so locker
sitzen, dass sie die Spalte im Hintern zeigt (auch: »Klemp-
nerpfirsich« oder »Handwerkerdekolleté«).

® *96 % aller britischen Teeportionen werden mit Teebeuteln aufgegossen.* ®

# Anleitung zum Glücklichsein

Tiere sind glücklich, solange sie gesund und gut genährt
sind, bei Menschen jedoch reicht das häufig nicht aus.
Wer zu den unglücklichen Menschen gehört, die das Leben
nicht genießen, sollte diese Seite lesen.

»Glücksforscher« haben entdeckt, dass Fröhlichkeit ge-
netisch programmiert und wenig anfällig für die Höhen und
Tiefen des Lebens ist. Eine Gruppe von Millionären ist
mit ungefähr gleicher Wahrscheinlichkeit glücklich oder unglücklich wie eine Gruppe von Querschnittsgelähmten. Dennoch kann man sein allgemeines Glücksempfinden durch
Training verbessern.

Test: »Wie glücklich sind Sie?«

Glückliche Menschen besitzen einige gemeinsame Charakterzüge. Zum Beispiel neigen sie dazu, realistische, maßvolle Ziele zu haben. Sie werden nicht von Neid, Scham, Schuldgefühl, Langeweile oder Angst verzehrt, sondern sind voller Lust, Warmherzigkeit und Begeisterung und wärmen beide Hände am Feuer des Lebens. Sie beurteilen sich nach ihren eigenen Maßstäben anstatt nach denen anderer und schielen nicht ständig nach ihren Nachbarn oder jagen nach materiellen »Gütern«, eine Gewohnheit, die ein Psychologe einmal als »Gift fürs Glücklichsein« beschrieben hat.

Um herauszufinden, ob Sie einer von diesen Glücklichen oder aber ein armer Hund sind, tragen Sie in die folgenden Kästchen Noten von 1 bis 5 ein: 1 für »trifft gar nicht zu«, 5 für »trifft voll zu«, 3 für »weiß nicht« und die entsprechenden Abstufungen dazwischen (2, 4).

❑ Ich bin optimistisch und aufgeschlossen.

❑ Ich kann vergessen und verzeihen.

❑ Ich mag mich.

❑ Ich sehe immer das Beste in anderen.

❑ Ich habe enge Freunde.

❑ Ich schöpfe große Zufriedenheit aus meinem Tagesablauf.

❑ Ich habe einen fesselnden Job oder ein Hobby, der/das manchmal dazu führt, dass ich jedes Zeitgefühl verliere (z. B. Zitherspielen, Briefmarkensammeln oder Gehirnchirurgie).

Zählen Sie die Punkte zusammen. 7–14 Punkte: Sie sind ein Häufchen Elend; 15–18 Punkte: geht so, könnte besser sein; 29–35 Punkte: Sie sind eine unerträgliche Frohnatur.

Sofort glücklicher

Sitzen Sie nicht jeden Abend da und polieren in Gedanken den Oscar für die unglücklichste Person des Jahres. Die beste

Möglichkeit, glücklicher zu werden, besteht darin, sich auf die eigenen Stärken und Talente zu konzentrieren – jene Dinge, die man wirklich gut kann und genießt (und sagen Sie nicht: »Am besten kann ich unglücklich sein.«). Glückliche Menschen neigen dazu, ihre Stärken zu nutzen.

Außerdem sollten Sie beginnen, sich zu benehmen, als wären Sie glücklich. Es ist erwiesen, dass erstaunlich einfache Verhaltensweisen wie die in der folgenden Liste die Chemie des Gehirns verändern und somit Glücksgefühle erzeugen.

* Einen Fremden grüßen
* Jemandem einen Gefallen tun
* Einen Groll begraben
* Einen alten Kumpel anrufen und ein Treffen ausmachen
* Freiwillig etwas tun, von dem man nicht den geringsten Nutzen hat
* Sich körperlich betätigen
* Eine Pflanze aufziehen (siehe Seite 206)
* Einen Film anschauen oder ein Buch lesen, der/das einen richtig zum Lachen bringt
* Den Fernseher ausschalten und sich eine Stunde mit einem (anderen) Hobby beschäftigen

So einfach ist das.

*⊛ Die bemerkenswerten Zähne des Entertainers Ken Dodd sind für die Kleinigkeit von 4 Millionen Pfund versichert. ⊛*

## Die besten Katerkuren

Die kurze Antwort auf die Frage: »Herr Doktor, was ist das beste Mittel gegen einen Kater?«, lautet: »Es gibt keins, also betrinken Sie sich nicht.« Das ist nicht hilfreich, hier also einige Dinge, die man tun kann, *um die scheußlichen Katersymptome zu bekämpfen.*

## Was passiert, wenn man Alkohol trinkt

Wenn man ein Glas Bier, Wein oder einen Whisky trinkt, wird der Alkohol vom Dünndarm absorbiert und vom Blut zur Leber transportiert, wo er in zwei Enzyme umgewandelt wird: Alkohol-Dehydrogenase und Aldehyd-Dehydrogenase. Ersteres verwandelt das Getränk in die äußerst giftige flüchtige Verbindung Acetaldehyd, über die wir später mehr erfahren werden.

Der Körper tut sein Bestes, um überschüssigen Saft im Urin und mit dem Atem auszuscheiden, aber man kann schneller trinken, als die Leber es verarbeiten kann, daher passieren allerhand verrückte Sachen im Gehirn. Zu den dem Kater vorausgehenden Trunkenheitssymptomen gehören diverse Wahnvorstellungen, zum Beispiel, dass man ein furchtbar interessanter Typ oder ein Geschenk Gottes für die Frauen sei.

Während der Abend sich hinzieht, beginnt der Alkohol, den Weltdeutungsapparat des Gehirns durcheinanderzubringen, was wacklige Knie und Schwindelanfälle verursacht, die den Raum in Drehbewegung versetzen, bis einem erbärmlich übel ist. Verstärkt wird diese Wirkung durch das bereits erwähnte, furchtbar giftige Acetaldehyd. An diesem Punkt nimmt der Körper (zu Recht) an, dass er durch etwas vergiftet wurde, das durch den Mund hereinkam, und entscheidet sich oft dafür, den Mageninhalt auf dem gleichen Weg wieder nach außen zu befördern. Daher die Pizza-Flecken auf samstagabendlichen Straßen.

## Katersymptome

So interessant die Wissenschaft von der Volltrunkenheit auch ist, noch mehr interessieren wir uns für Ihren Zustand am nächsten Morgen, wenn Sie in einem fremden Zimmer oder einer eisigen Hecke aufwachen, mit einer Zunge wie Sandpapier und einem Gefühl, als hätte ein Sumo-Ringer Ihnen die ganze Nacht den Kopf gequetscht und seine Daumen in Ihre Augen gedrückt. Wer Glück hat, darf sich auch über heftigen Schwindel, preisverdächtige Übelkeit und den drängenden Wunsch freuen, wieder bewusstlos zu werden.

Nebenprodukte des Alkoholabbaus sind die Hauptursache für den ekelhaften Geschmack im Mund, die trockene Zunge hingegen ist die Folge der Dehydrierung, denn das Mittel, mit dem die Gifte aus dem Körper ausgeschieden werden, ist der Urin, von dem man viel mehr als gewöhnlich produziert hat. Das wild hämmernde Kopfweh kann eine Folge erweiterter Blutgefäße im Gehirn oder eines niedrigen Blutzuckerspiegels sein – was ebenfalls mit der Verarbeitung des Alkohols zusammenhängt.

Kongenere, Substanzen, die an Gärung und Destillation beteiligt sind, sind verantwortlich für einen Großteil der »Ich wollte, ich wäre tot«-Symptome. Diese Liste zeigt, gestaffelt von mild bis gewaltig, die Kongener-Stärke diverser Getränke.

1    Wodka (am besten zur Linderung des Katers)
2    Weißwein und Gin
3    Bier
4    Schottischer Whisky
5    Sherry
6    Rotwein
7    Weinbrand

Durcheinanderzutrinken ist so unklug, wie die gute Fee immer behauptet hat, weil der Körper mit verwandten Substanzen unterschiedlicher Art fertig werden muss und der Aufgabe eigentlich nicht gewachsen ist. Bier ist ein guter Tipp, weil es den Durst löscht, im Allgemeinen schwächer ist als Wein oder Spirituosen und auf der obigen Liste relativ weit oben steht.

## KATERKUREN

Ein kräftiges warmes Frühstück, tollkühne Mixturen aus rohen Eiern und pikanten Saucen oder heftiger Frühsport sind nur einige von vielen alten Hausrezepten. Ein süßes Getränk hebt den zu niedrigen Blutzuckerspiegel. Koffeinhaltige Getränke sind gut gegen Kopfschmerzen, weil sie die Blutgefäße im Gehirn zusammenziehen (das tut auch ein Beutel Tiefkühlerbsen auf dem Kopf). Eine dünne Instant-Brühe schmeckt angenehm, ist heiß und liefert gleichzeitig moralische Nahrung. Die B-Vitamine, die sie enthält, fördern angeblich genauso den Alkoholabbau wie die Aminosäure Cystein, die in Rosenkohl und Knoblauch vorkommt. Aber wenn man keine Teller voll Rosenkohl mit Knoblauch mag, legt man sich am besten einen Cysteinvorrat aus der reichen Apotheke der Nahrungsergänzungsmittel an. Fest steht jedenfalls, dass bei Übelkeit Marmelade gut ist, ist sie doch das Nahrungsmittel, das rückwärts genauso gut schmeckt wie vorwärts.

Das witzigste Heilmittel aller Zeiten ist vielleicht das dem Jazzmusiker Eddie Condon zugeschriebene: »Bei einem bösen Kater nimmst du den Saft von einem Achtel Whisky.« Es stimmt, dass mehr Alkohol (das Haar des Hundes, der dich gebissen hat) bei starken Trinkern wie dem Schauspieler W. C. Fields die Entzugssymptome vorübergehend lindern kann, aber für den Rest von uns ist die beste Medizin die Einnahme von viel Wasser, ein paar Aspirin gegen Kopfschmerzen alle vier Stunden (wenn man das Sprudelgeräusch erträgt) und viel Ruhe oder, besser noch, Schlaf. Frische Luft kann dazu beitragen, dass man sich besser fühlt, ebenso eine heiße Dusche oder ein Bad. Es sind diese langweiligen Dinge, die wirklich helfen.

® *Die Kopfwehkranken dieser Welt schlucken jedes Jahr rund 50 Milliarden Aspirintabletten.* ®

# So schätzt man mit einem Blick die BH-Größe einer Frau

Dieser Zeitvertreib, kniffliger als es klingt, ist mehr Wissenschaft als Kunst und hat viele praktische Vorteile. Nicht viele Männer beherrschen sie, und gleichzeitig macht das Üben ungeheuren Spaß. Sie werden staunen, wie entgegenkommend Frauen sein können, wenn Sie Ihr Vorhaben erklären, und sie lieben es, Sie raten zu lassen. Obendrein ist es eine ausgezeichnete Übung in räumlichem Denken, falls Sie mit einer Karriere als Bauingenieur liebäugeln.

Ein Großteil der Kunst liegt in der Fähigkeit, den Umfang eines Körpers zu schätzen. Dies ist bekanntermaßen schwierig. Um Ihre Fähigkeiten zu testen, versuchen Sie, den Umfang eines großen Glases zu schätzen. Wenn Sie nachmessen, werden Sie feststellen, dass *sein Umfang fast immer größer ist als seine Höhe*. Sehr trügerisch – Sie müssen einen klaren Kopf behalten.

## Zur Sache

Die Oberweite ist der Umfang des vollsten Teils der Brust einer Frau, und Sie müssen sich daran gewöhnen, diese zu erraten. Nach längerem systematischen Ausprobieren mit einigen entgegenkommenden Frauen und einem Maßband sollten Sie allmählich den Dreh heraushaben. Nehmen wir also zur Übung einmal an, dass Sie eine Oberweite von 95 cm geschätzt haben. *Merken Sie sich diese Zahl.*

Als Nächstes schätzen Sie den Brustumfang *unter* dem Vorbau. Zu dieser Zahl zählen Sie zehn hinzu. Das Ergebnis ist die hypothetische Gurtgröße der Dame. Angenommen, Sie schätzen 80 und zählen zehn dazu, kommen Sie auf eine Gurtgröße von 90.

Um die Körbchengröße zu ermitteln, vergleichen Sie die Gurtgröße mit der Oberweite. Sind die Zahlen gleich, dann ist sie eine Körbchengröße A. Anderenfalls entsprechen jeweils 2,5 cm Unterschied einer Körbchengröße: Ist die Oberweite 2,5 cm größer als die Gurtgröße, dann ist sie eine Körbchengröße B; 5 cm ergeben C und so weiter durch das Alphabet. In unserem Beispiel ist die Oberweite (95) 5 cm größer als die Gurtweite (90), also hat sie Körbchengröße C. Komische Körbchengrößen wie DD am Mae-West-Ende der Skala können einen Anfänger ins Schleudern bringen, aber was immer passiert, Sie werden eine Menge Spaß haben, das Beweismaterial abzuwägen und alles auszurechnen. Besser als Fernsehen ist es allemal.

*⊛ Die größte Wassermelone der Welt brachte schwindelerregende 121,9 kg auf die Waage. ⊛*

# Beiprogramm Wissenschaft

## Schräge Physik und fiese Tricks

*Teerbaby sagt kein Wort, und Gevatter Fuchs lässt sich nicht blicken.*
JOEL CHANDLER HARRIS,
*Geschichten von Onkel Remus*

# Schweben lassen

Je schneller ein Luftstrom fließt, desto geringer ist sein Druck. Dieser Effekt wird nach dem Schweizer Wissenschaftler, der ihn als Erster beschrieb, als Bernoulli-Effekt bezeichnet. Das Prinzip spielt eine Rolle bei Flugzeugtragflächen, wo die Luft schneller über die gewölbte Oberseite strömt als unter der Unterseite entlang. Der Luftdruck ist deshalb oben geringer als darunter, und dies, zusammen mit der Position der Flügel, stößt das Flugzeug vom Boden ab. Die Triebwerke haben die Aufgabe, den Flügel mit ausreichender Schubkraft vorwärtszubewegen, um den erforderlichen Auftrieb zu erzeugen. Wird das Flugzeug zu langsam, fällt es einfach vom Himmel. Denken Sie daran, wenn die Stewardess das nächste Mal erklärt, wo die Schwimmwesten versteckt sind.

An das Verhalten von Flugzeugflügeln sind wir gewöhnt, aber der Bernoulli-Effekt kann auch in anderen Situationen, wo das Prinzip nicht so auf der Hand liegt, merkwürdige Dinge bewirken.

## Bernoullis Kugeln

Sie brauchen für dieses Experiment einen Föhn mit zylindrischem Rohr. Schalten Sie ihn ein und setzen Sie einen Tischtennisball in den Luftstrom. Er wird sich in der Luft drehen und durch den höheren Druck an der Außenseite der sich bewegenden Luftsäule an Ort und Stelle halten. Was wir hier beobachten, ist das gleiche Prinzip wie bei der schwebenden Erbse (siehe Seite 309).

In größerem Maßstab kann man den Trick mit einem Laubbläser und einem Plastikfußball demonstrieren, muss allerdings vorher ein wenig üben. Wenn Sie den Bläser schräg halten und sich hinter der Tür des Geräteschuppens verstecken, werden Zuschauer glauben, der Ball schwebe ganz von allein in der Luft (falls sie den Lärm überhören).

### Gemeine Anziehung

Schließen Sie das Fenster und befestigen Sie je einen Tischtennisball an den beiden Enden einer Schnur von einem halben Meter Länge. Hängen Sie die Schnur über ein Lineal, sodass die Bälle auf gleicher Höhe sind und mit ca. 3 cm Abstand (Breite des Lineals) voneinander entfernt hängen. Blasen Sie nun kräftig zwischen die Kugeln. Anstatt sich zu trennen, wie man vermuten würde, werden sie wegen des geringeren Drucks der sich bewegenden Atemluft zusammengestoßen.

Ballons und leere Bierdosen sind genauso geeignet für diesen Trick – und ein prima Vorwand für eine Party.

### Trichterspass

Lassen Sie einen Tischtennisball in einen Trichter fallen und fordern Sie einen Freund auf, ihn herauszublasen. Man kann auch mit der abgeschnittenen Hälfte einer Plastikflasche improvisieren.

Das Opfer soll aus Leibeskräften in das Rohr des Trichters blasen. Der Ball wird bleiben, wo er ist, und Ihr Freund ist am Ende außer Puste, rot im Gesicht und hat sich den Hals verrenkt. Reichen Sie ihm einen anderen Trichter und sagen Sie, er habe zu stark geblasen. Zuvor haben Sie das Ende des Trichters mit extrascharfer Chilisauce bestrichen. Das hat zwar nichts mit dem Bernoulli-Effekt zu tun, macht aber auch Spaß.

® *Die Luft, die von Hochdruckgebieten in Tiefs strömt, nennt man »Wind«.* ®

# Wie man durch eine Postkarte geht

Wie ärgerlich ist es doch, von einem verregneten Campingurlaub in Piddletrenthide heimzukommen und zu Hause von einem Berg Pizzawerbung, einer Mahnung vom Zahnarzt und einer Postkarte aus dem tropischen Inselparadies begrüßt zu werden, in dem Ihr Kumpel gerade mit seiner langbeinigen Freundin Ferien macht. Die folgende kathartische Übung eignet sich vorzüglich, um Ärger abzubauen. Sie funktioniert gut mit Einwurfwerbung, wirkt aber mit einer simplen Postkarte am beeindruckendsten.

Diesen Trick kann man fast überall vorführen, und die Ausrüstung ist billig und stets zur Hand. Außerdem kann man alles in der Tasche mit sich führen, bis sich eine Gelegenheit bietet, das Ganze vor Publikum zu zeigen.

## WAS MAN BRAUCHT
* *Eine Postkarte*
* *Eine scharfe Schere oder ein Papiermesser*
* *Ein Lineal (für Ordnungsliebende)*

## SO WIRD'S GEMACHT
Man erklärt, dass man einige Schlitze in die Karte schneiden will, damit man durch sie hindurchgehen kann. In der Regel provoziert das Kommentare wie: »Du willst uns wohl veräppeln!« Weiden Sie sich an den Gesichtern der Zuschauer, wenn ihnen klar wird, dass sie klein beigeben müssen.

1   Sie falten die Postkarte der Länge nach in der Mitte.

2   Dann streichen Sie sie wieder flach und schneiden entlang dem Knick einen Schlitz hinein, der nicht ganz bis zu den Rändern reicht.

3   Falten Sie die Poskarte wieder längs, und schneiden Sie Schlitze im rechten Winkel zum Knick. Der erste Schlitz sollte am Knick beginnen und kurz vor der langen Kante der Karte aufhören. Der nächste sollte an der Kante beginnen und kurz vor dem Knick in der Mitte enden. So schneiden Sie die gesamte Karte ein, wobei Sie die Schlitze immer abwechselnd von beiden Seiten einschneiden (siehe Abb. a).

4   Ziehen Sie die Karte vorsichtig auseinander (Abb. b), und dehnen Sie sie zu einer Zickzackkette aus (Abb. c).

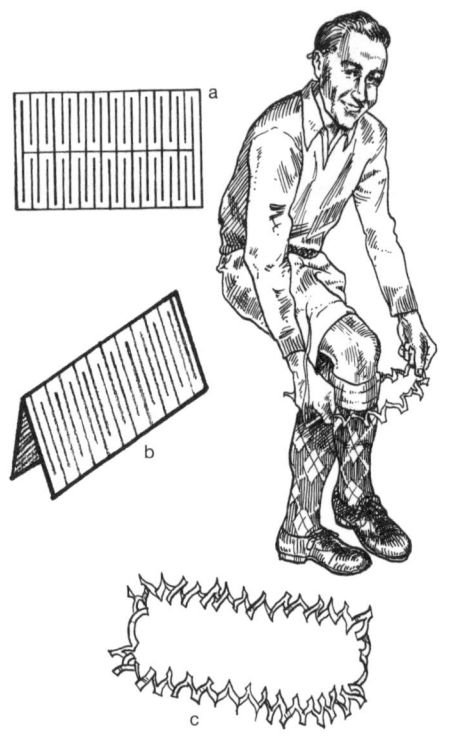

Diese ist so groß, dass Sie hineinsteigen können. Dann ziehen Sie sie hoch, heben sie triumphierend über den Kopf und fragen: »Wer zahlt die nächste Runde?«

⊛ *Piddletrenthide liegt im Piddle Valley, Dorset. Planquadrat: ST703003.* ⊛

# So hebt man einen Mann mit einem Arm über den Kopf

Eine solche Vorführung ist eine super Kneipenwette, weil der Trick so unwahrscheinlich klingt, besonders, wenn Sie nicht die Statur eines Klitschko haben. Zum Üben fangen Sie aber bitte mit leichteren Männern an, sonst landen Sie noch mit einem Leistenbruch auf dem OP-Tisch. Wenn Sie die Wette ansagen, nennen Sie am besten gleich einen Probanden, den Sie sich selbst ausgesucht haben. Ganz Schlaue im Publikum könnten sonst auf die Idee kommen, ihren vier Zentner schweren Onkel vorzuschlagen. Sie sagen also zum Beispiel: »Ich wette, dass ich Klaus mit einem Arm über den Kopf heben kann.«

WAS MAN BRAUCHT
* *Einen Stuhl*
* *Einen Gürtel*
* *Einen Mann*

1 Bitten Sie den Mann, sich auf einen Stuhl zu stellen.

2 Legen Sie den Gürtel um seine Brust, führen ihn unter den Armen durch und schnallen ihn auf dem Rücken zu.

3 Stellen Sie sich vor ihn und schieben Sie Ihre Hand unter den Gürtel, sodass Ihre Knöchel sein Brustbein berühren.

4 Schließen Sie die Finger um den Gürtel und beugen Sie die Knie, wobei Sie den Arm nach oben strecken und in dieser Position halten.

5 Kehren Sie dem Mann nun den Rücken zu und strecken Sie langsam die Beine. Ihr Arm bleibt in Schulter und Ellbogen steif, das ist entscheidend. Während Sie sich langsam aufrichten, wird der Mann glatt vom Stuhl gehoben. Wenn Sie sein Gewicht mit dem Rücken abstützen, werden Sie feststellen, dass

Sie den Kerl tatsächlich über eine kurze Strecke tragen könnten. Sobald sich der Beifall des Publikums gelegt hat, lassen Sie den Mann auf den Boden herunter, ziehen den Gürtel wieder an und sacken den Gewinn ein.

Nicht vergessen, dass man den Arm niemals beugen darf, sonst hat man verloren. Sollten Sie trotz größter Anstrengungen unter dem Mann zusammenbrechen oder ihn überhaupt nicht anheben können, keine Sorge – Sie werden allein mit dem Versuch punkten. Mit einiger Übung werden Sie feststellen, dass Sie schwerere Männer tragen können. Groß gewachsene Männer wirken oft schwerer als kleine Männer mit dem gleichen Gewicht, und mit einem Mann mit Zylinderhut sieht das Ganze noch lustiger und schwieriger aus. Machen Sie ruhig einen kleinen Freudentanz durch den Raum, wenn Ihnen danach ist.

*❦ Hunnenkönig Attila war nicht einmal 1,40 Meter groß. ❦*

## Acht Möglichkeiten zerebraler Verwirrung

Das Gehirn ist ein geniales System und funktioniert auch auf den Kopf gestellt oder unter Wasser bestens. Aber es lässt sich auch leicht austricksen, selbst wenn es weiß, dass man versucht, es zu überlisten. Die folgenden Spiele und Sinnestäuschungen beruhen alle auf der Fähigkeit des Gehirns, die Dinge ein bisschen falsch zu verstehen.

### 1 Die schwebende Wurst
Führen Sie die Zeigefingerspitzen zusammen und halten Sie die Hände vor sich. Richten Sie den Blick in die Ferne, zum Beispiel auf die gegenüberliegende Wand, während Ihre Finger sich bis auf wenige Zentimeter Ihrer Nase nähern. Wenn

Sie nun die Finger ein wenig auseinanderziehen, scheint ein cocktailwürstchenförmiges Gebilde zwischen diesen zu schweben, wie auf der Abbildung dargestellt.

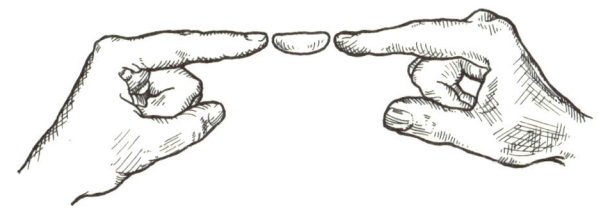

## 2 EINBRECHER EINLOCHEN

Dieses Spiel ist so alt wie der Mond und führt auf unterhaltsame Weise vor, dass das, was man mit beiden Augen sieht, vom Gehirn falsch gedeutet werden kann. Führen Sie diese Buchseite ans Gesicht heran, ohne den Blick zu fokussieren. Wenn die Abbildung unter diesem Text langsam näher kommt, wird der Einbrecher seitwärts in seine Zelle »rutschen«. Halten Sie inne, wenn das untere Ende der gestrichelten Linie etwa 3 cm von Ihrer Nase entfernt ist. (Stimmt, er ist ein bisschen unscharf, aber Sie erwarten ja wohl keine Wunder.)

## 3 DAS LOCH IN DER HAND

Halten Sie Ihre geöffnete linke Hand hoch, wobei die Hand-
fläche Ihnen zugewandt ist. Legen Sie die Pappröhre aus
einer Küchenpapierrolle so an die Hand, dass Sie durch die
Röhre hindurchsehen können. Führen Sie die Pappröhre vor
Ihr rechtes Auge. Halten Sie dabei beide Augen geöffnet.
Wenn Sie nun die Hand zur Mitte der Röhre schieben, wer-
den Sie ein großes Loch in Ihrer Hand sehen. Halten Sie den
Blick dabei auf die gegenüberliegende Wand gerichtet.

## 4 DAS EIGENE THAUMATROP

Älter als die Erfindung des Kinos ist das Thaumatrop. Das
Wort stammt aus dem Griechischen und bedeutet so viel wie
»Wunderscheibe«. Es ist eines von vielen simplen Spielzeu-
gen des 19. Jahrhunderts, deren Wirkung auf der Unfähigkeit
des Gehirns beruht, für einen Moment zu vergessen, was
die Augen gerade betrachtet haben. Dieses
Phänomen wird als »Augenträgheit« bezeichnet. In diesem Experiment führt
es dazu, dass zwei schnell wechselnde
Bilder sich scheinbar überlagern.

Das Thaumatrop war der Vorläufer des Mutoskops. Dieses Gerät
zeigte eine Folge von Bildern, die sich
zu bewegen schienen, wenn der Betrachter sie auf einer Walze weiterdrehte.
Typisch waren eher harmlose pornografische Szenen mit spärlich oder gar
nicht bekleideten Frauen, die badeten,
sich drehten oder seltsame Dinge mit
Küchengeräten anstellten.

Um selbst ein Thaumatrop herzustellen, kopieren Sie die Abbildung
links (durchpausen oder fotokopieren).
Falten Sie die Abbildung entlang der gestrichelten Linie mit den Bildern nach au-

ßen. Schieben Sie eine Postkarte zwischen die Blätter und kleben Sie sie fest zusammen.

Wenn das Papier trocken ist, schneiden Sie den Kreis aus und stechen mit Omas Stricknadel zwei Löcher in die einander gegenüberliegenden Seiten, wie abgebildet. Fädeln Sie dann je ein dünnes Gummiband durch jedes Loch und verknoten Sie die Bänder an den Enden miteinander. Wenn Sie jetzt die Scheibe drehen und dann an den Gummibändern ziehen, rotiert die Karte, und es sieht aus, als schwimme die Nixe zwischen den Fischen.

### 5 HEISS-KALT-WARMES WASSER

Füllen Sie drei Schüsseln mit Wasser. Wie in dem Märchen von Goldilocks und den drei Bären des englischen Schriftstellers Robert Southey enthält die erste Schüssel heißes Wasser, die zweite kaltes und die dritte lauwarmes Wasser. Tauchen Sie die linke Hand ins kalte Wasser und die rechte ins heiße. Nach ein oder zwei Minuten tauchen Sie beide Hände in das warme Wasser. Für die linke Hand wird es sich heiß und für die rechte kalt anfühlen.

### 6 DIE JABLONSKI-FINGER

Dieser Trick geht wie Strip-Poker, nur schneller. Man fordert sein Gegenüber (natürlich eine Dame) auf, ihre Nase mit der Spitze ihres linken Mittelfingers und gleichzeitig die Spitze ihres rechten Mittelfingers mit ihrem linken Daumen zu berühren. Wenn man »Jablonski« sagt, muss sie schnell den Griff wechseln, also ihren rechten Mittelfinger an die Nase und den linken Mittelfinger an den rechten Daumen legen. Das ist ungeheuer schwierig, besonders wenn man die Regel aufstellt, dass sie nur bei dem Wort »Jablonski« wechseln darf. Man kann sich dann den Spaß machen, »Polanski«, »Sikorski«, »Queen Mary« und so weiter zu rufen. Bei jedem Fehler oder jeder Verzögerung muss sie ein Kleidungsstück ablegen. Sie selbst haben geübt, die Dame hingegen nicht – das versteht sich.

## 7 Eine Extranase im Handumdrehen

Wer von uns hat nicht schon einmal verzweifelt ausgerufen: »Wenn ich doch nur zwei Nasen hätte, dann wäre das Leben viel einfacher!«? Vermutlich niemand, wozu auch. Ungeachtet dessen stelle ich Ihnen hier eine Möglichkeit vor, sich genau so vorzukommen, als hätten Sie zwei Nasen.

Kreuzen Sie Zeige- und Mittelfinger Ihrer rechten Hand (Linkshänder nehmen die Linke) und streichen Sie mit den beiden Fingerkuppen leicht über Ihre Nasenspitze. Das erzeugt das komische Gefühl, dass man zwei Nasen hat. Dieser Trick wurde zuerst von Aristoteles erwähnt. Dabei hatte der bestimmt Besseres zu tun, als sich solche Scherze auszudenken.

## 8 Einen eigenen Zeichentrickfilm machen

Um einen Zeichentrickfilm herzustellen, nimmt man zwei Blatt Papier von DIN-A6-Format. Diese klebt man am oberen (schmalen) Rand zusammen.

Nahe dem unteren Rand jedes Blattes zieht man einen Kreis (mit Hilfe einer 50-Cent-Münze). Die Kreise müssen genau übereinanderliegen. In den unteren Kreis malt man zwei einfache Augen und eine Nase. Diese wiederholt man auf dem oberen Blatt.

In das untere Gesicht malt man eine kurze gerade Linie für den Mund. Auf dem oberen Blatt malt man einen geschwungenen lächelnden Mund. Wenn man das obere Blatt über die Schneide einer Schere zieht, sodass es sich zusammenrollt, kann man einen Bleistift hineinstecken und das obere Blatt schnell über das untere legen. Dann sieht man ein Gesicht, das abwechselnd neutral ist oder lächelt. Wenn man Punkte in die Augen auf dem unteren Blatt malt und ihre Lage auf dem oberen Blatt verändert, bewegen sich auch die Augen.

Der Effekt wird in der Regel der Augenträgheit zugeschrieben, hat aber tatsächlich mehr damit zu tun, dass die Menschen die Fähigkeit haben, eine Positionsveränderung als Bewegung wahrzunehmen. Die gleiche Fähigkiet hilft auch Tieren beim Jagen.

Wenn man den Ehrgeiz hat, einen eigenen Trickfilm herzustellen, ist der nächste Schritt, mit einem Notizblock ein »Daumenkino« anzufertigen. Man zeichnet ein Strichmännchen, das in der Ecke auf und ab springt, dann blättert man den Block schnell durch. Das Ergebnis ist verblüffend.

® *Ein typisches menschliches Gehirn ist 14 cm breit.* ®

# Die Kunst, über glühende Kohlen zu laufen

Fast nichts bereitet einem Zuschauer mehr Qualen, als wenn er zusehen muss, wie jemand barfuß über glühende Kohlen läuft. Wie in aller Welt ist das möglich? Das Kunststück wird oft von selbst ernannten Gurus vorgeführt, die Freiwilligen erzählen, der Gang über die Glut sei ein Triumph des Geistes über die Materie. Tatsächlich ist es nichts dergleichen. In Wirklichkeit ist es eine Mischung aus physikalischem Basiswissen und Taschenspielerei. Dennoch muss ich unterstreichen, dass *es äußerst gefährlich sein kann, über heiße Kohlen zu gehen, und dass man es nie zu Hause ausprobieren darf.* Aber das würden Sie ja sowieso nie tun.

## Die Illusion von Gefahr

Temperatur ist das Maß für den Grad oder die Intensität von Hitze. Aber bei dieser Lauf-über-glühende-Kohlen-Geschichte müssen wir uns weniger über die Temperatur der Kohlen den Kopf zerbrechen als über ihre *Leitfähigkeit.* Sie können zum Beispiel die Hand in die heiße Luft eines Backofens halten, ohne sich zu verletzen. Wenn Sie aber den Metallrahmen der Backofentür berühren, werden Sie sich bös verbrennen, obwohl der Rahmen die gleiche Temperatur hat wie die Luft im Backofen. Der Grund ist, dass Luft ein sehr schlechter Wärmeleiter ist, so schlecht sogar, dass sie als Wärmeisolierung benutzt wird. Metall hingegen ist ein ausgezeichneter Leiter. Deshalb werden daraus Pfannen und Töpfe hergestellt, und deshalb läuft *kein* Guru je über glühende Kugellager!

Die »Kohlen«, aus denen er stattdessen die Glutbahn bereitet, sind Hartholz-Holzkohle, ein – ähnlich wie Luft – ausgesprochen schlechter Wärmeleiter, selbst in brennendem Zustand. (Auch Holzkohle wird zur Wärmeisolierung verwendet!) Hinzu kommt, dass die Oberfläche der Kohle hauptsächlich aus Asche besteht, einem *weiteren* hervorragenden Isolator – man kann sie ohne Bedenken mit einer Fingerspitze berühren. Dies ist einer der Gründe, warum man Wurst nicht direkt auf der Holzkohle grillt, sondern in einem gewissen Abstand.

Heiße Luft und heiße Kohlen leiten natürlich genügend Hitze, um bei ausreichender Einwirkungszeit organische Materialien langsam zu backen. Deshalb ist es keine gute Idee, mitten im Feuerlauf eine Frühstückspause einzulegen – oder die Hand mehrere Minuten lang in einen heißen Backofen zu halten.

Dies ist das Geheimnis des Laufens über glühende Kohlen: *Der Läufer ist isoliert gegen die Hitze.* Man wartet immer ab, bis die Kohlen mit Asche bedeckt sind, bevor jemand darauftritt. Die Flammen, die sonst die Beinhaare versengen würden, sind dann bereits in sich zusammengefallen. Wer jetzt über das Feuer läuft, dem kann nicht viel passieren – er darf nur nicht bummeln.

STRAHLUNGSWÄRME UND JENES GEWISSE GLÜHEN
Haben Sie sich jemals gefragt, warum der Gang über glühende Kohlen immer abends demonstriert wird? Weil dann die Kohlen wunderschön rot glühen, ein Effekt, der bei Tageslicht bei weitem nicht so gut zu sehen wäre. Zusammen mit der *Strahlungswärme* (vor der die Zuschauer respektvoll zurückweichen) überzeugt das orange Glühen den Betrachter

## Sonderbare Effekte

1    Schneidet man dieses Endlosband der Länge nach in der Mitte durch, erhält man nicht zwei Bänder, sondern ein einziges doppelt so langes.

2    Dreht man den Streifen vorm Zusammenkleben der Enden zweimal in sich und schneidet ihn dann wie unter 1 beschrieben durch, erhält man zwei gleiche ineinanderhängende Bänder.

3    Halbiert man das Band nicht der Länge nach, sondern verlegt die Schnittlinie auf ein Drittel vom Rand, erhält man zwei ineinander verschlungene Bänder, ein großes und ein kleines.

## Eine kleine Demonstration

Ein mir bekannter Physikprofessor demonstrierte die merkwürdigen Eigenschaften des Möbius'schen Bandes mit einem hinterhältigen Trick an zwei Studenten. Der Trick geht so:

1    Bereiten Sie drei Streifen vor, jeweils 15 cm breit und 3 m lang. Drehen Sie den ersten einmal, den zweiten zweimal, den dritten gar nicht, und kleben Sie jeweils die Enden zusammen. Den nicht gedrehten Streifen haben Sie deutlich gekennzeichnet.

2    Geben Sie zwei Freiwilligen je ein vorbereitetes Band und behalten Sie das unschuldige (gekennzeichnete) für sich. Wegen der Länge der Bänder fallen die Drehungen nicht auf. Jede Person bekommt außerdem eine scharfe Schere.

3    Nun verkünden Sie: »Dies ist kein Geschicklichkeitstest, es geht um Schnelligkeit. Wer als Erster zwei Bänder aus dem einen geschnitten hat, wie ich es jetzt vormache, bekommt einen Preis.« Dann schneiden Sie das eigene Band der Länge nach in der Mitte durch und zeigen das Ergebnis vor: zwei einzelne Bänder.

4    Ermahnen Sie Ihre beiden »Opfer«, auf ihre Finger aufzupassen, und geben Sie das Startkommando. Nach kürzester Zeit merkt die erste Versuchsperson,

dass sie ein enorm langes Band fabriziert hat, während die zweite zwar, wie verlangt, zwei Bänder produziert hat, die aber ineinander verschlungen sind.

® *August Ferdinand Möbius war ein Nachkomme Martin Luthers.* ®

# So schlägt man einen Nagel mit der bloßen Hand in ein Brett

Hier besteht der Knalleffekt darin, dass man einen imposanten Nagel nimmt, das obere Ende mit einem Lappen umwickelt und ihn mit der bloßen Hand in ein Holzbrett schlägt. Dies gehört, wie die Fähigkeit, nach Belieben zu rülpsen, zu jenen Dingen, die so gut wie keinen praktischen Nutzen haben. Aber wer sich die Mühe macht, diesen Trick zu lernen, kann jederzeit mit einer Demonstration der eigenen Handfertigkeit verblüffen. Das einzige Problem ist, dass man ständig ein Brett mit sich herumtragen muss. (Anders als beim Rülpsen ist es hier besonders wichtig, die Anleitung genau und mit Umsicht zu befolgen, um sich nicht zu verletzen.)

ZUTATEN

* *Ein 20 oder 25 cm langer Nagel*
* *Ein Lappen oder ein Staubtuch*
* *Ein kurzes Holzbrett*
* *2 Stühle*

Bei diesem Trick gilt es, auf zweierlei zu achten. Erstens muss man das richtige Brett verwenden. Sie brauchen ein Brett aus einem nicht zu festen Holz. Natürlich kann man niemanden mit einem Stück extrem weichen Balsaholzes beeindrucken. Andererseits tun Sie sich mit harten Tropenhölzern wie Mahagoni selbst keinen Gefallen. Europäische Nadelholzarten wie Fichte und Kiefer sind eine gute Wahl. Probieren Sie es aus! Das Brett sollte etwa einen Meter lang sein, und je dünner es ist, desto leichter wird die Sache.

Zweitens kommt es darauf an, wie man den Nagel umwickelt. Das Tuch erfüllt vor allem den Zweck, jene Energie aufzufangen und zu verteilen, die auf die Hand übertragen wird, wenn der Nagel auf das Holz trifft. Aufgrund dieser Umverteilung der mechanischen Energie können Sie so fest zuschlagen, dass der Nagel ins Holz eindringt, ohne dabei die Hand am Brett festzunageln. Je mehr Tuch man in der Hand hat, desto leichter fällt die Sache.

## ANLEITUNG

1  Zeigen Sie den Nagel vor, indem Sie ihn aufrecht an der Spitze halten. Dadurch wirkt er schön lang. Wickeln Sie ein Taschentuch, Staubtuch oder einen Lappen so um den Nagelkopf, dass er in der Mitte des Tuches liegt. Halten Sie es zusammengeknüllt so in der rechten Hand, dass der Nagel zwischen dem gekrümmten Mittel- und Ringfinger an einem Punkt zwischen dem ersten und dem zweiten Knöchel hervorschaut.

2  Bitten Sie zwei Freiwillige, das Brett zwischen zwei stabile Stühle zu legen und zurückzutreten.

3  Mit der linken Hand halten Sie das Brett fest, die rechte Hand heben Sie langsam und theatralisch so hoch wie möglich in die Luft.

4  Nun lassen Sie die Hand plötzlich mit aller Kraft und genau senkrecht zum Brett nach unten sausen. Den Nagel dabei unbedingt gerade halten, sonst dringt er nicht ein.

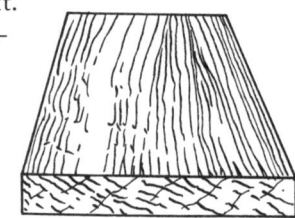

5 Ziehen Sie die Hand zurück, wickeln Sie das Tuch ab und zeigen Sie den eingeschlagenen Nagel im Holz.

6 Lassen Sie anschließend das Brett herumgehen und bitten Sie ein paar Damen, den Nagel herauszuziehen. Sie werden ihre liebe Not damit haben.

⊛ *Bis zum Ende des 18. Jahrhunderts wurden Nägel von Hand gemacht.* ⊛

# Paranormales Löffelbiegen light

In der ersten Hälfte des 20. Jahrhunderts gelangte ein Spanier, der Zeitungsberichten zufolge über übernatürliche Kräfte verfügte, weltweit zu Ruhm, indem er unmöglich erscheinende Dinge mit Gegenständen aus Metall vorführte. In Wirklichkeit war er ein dreister Lügner, der mit schlichter Trickserei seine Zuschauer hereinlegte. Ich spreche von Joaquín María Argamasilla, dem selbst ernannten »Spanier mit den Röntgenaugen«. Seine Täuschung flog in den 1930er Jahren auf, als Harry Houdini ihm über die Schulter guckte, während er ganz übersinnlich mit einer Uhr beschäftigt war, und ihn beim Schummeln erwischte.

Von ähnlichen Fällen berichtet der englische Arzt und Skeptiker Reginald Scot (andere Schreibweise: Scotte) in seinem Bestseller von 1548, *Die Entdeckung der Hexerei.* Zwar bin ich überzeugt, dass alle, die sich derzeit mit besonderen Fähigkeiten brüsten, tatsächlich über paranormale Gaben verfügen – gerade deshalb frage ich mich allerdings, warum die Schlagzeile »Medium knackt Jackpot« immer noch auf sich warten lässt.

Zu den sinnlosesten Dinge, die diese Leute zu können vorgeben, gehört das Verbiegen von Löffeln und Gabeln durch bloßes Darüberstreichen. Ich halte das für eine Verschwendung von übersinnlicher Energie, denn die gleiche Wirkung lässt sich auch mit den prosaischen Fähigkeiten erzielen, über die wir alle verfügen. Im Folgenden beschreibe ich ein durchaus übernatürlich wirkendes Verfahren, Besteck zu verbiegen.

### Vorbereitung

Man biegt eine Gabel zwischen den Händen hin und her, bis ein Ermüdungsbruch zwischen Zinken und Stiel entsteht. Man sieht dies an einem kleinen Höcker an der Sollbruchstelle. Zwei oder drei dieser präparierten Gabeln gibt man einem Komplizen.

Man lädt ein paar gutgläubige Freunde zu einem paranormalen Abend ein und bittet sie, einige Besteckteile von zu Hause mitzubringen.

### Vorführung

Man ernennt eine Hüterin des Tafelsilbers, gibt ihr ein Tablett, mit dem sie die Utensilien einsammelt, sowie die Anweisung, diese nicht aus den Augen zu lassen. Der Handlanger mogelt die präparierten Gabeln unter die anderen, und alles Weitere ist reines Theater.

Man greift sich eine der präparierten Gabeln und hält sie mit der linken Hand am Stielende, die Zinken weisen auf die Zuschauer. Dann legt man die Fingerspitzen der rechten Hand auf die Sollbruchstelle und beginnt sanft zu reiben, wobei die Finger der linken Hand einen leichten Gegendruck ausüben. Dabei muss es stets so aussehen, als behandele man die Gabel mit äußerster Behutsamkeit.

Allmählich drückt man die Zinken der Gabel mit dem Daumen von sich weg, und sie werden sich langsam biegen. Man biegt sie eine Weile hin und her, das wirkt, als würde das Metall weich. Nach einigen Minuten spürt man, wie es bricht, lässt aber noch nicht los. Stattdessen schüttelt man die Gabel waagerecht, dann wackeln die Zinken wie Gummi.

Nun lockert man behutsam den Druck zwischen Fingern und Daumen; das wirkt, als würden die Zinken nach unten wegschmelzen und abfallen.

Man heuchelt Überraschung und reicht die beiden Teile herum mit dem Kommentar: »Es fühlt sich nicht einmal heiß an.«

*⊛ In New Jersey gibt es eine Löffelsammlung mit 5400 Stücken. ⊛*

# So zerreißt man Telefonbücher

Dieser berühmte Superman-Trick sieht sehr schwer aus, lässt sich aber in Wirklichkeit ohne besonders große Körperkraft bewerkstelligen. Nur wenige Männer können wirklich mit einem Griff einen Block von tausend Blatt Papier zerreißen, und die hier beschriebene Methode funktioniert, weil man dabei nur wenige Seiten auf einmal zerreißt. Trainingshalber beginnt man mit einem dünneren Telefonbuch (um die 700 Seiten) und arbeitet sich dann nach und nach zu dickeren hoch. Mit einem Minimum an schauspielerischer Begabung und einem markanten Kinn lässt sich der Effekt besser verkaufen, aber auch ein schüchterner Spargeltarzan bekommt für eine solche Nummer Applaus. Wie meistens, entscheiden Technik und Darbietung über den Erfolg.

SO WIRD'S GEMACHT

1    Bevor Sie anfangen, entfernen Sie alle dicken Einlagen aus dem Telefonbuch.

2    Greifen Sie sich das Telefonbuch waagrecht. Die Vorderseite weist zur Decke, der Buchrücken liegt am Schenkel an. Stützen Sie es von unten an den äußeren Ecken mit beiden Ringfingern und kleinen Fingern, die Daumen treffen sich oben an der Vorderkante, die Zeige- und Mittelfinger ruhen bequem an der Unterseite.

3    Vor dem Reißen drücken Sie mit den Daumen die Buchmitte nach unten und biegen gleichzeitig die Enden mit beiden Ringfingern und den kleinen Fingern

nach oben, sodass die Form einer lächelnden Banane entsteht.

4 Als Nächstes drücken Sie das Buch fest zusammen und ziehen die Daumen auseinander, sodass der Deckel und die ersten Seiten straff gespannt sind. Gleichzeitig drücken Sie die Seiten ganz nahe am Buchrücken mit den Zeigefingern in eine V-Form (Abb. a).

5 Während die Daumen den Deckel und die vorderen Seiten straff halten, biegen Sie das Bananenlächeln zu einem finsteren Blick, indem Sie die Ecken des Buches nach unten drehen. Dadurch werden Deckel und Seiten übermäßig gespannt, sodass sie plötzlich reißen, manchmal mit einem lauten Knall (Abb. b).

6 Halten Sie die Ecken weiter nach unten gebogen, bis alle Seiten durchgerissen sind. Vielleicht müssen Sie ab und zu nachgreifen, um eine bessere Hebelwirkung

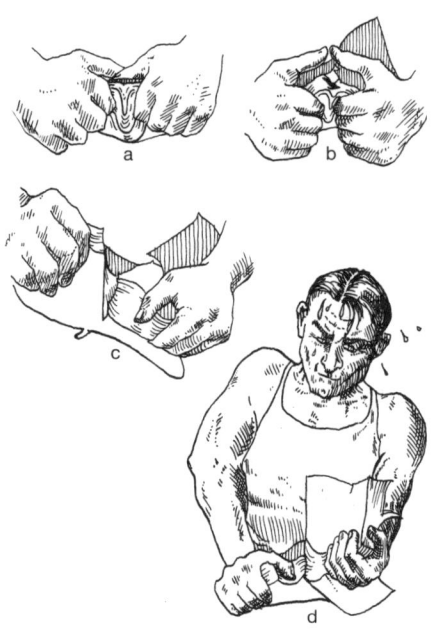

zu erzielen. Während des Durchreißens drehen Sie die Hände voneinander weg, als würden Sie einen Fächer öffnen (Abb. c). Dies verleiht Ihnen mehr Kraft, wenn es an den Buchrücken geht. Ungefähr an diesem Punkt kommt dann brachiale Gewalt zum Einsatz, und Sie drücken das halbe Buch mit einer Hand, während die andere ihm durch Ziehen den Rest gibt. Ein bisschen Ringen macht sich hier gut, besonders wenn Sie dabei laut ächzen. Es soll schließlich nicht allzu leicht aussehen.

7　　Am Schluss schleudern Sie die zwei Hälften auf den Boden und genießen den verdienten Applaus.

Dies ist meine Lieblingsmethode; sie ist anderen Verfahren, bei denen die Seiten vor dem Zerreißen aufgefächert werden, haushoch überlegen. Wer sich auf das Zerreißen von Telefonbüchern spezialisieren möchte, sollte auf das Erscheinen der neuen Ausgabe warten oder sich bei der nächsten Altpapiersammlung mit Übungsmaterial eindecken.

® *Muskelmann Charles Atlas hieß eigentlich Angelo Siciliano.* ®

## So wiegt man den eigenen Kopf

Es gibt wohl kaum eine kniffligere Aufgabenstellung als die, seinen eigenen Kopf zu wiegen. Das fängt schon mit der Frage an, wo der Kopf endet und der Hals beginnt. Und wie geht's weiter, wenn man dies entschieden und die Nahtstelle mit einem Tintenstift markiert hat? An diesem Problem scheiterte sogar Archimedes. Hier nun eine Methode, mit der Sie das Gewicht Ihres Kopfes einigermaßen gut schätzen können, wenn Sie das nächste Mal nichts mit sich anzufangen wissen.

Was man braucht

* *Ein Plastikplanschbecken*
* *Eine Plastikregentonne*
* *Einen Plastikeimer*
* *Einen Plastikmessbecher*
* *Einen Plastikstuhl*
* *Eine Personenwaage*
* *Den Kopf*

So wird's gemacht

1   An einem warmen Sommertag blasen Sie ein Plastik-planschbecken im Garten auf. Rechnen Sie mit rund zwei Stunden, die Sie dafür brauchen werden.

2   Stellen Sie die Plastikregentonne in das Planschbe-cken und füllen Sie sie bis an den Rand mit warmem Wasser, das aber nicht überlaufen darf.

3   Für ein präzises Messresultat rasieren Sie Ihr gesamtes Haupthaar ab. Ist Ihr Kopf kahl, kann kein Wasser durch Kapillarwirkung aufgesogen werden.

4   Stellen Sie sich auf den Stuhl und senken Sie langsam den Kopf ins Wasser, bis er bis zum Adamsapfel un-tergetaucht ist. Das verdrängte Wasser läuft an den Seiten der Tonne hinunter und sammelt sich auf dem Boden des Planschbeckens. Ziehen Sie den Kopf lang-sam wieder heraus.

5   Das übergelaufene Wasser gießen Sie in den Eimer. Das ist der lästigste Teil des Experiments, weil die Tonne voll Wasser ist und man sie bewegen muss, ohne etwas zu verschütten. Wenn Sie ehrgeizig sind, können Sie das Experiment einleiten, indem Sie ein tiefes Loch in den Rasen graben, in das Sie nun mit dem Eimer kriechen, um das Wasser aus dem Planschbecken abzulassen.

6   Sie messen die Wassermenge im Eimer, indem Sie sie in den Messbecher gießen, und notieren das Ergebnis. Ist der Becher zu klein, muss dies portionsweise erfolgen.

7    Sie stellen die Tonne wieder ins Planschbecken und
     füllen sie wieder randvoll. Dann ziehen Sie sich nackt
     aus und wiegen sich.

8    Sie steigen auf den Stuhl, klettern vorsichtig in die
     Tonne und tauchen völlig unter. Dann steigen Sie
     hinaus und gießen das verdrängte Wasser in den
     Eimer und dann in den Messbecher. Die Endsumme
     schreiben Sie auf.

9    Sie multiplizieren das Körpergewicht mit dem Ver-
     hältnis zwischen den zwei notierten Zahlen. Das Er-
     gebnis gibt das Gewicht des Kopfes an.

10   Jetzt dürfen Sie sich wieder anziehen.


❦ *George Washington trug falsche Zähne aus Holz.* ❦


## Der topologisch regelwidrige einflächige unmögliche Karteikartentrick

Dies ist einer jener Tricks, die man
auswendig lernen muss, denn wenn
man versucht, nur durch Nachdenken
darauf zu kommen, überhitzt sich das
Gehirn.

1    Falten Sie eine Kartei-
     karte so, dass acht Recht-
     ecke entstehen, wie es die
     erste Abbildung zeigt. Mit einer
     Schere machen Sie drei Schnitte
     entlang der fett gezeichneten
     Linien.

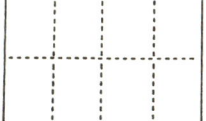
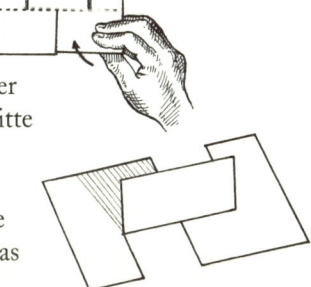

2    Jetzt klappen Sie das rechte
     Stück ganz um, und fertig ist das
     Objekt. Es sieht bizarr aus.

Niemand wird vermutlich die topologisch regelwidrige einflächige unmögliche Karteikartenauffaltung wieder flach falten können.

Noch schwieriger wird es, wenn Sie unter dem Tisch falten und schneiden und dann Ihr Opfer auffordern, den topologisch regelwidrigen einflächigen unmöglichen Karteikartentrick zu wiederholen. Sein Gehirn wird sich wahrscheinlich auflösen, und vielleicht fallen ihm sogar die Augen aus dem Kopf.

> ✹ *Ein Blatt Papier, das man 50 Mal in der Mitte faltet,*
> *wird 100 Millionen Kilometer dick.* ✹

# So lässt man sich selbst die Haare zu Berge stehen

Dies ist ein Trick, den ich selbst 1971 in einer langweiligen Deutschstunde bei Herrn Pfennig erfand. Er garantiert, dass sich alle vor Lachen biegen, und eignet sich besonders für öde Sitzungen oder den Vortrag, den Ihre Freundin Ihnen über Ihre diversen menschlichen Unzulänglichkeiten hält.

Als Erstes brauchen Sie einen Gummiring, wie man ihn zum Verschließen von Einweckgläsern verwendet. Ziehen Sie ihn heimlich über den Kopf, bis über die Ohren, genau unter dem breitesten Teil des Schädels. Ziehen Sie nun die vom Band festgeklemmten Haare heraus und streichen Sie sie über den Gummi, um ihn zu verdecken. Schieben Sie das Gummiband vorn bis unter den Haaransatz. Es macht sich höchstens durch leichtes Kopfjucken bemerkbar.

Nun schieben Sie das Band in der okzipital-parietalen Zone ein wenig nach oben, sodass es über dem Äquator liegt, wo der Widerstand gegen seine natürliche Kontraktion weniger stark ist. Allmählich wird das Gummiband auf dem Kopf nach oben rutschen. Dabei zieht es Haarbüschel mit und schrumpft auf seinem Weg nach Norden im Umfang, bis es den Punkt erreicht, wo es sich plötzlich auf seine Ausgangsgröße zusammenzieht und das Haar zu einer putzigen Fontäne hochzieht. Die Geschwindigkeit lässt sich bis zu einem gewissen Grad steuern, indem man die Stirn runzelt oder die Augenbrauen hochzieht. Wenn Ihre Haare die Farbe des Gummirings haben, bleibt der Mechanismus die ganze Zeit unsichtbar. Die Wirkung ist faszinierend.

® *Eunuchen bekommen keine Glatze.* ®

# Der Baum
# der nutzlosen Erkenntnis

ALLES, WAS SIE SCHON IMMER KÖNNEN
WOLLTEN, ABER NICHT WUSSTEN,
WO SIE MIT DEM ÜBEN ANFANGEN SOLLTEN

*Der Spieltrieb ist vermutlich so alt und wird so lange bestehen
wie das Menschengeschlecht.*
S. W. ERDNASE, THE EXPERT AT THE CARD TABLE
(CHICAGO 1902)

# Wie melke ich eine Kuh?

Eine mitteleuropäische Milchkuh produziert täglich zwischen 25 und 60 Litern Milch – grob gerechnet 16 000 Liter im Jahr. Das reicht für 800 000 Tassen Tee oder ebenso viele Portionen Müsli. Eine Kuh zu melken ist nicht so leicht, wie es aussieht, beherrscht man es aber erst einmal, heimst man dafür immer Komplimente ein. Wer lange genug übt, kann sich im Lob seiner Mitmenschen suhlen.

ZUTATEN
* *Ein makelloser rostfreier Stahleimer*
* *Ein niedriger Schemel*
* *Eine Kuh*
* *Ein kompletter Satz Hände*

ANLEITUNG
Vergewissern Sie sich, dass die Kuh gefüttert und gesäubert ist und freundlichen Zuspruch erhält. Kühe sind sensibel, und wenn Sie selbst nervös sind, spüren sie das und verweigern möglicherweise die Milchlieferung. Falls Sie über eine beruhigende Stimme verfügen, können Sie der Kuh vielleicht leise etwas vorsingen. Psychologen haben herausgefunden, dass langsame Schmusemusik den Milchertrag um 3 % steigert. Besonders beliebt bei Kühen sind »Bridge Over Troubled Water« von Simon und Garfunkel und Beethovens 6. Symphonie (»Pastorale«). Wüste, frauenfeindliche Sauflieder sollte man natürlich vermeiden, sonst stößt das Tier wahrscheinlich den Melkeimer um und tritt einem auf den Fuß. Und vergessen Sie nicht, dass selbst höhere Kühe mit Schweizer Pensionatserziehung einem vor den Kopf treten können, wenn ihnen danach ist. Also bleiben Sie auf der Hut.

1    Waschen Sie das Euter mit einem in warmes Wasser getauchten Tuch ab.
2    Stellen Sie den Melkeimer ein Stück vor das Euter.

3   Ein Rechtshänder stellt den Schemel an die Steuer-
    bordflanke der Kuh (also rechts) und setzt sich so, dass
    sein Ohr an der Seite des Tiers ruht, während er nach
    hinten blickt und den Eimer mit dem linken Bein
    schützt.
4   Wenn Sie zu melken versuchen, indem Sie einfach zu-
    packen und ziehen, werden Sie scheitern. Umschlie-
    ßen Sie stattdessen behutsam, aber fest mit jeder Hand
    eine Zitze. (Erinnert Sie das an etwas?) Sie drücken
    den Ansatz jeder Zitze zwischen Daumen und Zeige-
    finger und halten sie damit zu, während die anderen
    Finger nacheinander in Nachahmung der Saugbewe-
    gung von Kälbern die Milch nach unten pressen. Na-
    türlich werden Sie üben müssen, bis Sie den richtigen
    Griff beherrschen.
5   Lassen Sie los. (Der leichteste Teil.)
6   Wiederholen Sie die Prozedur, bis das Euter sich leer
    und weich anfühlt und bei jedem Drücken nur noch
    eine kleine Menge Milch herauskommt.

Was Sie mit der ganzen Milch anfangen, ist Ihr Problem.

*❦ Die gelbe Farbe der Butter kommt vom Betakarotin im Gras, das die Kuh frisst. ❦*

## Wie wimmele ich die Zeugen Jehovas an der Türschwelle ab?

Kaum etwas ist nerviger, als wenn es an der Tür klingelt, wenn man gerade einen Furz anzünden oder mit Obst jonglieren will. Ein grinsender Fanatiker auf der Schwelle löst häufig ungesunde körperliche Symptome wie wüste Flüche, Fäusteschütteln und eine knurrige Russell-Crowe-Miene aus. Diese aufdringlichen Vertreter und ihre pickligen, dick bebrillten Genossen haben Übung darin, höfliche Abfuhren dieser Art an sich abgleiten zu lassen. Hier eine Auswahl von

davon, dass das Feuer unglaublich heiß ist – was auch stimmt. Die Temperatur liegt wahrscheinlich weit über 500° C. Die Illusion ist jedoch, dass die Füße verbrennen müssten, weil sie beim Lauf Kontakt mit den Kohlen haben. Haben Sie aber aus den oben angeführten Gründen nicht.

Wie gesagt, versuchen Sie nicht, dies zu Hause zu widerlegen. Aber wenn Ihnen das nächste Mal irgendein alberner Fakir erzählt, das sei der Triumph des Geistes über die Materie, können Sie ihn mit Ihrer Gelehrsamkeit beschämen.

*Der Eiffelturm ist im Sommer 15 cm höher als im Winter, weil er sich in der Wärme ausdehnt.*

# Der Möbiusband-Trick

Angeblich hat jedes Ding zwei Seiten, so wie die zwei Seiten eines Blatts Papier. Allerdings gibt es Blätter, die haben nur eine Seite. Das lässt sich ganz einfach demonstrieren, indem man ein Möbius'sches Band herstellt, benannt nach dem Astronomen und Mathematiker August Ferdinand Möbius, der diesen Einfall 1858 veröffentlichte. Mit dieser topologischen Merkwürdigkeit lassen sich ein paar sonderbare Dinge anstellen, und die besten Effekte finden Sie unten.

WAS MAN BRAUCHT
* *Ein großes Blatt Papier*
* *Klebeband*
* *Schere*

SO WIRD'S GEMACHT
Schneiden Sie einen 5 cm breiten Streifen von einem Stück Packpapier oder einfarbigem Geschenkpapier ab. Drehen Sie den Streifen einmal in sich, und kleben Sie die Enden mit Klebeband zusammen.

diversen alternativen Extremmaßnahmen, um solche Zeitgenossen loszuwerden.

## Der nichtreligiöse Besucher

Als Erstes gilt, dass Sie keine einzige der harmlos klingenden
Fragen beantworten dürfen, mit denen dieser Typ Sie bom-
bardiert. Stattdessen ergreifen Sie selbst die Initiative und
sagen, dass Sie sehr gern mit ihm sprechen, sobald er auf
der gepunkteten Linie unterschrieben hat. Sie reichen ihm
ein Klemmbrett mit einem amtlich aussehenden Vertrag nach
unten stehendem Muster.

---

### Vertrag

Name:

Alter:

Gehalt:

Rasse:

iq:

Gesundheitliche Probleme:

Sexuelle Orientierung:

Ich, .................................................................., verspreche:

i. dem Haushaltsvorstand für den zeitlichen Aufwand eine
   Gesprächsgebühr von € 8,00 pro angebrochene Minute zu
   zahlen;
ii. dem Haushaltsvorstand eine Fragevergütung von € 20,00
   für jede Frage zu zahlen;
iii. dem Haushaltsvorstand eine Vertragsabschlussgebühr von
   € 100,00 zu zahlen;
iv. alle fälligen Gebühren sofort bar zu bezahlen;
v. dem Haushaltsvorstand meine vollständige Adresse anzu-
   geben.

Unterschrift .............................   Ort, Datum ............................

---

Das ist narrensicher, weil es sie dort trifft, wo es am meisten schmerzt – im Portemonnaie.

Ein anderer wirksamer Trick bei gewerblichen Besuchern besteht darin, ihnen die Hand auf die Schulter zu legen und zu sagen: »Ich bin ja so froh, dass Sie hier sind, weil ich furchtbar einsam bin und mit Ihnen über Gott reden muss.« Während sein Gesicht vor Panik zuckt, kommen Sie ihm mit der Killerfrage: »Lesen Sie die Bibel?« Gleich, was er antwortet, bitten Sie ihn, genau zuzuhören. Dann lesen Sie aus dem Matthäus-Evangelium:

*Abraham zeugte Isaak. Isaak zeugte Jakob. Jakob zeugte Juda und seine Brüder. Juda zeugte Perez und Serach mit Tamar. Perez zeugte Hezron. Hezron zeugte Ram. Ram zeugte Amminadab. Amminadab zeugte Nachschon. Nachschon zeugte Salmon. Salmon zeugte Boas mit Rahab. Boas zeugte Obed mit Rut. Obed zeugte Isai. Isai zeugte den König David. David zeugte Salomo mit der Frau des Uria. Salomo zeugte Rehabeam. Rehabeam zeugte Abia. Abia zeugte Asa. Asa zeugte Josafat. Josafat zeugte Joram. Joram zeugte Usia. Usia zeugte Jotam. Jotam zeugte Ahas. Ahas zeugte Hiskia. Hiskia zeugte Manasse. Manasse zeugte Amon. Amon zeugte Josia. Josia zeugte Jojachin und seine Brüder um die Zeit der babylonischen Gefangenschaft.*

Wenn er glaubt, Sie seien fertig, wird noch 81 Wörter lang weitergezeugt.

### Der religiöse Besucher

Für Zeugen Jehovas und dergleichen braucht man natürlich eine andere Methode. Sobald sie also ihr Exemplar des *Wachturms* an sich genommen haben, sagen Sie: »Sie sind gewiss die Kirche, die ich gesucht habe, denn ich bin aufgewühlt, und ich bin dem Bösen begegnet.« Während Ihre Besucher die Ohren spitzen, greifen Sie nach dem vorbereiteten Ordner, der aus dem Internet heruntergeladene Fotos enthält, und zeigen ihnen die Auswahl. Farbige Nahaufnahmen von

Autopsien, Selbstmorden mit Schusswaffen und Leuten, die schweinisch aussehende pornografische Dinge miteinander – oder mit Pferden – treiben. Sie fragen: »Was halten Sie von solchen Sachen?«, und wenn sie zurückschrecken, reichen Sie ihnen eine Seite voll obszöner Ausdrücke in fetter 72-Punkt-Schrift. Die können Sie den flüchtenden Missionaren nachrufen und sie bitten, sie nach der Reihenfolge der Anstößigkeit zu ordnen. Nun bitten Sie sie noch, das Gartentor hinter sich zu schließen.

## Die »Behinderten«

Diesen widerwärtigen Trick benutzen schwarze Schafe unter den Vertriebsunternehmen, um an Haustüren Haushaltsgerät oder Kleidung zu verkaufen. Der Betrug besteht darin, dass die Klinkenputzer irgendeine körperliche Behinderung vortäuschen. Sehr beliebt ist Taubheit in Verbindung mit Sprachproblemen, wobei allerdings interessant ist, dass die Fähigkeit, Geld zu kassieren und zusammenzurechnen, anscheinend nie durch solche Behinderungen beeinträchtigt wird. In der Regel wirkt bei diesen Leuten ein höfliches Nein, aber wenn man davon überzeugt ist, betrogen zu werden, kann man den Betrug umkehren und selbst den Behinderten geben, indem man zum Beispiel die Zunge heraushängen lässt, aus halb geschlossenen Augen schaut, vielleicht einen verkrüppelten Arm vortäuscht und dabei etwas wie »Mner nerg mnurb nmerbmernb« röchelt. Das wirkt in der Regel Wunder, hat aber den Nachteil, dass tatsächlich Behinderte vielleicht geneigt sind, einem die Nase einzuschlagen. Und wer könnte ihnen das verübeln?

*® Der Staubsaugerverkauf an der Haustür*
*war die Idee von William Hoover. ®*

# Gewinnen im Kasino, ohne zu schummeln

Glamour, Girls, Glücksspiel: Das ist Las Vegas. Falls Sie je davon geträumt haben, beim Black Jack, Roulette oder welcher Form des Glücksspiels auch immer groß abzuräumen, vergessen Sie's. So wie die Chancen stehen, werden Sie mit an Sicherheit grenzender Wahrscheinlichkeit ärmer herauskommen, als Sie hineingegangen sind. Schummeln ist illegal, die Techniken, Karten zu zählen und sich zu merken, beherrscht man bestenfalls nach etlichen Jahren, und die Großunternehmen, die hinter diesen halbseidenen Betrieben stehen, kommen einem ziemlich schnell auf die Schliche. Dennoch kann man in einem Kasino Geld gewinnen, wenn man sich an folgende simple Regeln hält:

* Lernen Sie Wahrscheinlichkeitsrechnung; mit etwas Recherche im Internet geht das ganz leicht. Sobald man das in- und auswendig beherrscht, kann man loslegen.
* Setzen Sie nur, wenn die Chancen günstig stehen: Kümmern Sie sich nicht um die Tische, sondern *machen Sie sich an die Spieler heran.*

Sie schmeißen sich in Ihren Jetset-Smoking, rauschen in Bond-Manier ins Kasino und schleichen sich zum Beispiel an den Typen heran, der am Würfeltisch herumkrakeelt. Er wird auf die Würfel spucken und etwas schreien wie: »Es wird eine Fünf, komm schon, mach es, Fünf, ich bin in Spiellaune!« Sie wissen ja, dass es unter den 36 möglichen Kombinationen eines Wurfes mit zwei Würfeln (6 × 6) vier Möglichkeiten gibt, eine Fünf zu würfeln. Die Chancen stehen acht zu eins, dass er keine Fünf würfeln wird, deshalb sagen Sie: »Ich wette mit Ihnen vier zu drei, dass die Fünf es nicht macht.« In der Regel wird er keine Wahrscheinlichkeiten berücksichtigen, sondern seinem Aberglauben anhängen, und Sie haben gewonnen.

* Wenn Sie gewinnen, verhalten Sie sich ganz ruhig, aber wenn Sie verlieren, machen Sie viel Aufhebens darum. Das nennt man die umgekehrte Spielautomatenmethode.

Warum nicht auf Gewissheiten setzen, um die Chancen noch zu erhöhen? Folgende Wetten eignen sich fürs Restaurant oder die Kasinobar:

* Wetten Sie mit Ihrem Opfer um € 10, dass Sie einen Knoten in Ihre Zigarette machen können, ohne sie zu zerbrechen. Zu diesem Zweck rollt man sie fest in das glatt gestrichene Zellophan der Zigarettenschachtel und lässt zwei lange Ende überstehen, die man zu Spitzen zwirbelt. Dann macht man den Knoten. Man kann sogar darauftreten und sie ins Bier tauchen. Man knotet auf und kassiert das Geld.
* Nach dem Essen schlagen Sie vor, Fortuna solle entscheiden, wer die Rechnung übernimmt. Sie schlagen Ihrem Opfer vor, eine beliebige Anzahl Streichhölzer in zwei Teile zu brechen und in einen Aschenbecher zu legen. Sagen Sie: »Wir nehmen abwechselnd ein Stück, bis alle weg sind, und wer das letzte nimmt, bezahlt die Rechnung.« Das Geheimnis ist einfach: Nehmen Sie immer als Erster.

® *Den Bürgern Monacos ist es untersagt, die Spielsäle ihrer Stadt zu betreten.* ®

## So zündet man einen Furz an

Wann genau den ersten Furzzünder die Erleuchtung ereilte, verliert sich im Nebel der Zeit. Vielleicht ließ einer unserer Neandertalervorfahren zu nah am Feuer einen fahren und erschloss damit neue Dimensionen in der Welt billiger Vergnügen.

Wie auch immer seine Geschichte sein mag – das Anzünden eines Furzes ist eine aufregende und bildende Unterhaltung, die nicht auf Studentenheime oder Abendessen im Rugby-Club beschränkt bleiben muss. In der Pause von Wagners »Ring« einen Furz statt einer Zigarre anzuzünden ist sicherlich besser für die Gesundheit, und Frackhosen stehen der Wirkung keinesfalls im Weg.

Auf jeden Fall sollten Sie, falls Sie es gern ausprobieren möchten, etwas über den naturwissenschaftlichen Hintergrund wissen.

Fürze bestehen aus fünf Gasen in den folgenden prozentualen Anteilen: rund 59 % Stickstoff ($N_2$), 4 % Sauerstoff ($O_2$), 9 % Kohlendioxid ($CO_2$), 21 % Wasserstoff ($H_2$) und 7 % Methan ($CH_4$). Die interessanten Gase sind hier die beiden letzteren, Wasserstoff und Methan, da beide leicht entzündbar sind.

Wasserstoff ist das leichteste Element und ein starker Brennstoff, der mit gelber Flamme brennt. Er treibt das Spaceshuttle der NASA an und war das Gas, das für die Katastrophe der »Hindenburg« verantwortlich war. Beunruhigt? Der wichtigste Vorteil des Wasserstoffs ist, dass er verbrennt, ohne Kohlendioxid zu erzeugen. Wenn Sie also Ihre Fürze anzünden, tragen Sie nicht sonderlich zur globalen Erwärmung bei.

Methan (ein so genanntes Naturgas) ist geruchlos, brennt mit blauer Flamme und stärkerer Flammenwerferwirkung als sein leichterer Vetter. Es wird nur von einem exklusiven Drittel der Bevölkerung ausgestoßen. Interessanterweise sind die Angehörigen dieser erlesenen Gruppe zur Mitgliedschaft in dem esoterischen und geheimnisvollen Königlichen Orden der Blauen Flamme berechtigt. Weiß der Himmel, was sich auf ihren Jahreshauptversammlungen abspielt.

ANLEITUNG·

Ein angezündeter Furz ist nur bei schwacher Beleuchtung sichtbar. Wenn man also vor Publikum auftritt, zieht man als Erstes die Vorhänge zu. Man sollte auch nicht vergessen, dass diese Übung riskant sein kann – schlecht Vorbereitete haben sich dabei schon verletzt. Kleidung und Vorhänge können Feuer fangen, und es gibt sogar Berichte über Flammen-»Rückstöße«. Umfragen haben ergeben, dass rund 25 % der Furzzünder sich verletzen, und angeblich können einem vor Hitze die Augen tränen. Um Probleme wie bei der »Hindenburg« zu vermeiden, beachte man diese Regeln:

1    Legen Sie sich auf den Teppich, die Knie an die Brust gezogen; die Füße zeigen zur Decke.

2    Bitten Sie einen Freund, mit einem feuchten Geschirrtuch bereitzustehen.

3    Verwenden Sie eine lange Wachskerze, damit Sie sich nicht die Finger verbrennen.

4    Behalten Sie die Kleidung an – menschliches Haar ist sehr leicht entflammbar.

Viel Glück!

*Joseph Pujol, 1857–1945, konnte mit seinem Hintern auf einer Flöte musizieren.* ®

# So entwickeln Sie ein gigantisches Gedächtnis

Den meisten Menschen ist es unmöglich, sich eine Einkaufsliste zu merken, aber nur wenige von uns vergessen, wie unser Auto aussieht oder wie wir uns in der Stadt zurechtfinden. An die meisten Urlaubsreisen erinnern wir uns sehr genau und detailreich, und die folgende Methode aus der Zeit der alten Griechen funktioniert nach dem Prinzip, dass man Dinge, die man sich nicht merken kann, zu einer Reise verknüpft, die man sich gut merken kann. Probieren Sie es aus, und Sie werden nie mehr einen Einkaufszettel brauchen.

Zuerst geht man im Kopf eine vertraute Wegstrecke durch. Das könnte ein Spaziergang durch den Garten sein oder der Weg zum Zeitungskiosk. Prägen Sie sich 10 Punkte auf diesem Weg ein: zum Beispiel (1) die Haustür, (2) die Kneipe, (3) den Zebrastreifen, (4) die mutwillig zerstörte Hütte der Pfadfinder, (5) den Sexshop, (6) die Bibliothek, (7) den Brunnen, (8) den Pizza-Service, (9) die moderne Kirche, (10) die Goethe-Statue.

Jetzt stellen Sie sich eine typische Einkaufsliste vor: zum Beispiel (1) Eier, (2) Hämorrhoiden-Salbe, (3) Orangen, (4) Energiesparbirne, (5) Brot, (6) Milch, (7) Bleichmittel, (8) Ektoplasma, (9) Angst, (10) Kontinuum. Sie werden bemerkt haben, dass die letzten drei Artikel eigentlich nicht typisch für einen Einkaufszettel sind. Sie stehen hier zur Übung, weil sie schwerer zu behalten sind.

Die Liste prägt sich am besten ein, wenn man die Objekte durch die derbsten und albernsten Bilder, die einem einfallen, mit den Stationen der Reise verknüpft. Vorstellen könnte man sich etwa (1) ein zerbrochenes Ei, das an der Haustür hinabrinnt, (2) die Bardame im »Anker«, die Hämorrhoiden-Salbe aufträgt, (3) eine riesige Orange auf dem Zebrastreifen, (4) Ludwig Erhard mit einer Energiesparbirne im Ohr, (5) ein Brot mit einem sehr seltsamen Belag und so weiter. Versuchen Sie, die abstrakten Begriffe durch konkrete Bilder zu ersetzen. So könnte (9) ein ängstliches Kind sein, das sich hinter einer Kirchenbank versteckt, und (10) könnte eine endlose Reihe von Goethe-Statuen sein. Bei Artikeln wie der Energiesparbirne merkt man sich nur die Birne, die bildliche Vorstellung ist einfach und prägnant genug.

Wenn man sich gerne vor Publikum produziert, kann man seine Gäste auffordern, am Anfang eines Abends zehn Gegenstände zu benennen, die man am Ende des Abends aus dem Gedächtnis aufzuzählen ankündigt. Weil sie nummeriert sind, kann man den Leuten prompt sagen, was zu welcher Zahl gehört, oder sie in umgekehrter Reihenfolge aufzählen.

Irgendetwas wollte ich noch ergänzen, aber es fällt mir nicht mehr ein.

® *In Alfred Hitchcocks* Die 39 Stufen *spielt Wylie Watson den Mister Memory, der als Gedächtnisvirtuose auf Jahrmärkten auftritt.* ®

# Anfänger-Leitfaden zur Ermittlung der Todeszeit bei Leichenfunden

Angenommen, Sie wollen mal schnell bei Ihrem besten Kumpel vorbeischauen und müssen feststellen, dass er mausetot ist. In seinem Rücken steckt ein Dolch – es sieht nicht nach Selbstmord aus. Es wird eine Weile dauern, bis der Pathologe und der Gerichtsmediziner auftauchen, und der Arzt wird allein schon eine halbe Stunde brauchen, bis er sein Stethoskop eingepackt hat. Währenddessen gehen entscheidende Beweise verloren, warum probieren Sie es also nicht einfach selbst? Hier kommt eine Liste der wichtigsten Punkte; es gilt, keine Zeit zu verlieren.

## 1 DIE REKTALTEMPERATUR MESSEN
Geht man von einer Lebend-Körpertemperatur des Opfers von 36,8° C aus, kühlt eine frische Leiche um etwa $1\frac{1}{2}$° C in einer Stunde ab, bis sie die Temperatur der Umgebung erreicht hat. Die Haut kühlt ungefähr dreimal schneller ab als das Körperinnere. Falls der arme Kerl auf einer Heizdecke liegt oder durch Eis gefallen ist, müssen Sie natürlich gewisse Abweichungen berücksichtigen.

## 2 DIE GLIEDMASSEN BEWEGEN
Aufgrund chemischer Veränderungen in den Muskeln beginnt ein Körper etwa drei Stunden nach dem Tod, steif zu

werden. Dies nennt man Leichenstarre. Eine hohe Umgebungstemperatur beschleunigt den Prozess, eine niedrige verlangsamt ihn. Dieses Steifwerden beginnt in den Augenlidern und schreitet über das Gesicht und den Körper nach unten fort, bis die Leiche nach etwa zwölf Stunden vollkommen steif ist. Zwischen zehn und 48 Stunden später erschlafft alles wieder. Ehrlich gesagt unterliegt die ganze Angelegenheit ungeheuer vielen Variablen, und hieraus den Todeszeitpunkt zu rekonstruieren ist eine im Wortsinn recht schwammige Geschichte.

### 3 Die Unterseite

Sobald das Herz eines Menschen zu schlagen aufhört, fließt das Blut aufgrund der Schwerkraft nach unten und sammelt sich an der Unterseite des Körpers (Hypostase). Die Teile des Körpers, wo das Blut sich jetzt staut, werden dunkelblau und fleckig und sehen aus wie Blutergüsse. Nach fünf bis sechs Stunden ist die Haut überall blau, wird aber weiß, wenn man sie mit dem Finger drückt. Bleibt sie blau, ist der Tod vor mindestens zehn Stunden eingetreten. Keine blauen Flecken findet man jetzt dort, wo die Leiche auf dem Boden aufliegt. Ist sie nach dem Tod bewegt worden, werden auf diese Weise aufschlussreiche Ungereimtheiten sichtbar, mein lieber Watson!

### 4 Die Augen kontrollieren

Anzeichen des Todes erscheinen in den Augen schon nach wenigen Minuten. Das Weiß nimmt eine graue Schattierung an, und die Hornhaut überzieht sich mit einem »Film«. Nach etwa zwei Stunden wird die Hornhaut trüb, und nach einigen Tagen ist sie in der Regel undurchsichtig. Diese Zeichen sind ein nützlicher Anhaltspunkt für Bestattungsunternehmer, die gern kontrollieren, ob die Person, über der sie den Sarg zunageln wollen, tatsächlich tot ist – beruhigend zu wissen.

## 5 Untersuchung des Mageninhalts

Wie das? Nun, gebrauchen Sie Ihre Fantasie oder ein Stück Schlauch und das alte Hilfsmittel: den Saugheber. Der Magen braucht eineinhalb bis sechs Stunden, um eine Mahlzeit zu verdauen. Ein Käsebrot läuft schneller durch als ein Teller Rindfleischsuppe, gefolgt von gefüllter Ente, einer halben Flasche Bordeaux, Erdbeer-Sahne-Creme, Kaffee und Likören.

## 6 Insekten und Larven

Nach drei Tagen wird die Leiche wahrscheinlich zum Wirt für muntere Insektenlarven. Fliegen legen ihre Eier in Körperöffnungen, und sie entwickeln sich schnell, manchmal in weniger als 24 Stunden. Der Prozess setzt sich über mehrere Wochen fort, wobei die Maden immer dicker werden. Sie sind Fettfresser, und an Nahrung herrscht kein Mangel.

## 7 Verwesungssymptome

Fäulnis beginnt in der Regel nach zwei Tagen in Bereichen, in denen sich Bakterien konzentrieren. Ihr Fortschreiten hängt von der Temperatur der Umgebung ab. Interessanterweise verwesen dicke Leute schneller als magere. Nach zwei oder drei Tagen erscheint ein grüner Fleck auf dem Unterleib, und der Körper beginnt sich aufzublähen – bis etwas ›dem Druck nachgibt‹, um es dezent auszudrücken. Nach etwa einem weiteren Tag hat sich die grüne Verfärbung ausgebreitet, und die Adern werden dunkel bräunlich.

Nach fünf oder sechs Tagen beginnt die Haut Blasen zu werfen und von den Händen zu gleiten wie Handschuhe. Innerhalb von etwa drei Wochen wird das Gewebe allmählich weich, alles fällt plötzlich nach innen, und die Fingernägel fallen ab. Es dauert ungefähr einen Monat, bis die Verflüssigung sich durchsetzt, wobei die Augen »schmelzen« und die Gesichtszüge unkenntlich werden. Die Autolyse (die Selbstauflösung der Zellen) ist jetzt in vollem Gang.

Natürlich gibt es einfachere Möglichkeiten, den Zeit-

punkt des Todes herauszufinden. Falls der letzte Tagebuch-
eintrag am 16. September lautet: »Fühle mich heute nicht
wohl«, hat man einen guten Anhaltspunkt. Falls die Zeitung
vom Donnerstag aufgeblättert auf dem Tisch liegt und die
folgenden Ausgaben auf der Türmatte, ist auch dies auf-
schlussreich. Und man braucht keine Schutzmaske aufzuset-
zen, um es herausfinden.

*Alexander 1. von Griechenland starb an Blutvergiftung,
nachdem ihn sein Affe gebissen hatte. *

# Schafe scheren leicht gemacht

Dies ist nicht die anspruchslose australische Bartstutzer-
übung, sondern die echte ursprüngliche schottische
Schurmethode, für die ich dem Exzellenz-Landmann Mr
Angus MacKenzie danke, dem siebten in einer knorrigen
Linie von Angus MacKenzies. (Er ist Schotte.)

Scheren werden leicht stumpf, besonders wenn sie auf
die kotverschmutzten Zotteln um den Schwanz oder auf
heidekraut- oder sandgesättigtes Fell treffen. Also lässt man
sie von einem Fachmann schleifen; es ist schwierig, mit einem
Schleifstein eine gute Schneide hinzubekommen. Zwei Scheren dürften für rund 40 Schafe genügen.

HALTEMETHODEN

* *Sehr alte Art*: Man bindet alle vier Beine zusammen
  und legt das Schaf auf einen Scherhocker (eine Art
  Bett aus Torf). Anno dunnemals war die Schafschur
  Frauenarbeit, und Benutzung des Hockers verringerte
  die Rückenschmerzen der Schererinnen.

* *Alte Art*: Man klemmt das Schaf fest zwischen die
  Knie, sodass es auf dem Hinterteil sitzt wie beim Fernsehen, und hält die Vorderbeine mit der nicht scheren-
  den Hand fest. Zusätzlich können Sie die Hinterbeine

des Schafs mit einem Ihrer eigenen Beine fixieren. Vorsicht vor den Hörnern, wenn Sie es mit einem Schafbock zu tun haben!

## Zwei Schermethoden

1 Beginnen Sie am Bauch, wo die Wolle praktischerweise aufhört. Ziehen Sie die Wolle hoch und halten Sie sie beim Schneiden stramm. Arbeiten Sie sich zum Po vor, schneiden Sie dann das Vlies vom Hinterbein Ihrer Wahl. Nun bearbeiten Sie diese Seite des Schafs, arbeiten sich dann zur anderen Seite vor und scheren nacheinander die Beine. Mit etwas Glück löst sich das Vlies in einem einzigen Stück.

2 Man schert das Vlies um den Hals zur Unterseite des Kiefers, dann arbeitet man sich um den ganzen Körper herum von hinten nach vorn vor und »schält« das Vlies über den Kopf des Tieres ab. (Wenn man das Schaf nach der sehr alten Art hält, kommt das Bauchhaar als Letztes an die Reihe.)

## Die Erlösung

Vielleicht ist das nackte Schaf ein bisschen sauer, also sollte man es schnell befreien. Man macht einen gewandten Schritt zurück, weg von dem Tier, und setzt eine herrische Miene auf.

*❋ Für den Pfefferminzgeschmack der Minze ist der Mentholgehalt verantwortlich. ❋*

# Überlebenshilfe Spanisch

Auf Auslandsreisen ist es nur höflich, wenn man versucht, sich mit den Einheimischen in ihrer Muttersprache zu verständigen. In Spanien ist dies leichter gesagt als getan, da fast ein Drittel der Bevölkerung als erste Sprache nicht Spanisch spricht, sondern Katalanisch, Galizisch oder Baskisch. Hier sind trotzdem ein paar praktische Wendungen, die einem mit etwas Glück helfen, zurechtzukommen. Danke an Roberto García für seine Hilfe.

Allgemeine höfliche Konversation

Wie geht es Ihnen?
*¿Qué tal?*

Nimm deine Pfoten vom Hintern meines Mädchens, du Schmierlappen!
*¡Deje el culo de mi novia en paz!*

Dieser Stierkämpfer sieht wie die letzte Tunte aus.
*El torero parece ser maricón.*

Entschuldige, dass ich deine Siesta störe, Pedro, aber ich möchte bedient werden.
*Perdone molestar tu siesta Pedro, pero necesito servicio.*

Wurde Ihr Personal von General Franco geschult?
*¿Eran Franquistas su personal?*

Soll diese Paella wie Scheiße riechen?
*¿Y porque huele esta paella a mierda?*

Gehen Sie uns mit Ihrem fetten Hintern aus der Sonne.
*Muevete, culazo gordo, quiero tomar el sol.*

Hören Sie auf zu furzen: Ich bin Deutscher.
*Cede de echarse pedos, soy Alemán.*

Gibt es keine Wasserhähne in diesem Scheißladen?
*¿Es que no tienen grifos en este mierda de establecimiento?*

Nur zur Erinnerung – auf welcher Seite standen Sie im Krieg?
*¿Recuerdeme, en que parte de la guerra luchó?*

Nehmen Sie den blöden Sombrero ab; Sie hätten mir fast das Auge ausgestochen!
*¡Quítate ese sombrero ridículo, casi me quitaste el ojo!*

Deine dreckigen kleinen Kinder sind zum Kotzen.
*Tus hijos me hacen vomitar.*

Verpiss dich, du dreckiger Wichser!
*¡Jódete, Diego!*

Der ganze Ort stinkt nach Esel.
*Esto sitio huele a burro.*

Unerhört!
*¡Que desgracia!*

® *Der Sombrero ist ein mexikanischer Hut, der in Spanien vor allem von Touristen getragen wird.* ®

## Einen Stiefel trinken

Sie sind kein richtiger Mann, wenn Sie keinen Stiefel trinken können – das ist wissenschaftlich belegt. Hier also ein Gentleman's Leitfaden für Theorie und Praxis des wahrhaft männlichen Bierkonsums.

Trinkgefäße in Form eines Stiefels gibt es schon sehr lange. Schon vor 500 Jahren ist der Begriff belegt, und im 18. Jahrhundert sagte man von einem trinkfesten Mann: »Er kann einen Stiefel vertragen.« Den Stiefel gibt es in Durchschnittsgrößen von 0,5 bis 2 Liter, es gibt aber auch welche, die 5 Liter fassen.

Wenn ein großer Stiefel die Runde um den Tisch macht,

wird er mit der Spitze nach oben gehalten. Schwierig wird es, wenn nur noch der Fuß mit Bier gefüllt ist. Dann genügt ein einziger weiterer Schluck, und das restliche Bier schießt einem wie ein Tsunami ins Gesicht. Dem können Sie entgehen, indem Sie den Stiefel beim Trinken langsam und gleichmäßig drehen. Die meisten Regeln bei Trinkspielen verbieten allerdings diesen Trick, sodass Sie einfach vorsichtig und langsam trinken müssen, wenn der kritische Punkt erreicht ist.

Wie bei vielen anderen Dingen im Leben ist Übung der Schlüssel zum Erfolg. Die heikle Frage ist hier, wo Sie üben – die Badewanne wäre vielleicht eine gute Entscheidung. Jedenfalls wird irgendwann einmal diese Herausforderung an Sie herantreten, und dann ist es wichtig, gewappnet zu sein.

Für Trinkspiele mit dem Stiefel gibt es zahlreiche Regeln, die aber alle darauf hinauslaufen, wer die nächste Runde zahlt. Nach einer verbreiteten Regel zahlt der Vorletzte in der Runde, der aus dem Stiefel trinkt, die nächste. Vermutlich werden Sie nicht derjenige sein wollen, also kommt es jetzt darauf an, Ihren Nebenmann, an den Sie den Stiefel weiterreichen, richtig einzuschätzen. Ist noch reichlich Bier im Glas und neben Ihnen sitzt einer, der etwas schwach auf der Brust ist, können Sie den Stiefel beruhigt weiterreichen. Ist der Nachbar eher einer, der »einen Stiefel vertragen kann«, müssen Sie sich vielleicht anstrengen und selbst den Rest kippen, wenn Sie nicht den Geldbeutel zücken wollen.

Eine andere Regel gilt für die »fliegende Maß«. Hier darf das Glas nicht auf dem Tisch abgesetzt werden. Wer sich ablenken lässt und das Glas nach seinem Schluck auf den Tisch stellt, zahlt die nächste Runde. Wer im Bad nicht genug geübt hat oder unachtsam trinkt und den Schwall Bier aus dem Fußteil abbekommt, wird nicht nur ausgelacht, sondern muss nach wieder einer anderen Regel auch die nächste Runde zahlen.

Viel Glück!

*❀ Das Münchner Oktoberfest beginnt im September. ❀*

# Bluffen in den Naturwissenschaften

Die Vorstellung, dass wir nur Dinge glauben sollen, die wahrscheinlich wahr sind (Wissenschaft), ist erst rund 400 Jahre alt. Wissenschaftler betrachten die Natur, versuchen zu erraten, was sich da abspielen könnte, und bemühen sich dann, mit Experimenten ihre Vermutungen – oder die anderer Wissenschaftler – zu widerlegen. Wenn eine Vermutung der Überprüfung nicht standhält, ist sie falsch – selbst wenn sie von Einstein stammt. Eine Theorie, die der Überprüfung standhält, ist immer noch nur *vorläufig* richtig.

## Falsch – Richtig

* *4000 v. Chr.*: Die Mesopotamier vermuten, dass die Erde der Mittelpunkt des Universums ist – falsch!

* *4. Jh. v. Chr.*: Die Griechen verwenden Arithmetik, Logik und Philosophie, um die Welt zu erklären. Sie vermuten, dass sich alles aus winzigen Teilchen (Atomen) zusammensetzt – eine enorm einflussreiche und richtige Vermutung.

* *13. Jh.*: Die Europäer beginnen, die wissenschaftliche Theorie und Praxis auszubauen – vieles davon ist falsch. Der Fortschritt kommt nur langsam voran, und die Kirche steht ihm feindselig gegenüber.

* *1543*: Kopernikus' (richtige) Theorie, dass die Erde sich um die Sonne dreht, wird veröffentlicht.

* *17. Jh.*: Beginn der modernen Naturwissenschaft. William Harveys Theorie zeigt, dass das Blut im Körper kreist (1628). 1666 stellt Sir Isaac Newton die These auf, dass die Schwerkraft auf Planeten genauso einwirkt wie auf Äpfel.

* *18. Jh.*: »Zeitalter der Aufklärung«. Biologie und Chemie entwickeln sich schnell.

* *19. Jh.*: Seit langem gültige Hypothesen lösen sich allmählich in Luft auf. 1803 legt John Dalton die erste (brauchbare) Atomtheorie vor. Michael Faraday und

James Maxwell machen riesige Fortschritte im Verständnis des Elektromagnetismus, der Schwerkraft und der Natur des Lichts. 1859 verstört Charles Darwins Theorie der Evolution durch natürliche Auslese die Menschen.

\* *20. Jh.*: Albert Einstein macht alle mit seinen extravaganten Relativitätstheorien (der speziellen und der allgemeinen) sprachlos. Die Quantenmechanik, eine noch schrägere Theorie, erklärt, was auf der klitzekleinsten Ebene vor sich geht. Obwohl von Einstein verworfen, ist die Quantenmechanik durch kein zu ihrer Überprüfung entwickeltes Experiment widerlegt worden – bisher. James Watson und Francis Crick entdecken, dass die Form der D N A einem spiraligen Doppelstrang (Doppelhelix) entspricht.

\* *21. Jh.*: Das Humangenomprojekt entschlüsselt unseren Bauplan. Die »Stringtheorie« taucht auf und könnte sich als eine »Theorie für alles« erweisen. Oder auch nicht …

⊛ *Ein springender Floh beschleunigt 20 Mal schneller als das Spaceshuttle beim Abheben.* ⊛

## Bis zehn zählen (in sumerischer Keilschrift)

Vor rund 5000 Jahren erfanden die Sumerer in Mesopotamien die erste Schrift. Die Schriftzeichen wurden mit einem Rohrgriffel in weiche Tontafeln geritzt. Durch diese Technik entstanden die unverwechselbaren dreieckigen Einkerbungen, weshalb Wissenschaftler diese Schrift als Keilschrift bezeichnen.

Anfangs war die Keilschrift eine Bilderschrift wie das klassische Japanisch, entwickelte sich aber mit der Zeit zu einer abstrakten Silbenschrift, deren früheste Funktion es war, kaufmännische Transaktionen mit Hilfe eines Dezimalsystems festzuhalten.

Zahlen wurden zunächst auf primitive Weise dargestellt: Wenn Fritz an Hans ein halbes Dutzend Ziegen verkaufte, wiederholten die Schreiber einfach sechsmal das Zeichen für Ziege. Ein ziemlicher Alptraum, wenn es um Reiskörner ging.

So überrascht es nicht, dass um 3000 v. Chr. Zahlen und die Gegenstände, auf die sie sich bezogen, allmählich getrennt dargestellt wurden. Anstatt also z. B. x-mal »Ziege« zu schreiben, ging man dazu über, das Zeichen für die Ware neben jenes zu setzen, das die zugehörige Zahl darstellte. Dieser gewaltige konzeptuelle Sprung erlaubte es nun, Zahlen niederzuschreiben und auf anspruchsvollere, komplexere und nützlichere Weise abstrakt über sie nachzudenken. Zudem erlöste es untergeordnete Schreiber von der Tortur, etwa die Zahl der Mauersteine aufzuzeichnen, die für die letzte Erweiterung des riesigen Palastes von Tiglath-Pileser III. benötigt wurden.

## Die Zahlen

Keilschriftzahlen werden als Kombination zweier Zeichen geschrieben: eines dünnen vertikalen Keils für 1 und eines dickeren Keils für 10. Das Grundschema (abzüglich einiger gebräuchlicher Varianten) folgt unten.

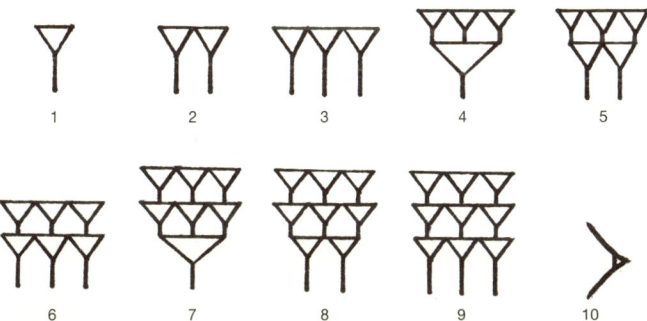

Man kann mit einem Klumpen Knetgummi und einem Strohhalm oder Ähnlichem üben und eine ziemlich echt aussehende Tafel herstellen. Wenn Sie das am Stammtisch auf einen Bierdeckel zeichnen, sollte mindestens ein Freibier für Sie herausspringen.

*❀ In England kann ein Kind schon ab zehn Jahren wegen einer Straftat verurteilt werden. ❀*

## Elefantenpolo

Das dem gewöhnlichen Polo ähnliche Elefantenpolo wurde in Indien zum ersten Mal zu Beginn des 20. Jahrhunderts mit drei Meter langen Bambusschlägern gespielt. Anfangs benutzte man Fußbälle, aber die Elefanten zertraten sie, und so spielt man das Spiel heute mit einem normalen Poloball auf einem Feld, das drei Viertel der Länge eines Standardfeldes hat. Für Elefanten braucht das Feld nicht so groß zu sein, weil sie langsamer laufen als Pferde.

Der andere Hauptunterschied zwischen Pferde- und Elefantenpolo besteht darin, dass der Elefant nicht vom Spieler geritten wird, sondern vom Elefantentreiber oder Mahout. Der Spieler sagt dem Mahout, wohin er reiten und was er machen soll, und der Mahout vermittelt dies dem Elefanten durch gesprochene Kommandos und dadurch, dass er den Dickhäuter mit den Füßen hinter den Ohren traktiert. Ausgebildete Poloelefanten sind einsprachig und verstehen nur Nepali, was zu Verwirrung führen kann und häufig auch tatsächlich führt. Wenn Ihr Team also nicht gut Nepali spricht, wird es eine echte Herausforderung, hierzulande Elefantenpolo zu spielen.

## Einige Regeln

* Ein Team besteht aus vier Elefanten und vier Spielern sowie einem vorsitzenden Unparteiischen, der zusammen mit einem Assistenten auf dem Schiedsrichterelefanten sitzt.

* Das Spiel beginnt, wenn der Unparteiische den Ball innerhalb des Mittelkreises zwischen zwei gegnerische Elefanten wirft.

* Die Spielzeit besteht aus zwei 10-minütigen »Chuckers« mit einer 15-minütigen Halbzeitpause, während der die Seiten und die Elefanten gewechselt werden.

* Kein Team darf gleichzeitig mehr als drei Elefanten in derselben Hälfte des Spielfeldes haben.

* Als Foul gilt es, wenn sich ein Elefant vor ein Tor legt, da er damit alle anderen am Spiel hindert. Das gegnerische Team bekommt einen Freischlag.

* Männer dürfen nur mit der rechten Hand schlagen, die Damen dagegen dürfen mit beiden Händen spielen.

* Kein Spieler darf einen anderen Spieler, Elefanten oder den Unparteiischen mit seinem Schläger schlagen.

* Als Foul gilt auch, wenn ein Elefant den Ball mit dem Rüssel (womit sonst wohl?) aufhebt. Die Strafe ist ein Freischlag für das gegnerische Team von der Stelle aus, wo der Ball aufgehoben wurde.

* Man darf sich nicht auf den Ball stellen.

* Mahouts und Spieler müssen einen »Sola Topi« oder Polohelm tragen.

* Am Ende des Spiels bekommen die Elefanten ein oder zwei in Zuckersirup getränkte Reisbällchen, die Mahouts ein kaltes Bier. Tauschen von Reisbällchen gegen Bier ist nicht statthaft.

® *Männliche Elefanten haben keinen Hodensack.* ®

# Bluffen in der Philosophie

Anders als naturwissenschaftliche Gesetze und mathematische Regeln lassen sich philosophische Ideen nicht beweisen oder widerlegen. Behauptungen wie: »›Wissen‹ gibt es nicht.« oder: »Tiere haben keine Rechte.«, lassen sich nicht widerlegen, indem man Experimente durchführt oder in der Logarithmentafel nachschlägt. Das bedeutet natürlich, dass Sie sich die ganze Nacht lang streiten können, ohne befürchten zu müssen, zu einem Schluss zu kommen, und genau das macht Philosophie – ebenso wie Politik – zu einem großartigen Thema für geschickte Bluffer.

## Philosophentypen

Es gibt zwei Typen von Philosophen. Der erste Typ vermittelt Ihnen häufig eine schwache Ahnung von dem, was er sagen will. Man nehme zum Beispiel die folgende philosophische Aussage von Typ-1-Denker Bertrand Russell:

> »Es mag, nach allem, was ich weiß, wunderbare Gründe geben, Erbsen mit dem Messer zu essen, aber die hypnotische Wirkung früher Überzeugung hat es mir völlig unmöglich gemacht, sie zu würdigen.«

Dies ist eine philosophische Darlegung von kristallener Klarheit.

Dagegen sind Philosophen vom Typ 2 immer vollkommen unverständlich. Sie sagen Dinge wie:

> »Ein homologes Konzept, demzufolge das Kapital gesellschaftliche Beziehungen in durch und durch strukturalistischen Modalitäten bedingt, wobei oligarchische oder hegemoniale Konstrukte zugrunde gelegt werden – in denen kapitalistische Unterwerfung Rerepräsentation, Rekonvergenz und Reformulierung kontingent unterliegt –, beschwört das Dilemma konzeptueller Kurzlebigkeit als Begriff erneuerter Struktur, und dies

kennzeichnet eine Verlagerung von der Sicht von Waren als hypothetischen Gesamtheiten zu einer Sicht, in der stattdessen die Wahrnehmung der Bedingung der Möglichkeit von Struktur eine wiederbelebte Vorstellung von Hegemonie als Präsupposition der Tropen und Taktiken der Abkehr von Macht initiiert.«

Diesen meisterhaften Stil sollte man sich aneignen, wenn man in der Philosophie bluffen will. Lernen Sie ein paar Bandwurmsätze dieser Art auswendig, und halten Sie ein vielfältiges Vokabular in petto. Dann haben Sie eine gebrauchsfertige Antwort auf jede philosophische Frage, die Ihnen vor die Nase kommt. Und obendrein wird man Sie für ungeheuer gescheit halten.

Das äußere Erscheinungsbild zählt:

* Hosen mit Bügelfalten, Nylonsportjacken und Hemden mit Kragen in anderem Farbton sind das Outfit für den analytischen Philosophen. Außerdem benötigen Sie ein paar angespitzte Bleistifte.

* Schwarze Jeans, schwarze T-Shirts und eine schwarze Lederjacke kennzeichnen den kontinentaleuropäischen Philosophen, dazu ein Füllfederhalter für verschwommene Diagramme aus Pfeilen, Linien und Fragezeichen.

* Ausgebeulte Kordhosen und Tweedjacketts mit Lederflicken auf den Ellbogen sind die Tracht des Philosophiehistorikers. Natürlich gehört unbedingt eine Pfeife dazu. Bei einer kniffligen Frage fängt man einfach an, sie zu reinigen. Das dauert Stunden.

* Durch Hinzufügen einer teuren Brille lässt sich ein ganz normal gekleideter Typ im Handumdrehen in einen Professor der Kulturwissenschaft verwandeln. Die leichteste Übung von allen.

*Aristoteles glaubte, die Windrichtung entscheide über das Geschlecht eines Babys.*

## Stechkahn fahren,
## ohne wie ein Idiot auszusehen

Ehe Sie Ihre Freundin zu einer Fahrt im Stocherkahn einladen, sollten Sie die Technik kennen und lange, lange üben, sonst dreht sich der Kahn im Kreis, die Stange macht Sie von Kopf bis Fuß nass, entgleitet Ihren Händen und treibt den Fluss hinab, und Sie fallen am Ende auch noch hinterher. Die Betrachter solcher Szenen vom Ufer aus sollten nicht lachen, sondern Mitleid empfinden, denn sie selbst können ebenso wenig einen Stocherkahn steuern, wie sie ein Dutzend Rasierklingen verschlucken und nacheinander wieder hervorwürgen könnten. Wir sagen Ihnen, wie es geht.

1   Stellen Sie sich auf das Brett am Heck des Kahns und setzen Sie einen Fuß nahe an die Seite, auf der Sie die Stange benutzen wollen.

2   Wenn Fahrgäste und Picknickkörbe verstaut sind und der Hund aufgehört hat zu bellen, halten Sie die Stange schräg nach vorn, stoßen sie in den Schlamm und ziehen kräftig daran.

3   Während der Kahn sich in Bewegung setzt und der Körper sich der Stange nähert und an ihr vorbeigleitet, stoßen Sie sie kräftig nach hinten.

4   Machen Sie nicht den Anfängerfehler, die Hände an der Stange »wandern« zu lassen. Ziehen Sie vielmehr die Stange nach dem Abstoß schnell aus dem Wasser und führen Sie sie in einem großen Bogen, jedoch ohne dabei den Steuermann im Kahn des Professors für Moralphilosophie, der Ihnen aus der anderen Richtung entgegenkommt, umzuschubsen.

5   Stoßen Sie die Stange nach vorn ins Wasser und wiederholen Sie den Vorgang. Wenn Sie schneller werden, müssen Sie weiter nach vorn stoßen, damit Sie die Stange nicht schon überholt haben, wenn sie auf den Boden trifft.

6    Das Einholen der Stange will gelernt sein. Viele Anfänger haben schon betrübt ihren reglos aus dem
Schlamm ragenden Stangen nachgeschaut, während
sie hilflos davontrieben. Ziehen Sie die Stange mit drei
Griffen hoch und lassen Sie sie nicht los. Wenn Sie auf
der linken Seite staken, reißen Sie die Stange erst mit
der rechten Hand hoch, dann mit der linken, dann
wieder mit der rechten. Das obere Ende der Stange
bleibt dabei in der rechten Hand, damit man nach unten stoßen kann. Stakt man auf der anderen Seite des
Kahns, führt man die Griffe genau umgekehrt aus.
Die Stange sollte nie den Kahn berühren.

7    Ein Seitenwechsel mit der Stange ist nicht nötig. Um
auf geradem Kurs zu bleiben, stechen Sie die Stange
ganz leicht unter dem Kahn ein, sodass sie nicht mehr
völlig senkrecht auf den Grund kommt. Zum Wenden

variieren Sie den Winkel entsprechend. Die Stange funktioniert einwandfrei als Steuer, wenn Sie nur einen leichten Druck in die entsprechende Richtung ausüben.

*⊛ Es ertrinken dreimal so viele Männer wie Frauen. ⊛*

## Bäume erkennen leicht gemacht

Überall stehen Bäume herum, aber die meisten von uns sähen sicher nicht gut aus, wenn man sie aufforderte, die einzelnen Baumarten – abgesehen von den allergängigsten – zu identifizieren. Sollten Sie im Botanik-Unterricht genauso schlecht aufgepasst haben wie der Autor dieses Buches, hilft Ihnen vielleicht der folgende bebilderte Kurzführer weiter. (Siehe Abbildungen auf S. 119.)

1   Alle Teile der der Europäischen Eibe (Taxus baccata) bis auf den charakteristischen roten Fruchtfleischmantel (Arillus), der ihren Samen umgibt, sind sehr giftig. Dennoch werden Eiben gern als Hecken angepflanzt. Mein Freund Oscar hat eine mächtige Eibenhecke an der Grenze seines Tennisplatzes. Hält wunderbar die Bälle. Wegen ihrer immergrünen Zweige passen Eiben ideal auf Friedhöfe, und Sie werden häufig einen uralten Baum stumm zwischen den Grabsteinen der längst Dahingeschiedenen finden. (Warum sind eigentlich Namen wie Agathe, Kunigunde oder Godehild so selten geworden?)

2   Die Automobilisierung konnte bisher der Platane (Platanus) als einem der beliebtesten Alleebäume nicht den Garaus machen; die typischen hellen Flecken auf ihrem Stamm verdankt die Platane ihrer Neigung, sich vom Straßenstaub zu reinigen, indem sie gleichzeitig Stücke ihrer Rinde abwirft.

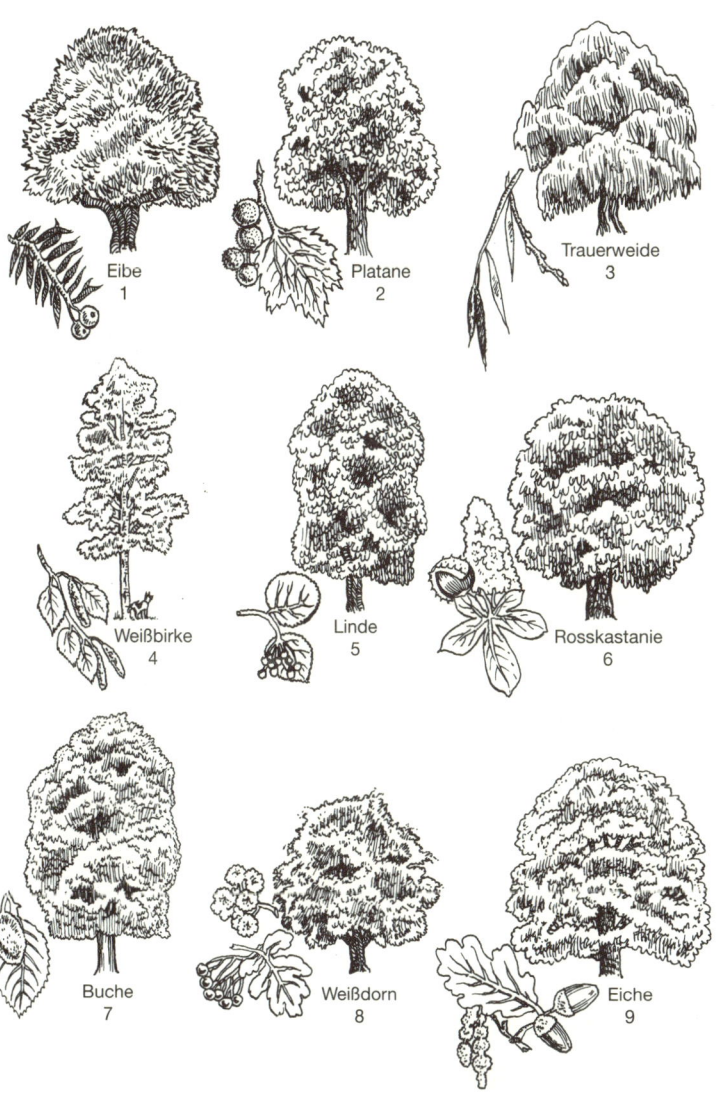

Eibe
1

Platane
2

Trauerweide
3

Weißbirke
4

Linde
5

Rosskastanie
6

Buche
7

Weißdorn
8

Eiche
9

3   Wenn Sie schon eine Trauerweide (Salix) nicht erkennen, besteht wenig Hoffnung, dass Sie jemals zwischen Eschen- und Ulmenrinde werden unterscheiden können. Die Trauerweide säumt oft die Ufer von Bächen und Mühlteichen und ist mit ihrem resigniert herabhängenden Blattwerk unverwechselbar. Ihr melancholisches Rauschen ist der Klang des Sommers.

4   Die Weißbirke (Betula pendula), auch Hänge-, Sand- oder Warzenbirke genannt, ist ein seltsamer Baum: Sie ist dünn, steht wohlerzogen und still wie die Linde und kümmert sich nicht um anderer Geschöpfe Angelegenheiten. Sie erkennen sie sofort an ihrer sich abschälenden schwarz-weißen Rinde. Eigentlich nicht zu verwechseln.

5   Die Linde (Tilia) trat zum ersten Mal in meiner Kindheit in mein Leben, als ich Fieber hatte und Lindenblütentee bekam, der mich richtig zum Schwitzen brachte. Anspruchslos und bescheiden, wie sie ist, wird die Linde oft unterschätzt. Suchen Sie eine und verbringen Sie einen entspannten Tag in ihrem Schatten. Hören Sie das Lied »Der Lindenbaum« (»Am Brunnen vor dem Tore«) nach dem Gedicht von Wilhelm Müller aus dem Liederzyklus »Die Winterreise« von Franz Schubert. Werden Sie zum Romantiker.

6   Neben der Eiche (Quercus) ist wohl die Rosskastanie (Aesculus) der am leichtesten zu erkennende Baum. Krone und Blätter eines sehr alten Exemplars können riesig sein, und auf das Vergnügen, im Herbst die heruntergefallenen glänzenden Kastanien zu sammeln, freut sich bestimmt jeder Junge.

7   Bucheckern sollen sehr schmackhaft sein, falls man die stachlige Schale öffnen kann. Die Buche (Fagus) zeichnet sich durch ihre aufrechte Haltung aus, steht häufig allein und bietet sicheren Schutz vor Regengüssen. Hat etwas Soldatisches, finde ich.

8   Der Weiß- oder Hagedorn (Crataegus) ist eine ge-

schützte Art. Es ist ein eher düsterer Baum aus der Familie der Rosengewächse (Rosaceae), aber im Frühjahr freuen wir uns über seine zarten weißen Blüten.

9 Die Eiche (Quercus) ist die Königin unter den Bäumen des Waldes. Es gibt tausendjährige Eichen (übrigens auch ebenso alte Linden), die die Kreuzritter haben aufbrechen sehen und unter denen Soldaten im Dreißigjährigen Krieg gelagert haben. Die Eiche ist der deutsche Nationalbaum, kommt in vielen Wappen vor und ziert die Rückseiten der in Deutschland geprägten kupfernen Cent-Münzen. Ihre Frucht ist die Eichel. Bedenken Sie, dass manche Eiche, unter der Sie vielleicht stehen, älter ist als Sie selbst.

® *Weihrauch ist ein aromatisches Harz,*
*das von dem Baum Boswellia sacra gewonnen wird.* ®

# So machen Sie Ihr Testament, ohne einen Cent auszugeben

Rund siebzig Prozent der Deutschen sterben, ohne eine »letztwillige Verfügung« zu hinterlassen. Man sagt, sie sterben als »intestati«, und das ist genauso schlimm, wie es sich anhört.

Wenn Sie ohne Testament ins Gras beißen, verheiratet sind und Kinder haben, bekommt Ihre Frau ein Viertel Ihres Erbes, der Rest fällt an Ihre Kinder. Da fangen die Probleme schon an: Wer bekommt das Motorrad, Omas Kommode, den Plasma-Fernseher oder die Rolex?

Sind Sie verheiratet, haben aber keine Kinder, bekommt Ihre Frau die Hälfte und Verwandte der zweiten Ordnung wie Geschwister oder Eltern die andere Hälfte. Sind Sie unverheiratet und kinderlos, können Ihre raffgierigen Verwandten, die sich nie um Sie gekümmert haben, völlig legal ihre Krallen auf Ihr Vermögen legen.

Sie sollten also unbedingt ein Testament machen, denn dann können Sie Ihr altes Bauernhaus im Allgäu oder Ihre Villa im Grunewald jeder Person Ihrer Wahl hinterlassen, zum Beispiel Ihrer Geliebten, und vertrauenswürdige Freunde als Testamentsvollstrecker benennen, die dafür sorgen, dass es nicht zu Streitereien mit entfernten Verwandten kommt.

### Arten des Testaments

* Die meisten Testamente sind »testiert«, das heißt sie liegen schriftlich – auch maschinenschriftlich ist möglich – vor und sind von zwei Zeugen unterschrieben, die bestätigen, dass das Dokument die Wünsche der betreffenden Person wiedergibt und dass diese Person zum Zeitpunkt der Niederlegung bei Sinnen war.

* Selten ist das mündliche Testament, zum Beispiel bei einem Unfall. Es muss von zwei Zeugen, die nicht erbberechtigt sind, aufgeschrieben und dem Gericht vorgelegt werden. Solche Testamente führen, wie man sich vorstellen kann, häufig zu Erbauseinandersetzungen.

* Notare werden Ihnen immer raten, das Testament von ihnen aufsetzen zu lassen. Schließlich verdienen sie daran. Sie können die Notarkosten sparen, wenn sie es selbst machen.

* Es steht Ihnen völlig frei, eigenhändig ein Testament zu verfassen. Dieses kostenlose Testament ist vor allem dann zu empfehlen, wenn Sie nicht Mitinhaber von 17 Firmen in verschiedenen Steueroasen sind oder mehrmals verheiratet waren und einen Stall voll minderjähriger Kinder haben.

## Eigenhändiges Testament

* Wenn Sie das Testament handschriftlich verfassen, brauchen Sie keine Zeugen. Es sollte mit dem vollständigen Namen unterschrieben sein, aber wenn Sie zum Beispiel mit »Euer Vater« unterschreiben, ist es auch gültig. Matrosen in Seenot oder Soldaten unter Beschuss kritzeln häufig schnell einen letzten Willen hin.

* Das kürzeste Testament aller Zeiten überhaupt lautet nach dem Guinnessbuch der Rekorde »All to Wife« (»Alles meiner Frau«), von einem armen Kerl auf die Schlafzimmerwand geschrieben, als er merkte, dass es zu Ende ging. Es war juristisch völlig in Ordnung, weil es eindeutig seine Handschrift war.

* Ein anderer geschäftstüchtiger Mann, ein Bauer, der sterbend unter seinem Traktor lag, verteilte sein Vieh durch eine Inschrift auf der schlammigen Stoßstange. Auch dies wurde ohne Murren als Testament anerkannt – sicherlich eine Anregung für uns alle.

*Die ersten Münzen wurden aus Elektrum gemacht, einer Gold-Silber-Legierung.*

# So bluffen Sie als vermeintlicher Kunstkenner

Anders als in den Naturwissenschaften ist in der Kunst leicht bluffen. Ich habe Bluffer kennengelernt, die stundenlang wie Experten reden konnten, ohne auch nur den blassesten Schimmer von dem Thema zu haben. Ein berühmter Bluffer namens Richard zeigte mir einmal eine Porträtskizze von Picasso. Sie war grässlich, dennoch besprach er sie für mehrere Zeitungen. Also keine falsche Scham – kein Mensch wird Ihnen auf die Schliche kommen.

## Einige Perioden und »Stile«, mit denen sich gut bluffen lässt

* Griechisch und römisch: Große Vasen und Frauenskulpturen ohne Arme. Tempel und dergleichen. Auch gute Mosaiken.

* Mittelalter (1200 – ca. 1400): Anfänge der Malerei. Christliche Bildkunst, aber mit ziemlich komischer Perspektive und 3-D-Wirkung.

* Renaissance: Begann im 15. Jh. in Italien. Zahllose Porträts, die Perspektive stimmt jetzt.

* Hochrenaissance (16. Jh.): Öl auf Leinwand tritt an die Stelle der Gemälde auf Holz.

* Manierismus: Ein Ableger der Renaissance, zeigt oft Männer mit nackter Brust in angeberischem Realismus.

* Barock: Riesige, überbevölkerte, dramatisch bewegte Bilder mit antiken Bezügen tauchen auf (hauptsächlich Massen von sich windenden Frauen, außerdem Lautenspieler).

* Rokoko: Frühes 18. Jh., alles lockig und nach Louis xv. aussehend. Eine Menge Vorhänge und Kissen, wie im Möbelhauskatalog. Pinselführung erscheint moderner.

* Neoklassizismus: Fließbandproduktion von Sport- und Freilichtbildern, daneben viele steife Porträts von dicken Männern und ihren hässlichen Gattinnen.

* 19. Jh.: Farbe ist jetzt in Tuben erhältlich. Ein fleißiges Jahrhundert mit den verklemmten Präraffaeliten in England und, gegen Ende, den Impressionisten in Frankreich. Jede Menge barbusige Damen und unscharfe Heuhaufen. Ein schneller Staffellauf von Manet zu Monet zu Degas zu Seurat zu van Gogh zu Cézanne zu Gauguin zu Matisse bis in die Moderne.

* 20. Jh.: Total verrückt – Expressionismus, Fauvismus, Kubismus, Vortizismus, Futurismus, Dadaismus, Neoplastizismus, Surrealismus, Abstrakter Expressionis-

mus, Op-Art, Pop-Art, Concept Art und so weiter. Künstler sind heutzutage Welt-»Marken«, z.B. Picasso, Dalí, Hockney, Warhol und Bacon.

\* 21.Jh.: Eine trostlose Zeit der gesponserten Kunstpreise, Wettbewerbe und verquaster »Kontroversen« in Sonntagsbeilagen. Kehrten doch die barbusigen Damen zurück!

® *Die Tate Gallery wurde von dem Zuckerhändler Henry Tate gegründet.* ®

# Airline-Logos erkennen

D as Erkennen von Fluggesellschaften am Logo des Seitenleitwerks war früher kinderleicht, aber jetzt kommen und gehen sie schneller, als man mithalten kann. Macht nichts, hier ist eine Auswahl der grafisch interessanteren, sodass Sie beim nächsten Mal, wenn Sie am Zoll anstehen und einen Blick auf die Start- oder Landebahn haben, Ihre Mitreisenden zum Wettraten herausfordern können. Siehe Abbildungen auf Seite 127.

1    *Aer Lingus.* Der Name ist eine anglisierte Form des irischen Aer Loingeas, was Luftflotte bedeutet. Weil es Iren sind, sind ihre Leitwerke grün mit einem Kleeblatt.

2    *Aeroflot.* Aeroflot war früher berühmt für ruppige Stewardessen mit Bärten. Das mag sich geändert haben, aber das Kennzeichen ist immer noch das Rot, Blau und Weiß der russischen Flagge.

3    *Air Canada.* Ihr rotes Ahornblatt ist über die Jahre mit unterschiedlichem Design auf den Leitwerken erschienen. Aber wenn es ein Ahornblatt ist, dann ist es Air Canada.

4    *Air France.* Nein, kein Frosch, sondern ein konservatives Muster aus blauen und weißen Diagonalstreifen

mit einem frechen kleinen roten ganz unten. Sehr französisch.

5  *Air New Zealand.* Das Maorisymbol für ein sich entrollendes Farnblatt ist auch in der Neugestaltung aus dem Jahr 2006 noch zu sehen.

6  *Alitalia.* Wieder ein nationales Thema: das Rot, Weiß und Grün der italienischen Flagge. Ein sehr auffälliges Zeichen, wie auf der Straße einer Frau hinterherzupfeifen.

7  *British Airways.* Schon wieder Flaggen. Ein geschickt stilisierter Ausschnitt des Union Jack am Heck, der obendrein flattert. Eine überzeugende Idee.

8  *Cathay Pacific Airways.* Ich habe auch keine Ahnung, was das am Heck sein soll – ein kopfloser Vogel? Ein bisschen rätselhaft, wenn Sie mich fragen. Aber so ist eben Hongkong.

9  *Easyjet.* Ganz in Orange mit einem weißen Wort: easyJet. Kleines E, großes J, sehr, sehr ärgerlich, aber leicht zu entdecken. Sir Stelios Haji-Iouannou, zypriotischer Unternehmer, ist der Mann dahinter. Sieht selbst ziemlich orange aus, finde ich.

10  *Lufthansa.* Ein gelber Kreis, darin ein blauer Vogel. Der Grafikdesigner Otto Firle, der das Logo 1918 entwarf, soll dabei an einen Kranich gedacht haben.

11  *Qantas.* Ja, es ist ein Känguru, also kein Preis für Originalität. Das einzig Überraschende ist, dass sie es nicht auf den Kopf gestellt haben.

12  *Ryanair.* Wahrscheinlich das am schlechtesten gezeichnete Symbol in der Geschichte der Leitwerkkennzeichen. Nach langem Grübeln habe ich entschieden, dass es eine fliegende Harfenistin sein soll. Hoffnungslos!

13  *Scandinavian Airlines.* Weißes SAS auf dunkelblauem Feld. Wirkt ziemlich militaristisch, vielleicht sogar faschistisch. Da steht drauf, was drin ist, ohne Umschweife.

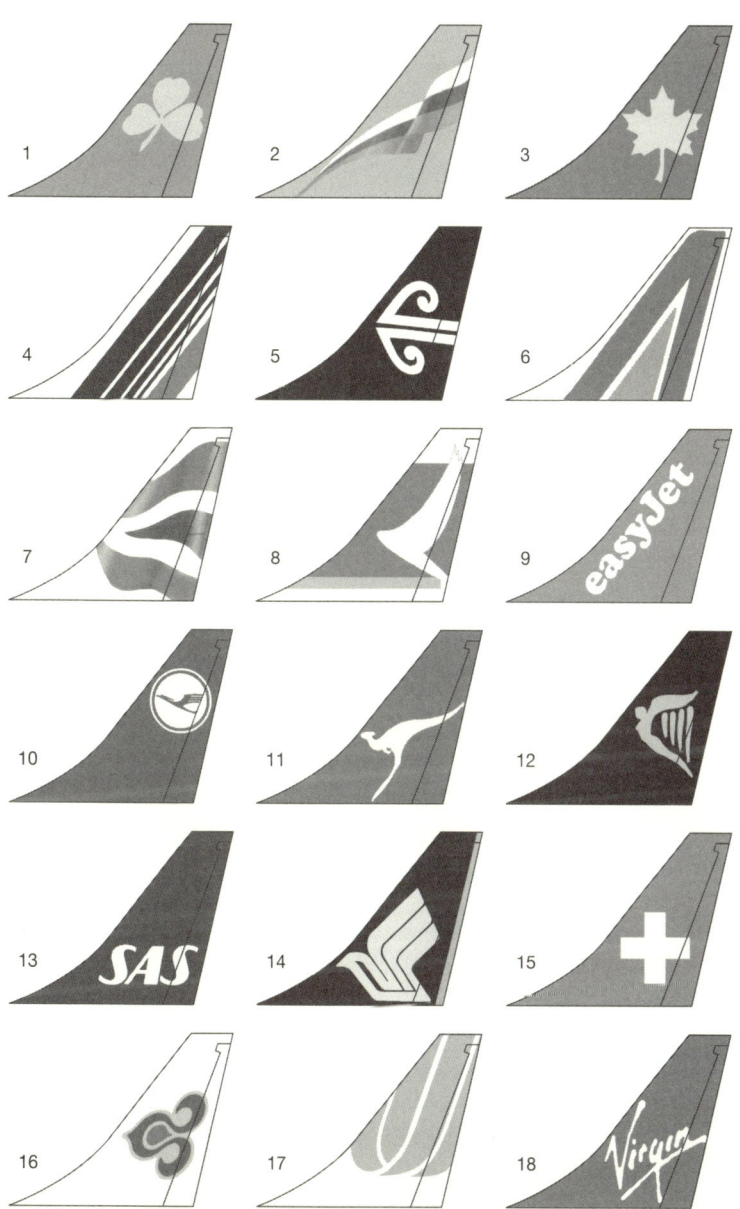

14 *Singapore Airlines.* Ein stilisierter heller Vogel auf blauem Hintergrund und ungefähr so gut designt wie die stilisierten Vögel auf den Heckflossen anderer Fluglinien. Also nicht sehr gut.

15 *Swiss.* Nach dem Zusammenbruch der Swissair 2001 nahm die Nachfolgerin Swiss kaum Veränderungen am Leitwerkkennzeichen vor. Es ist wieder die Nationalflagge, und es ist eines der einfachsten und besten Kennzeichen überhaupt.

16 *Thai Airways International.* Sehr verschnörkelt, mit dem Duft von Curry und Exotik. Dabei ungemein lila. Die Stewardessen sind äußerst gefällig anzuschauen.

17 *United Airlines.* Nach Jahren mit finanziellen Problemen (wie sie andere Fluggesellschaften auch hatten) hat United vor kurzem ein neues Logo eingeführt, das auf dem alten basiert. Ein bisschen modischer? Vielleicht.

18 *Virgin Atlantic.* Frech, fast schon ein bisschen ordinär, aber raffiniert ausgeführt, ist das Markenzeichen von Virgin unverwechselbar.

® *Der erste Flug der Brüder Wright war kürzer als die Flügelspannweite einer 747.* ®

# Stierkampf

Stierkampf ist aufregender als Briefmarkensammeln und in ungefähr einer halben Stunde erledigt. Er wird nach dem Mittagessen in drei Akten aufgeführt und beginnt damit, dass der Matador in seinem brokatenen, hautengen »traje de luces« (Lichtanzug) mit seinem Assistenten in den Ring schreitet. Dazu erklingt ein Paso doble, meist auf einem Horn gespielt. Für Novizen folgt hier eine Einführung in die Grundlagen.

ERSTER AKT

* Zuerst wird der Stier in den Ring gelassen, und Ihre Nummer zwei wedelt mit einem gelb-magentafarbenen *capote* (Cape) vor seiner Nase herum. Sie schauen bis hierher nur zu.

* Nun sind Sie dran. Vollführen Sie eine Reihe von Ausfallschritten, die alle spezielle Fantasienamen haben und von denen der spektakulärste die *verónica* ist. Die Schrittfolgen zu beschreiben, wäre sehr kompliziert. Wahrscheinlich fahren Sie als Anfänger am besten, wenn Sie das Cape mit ausgestrecktem Arm herumwedeln und dabei mit Ihrem Hosenstall den Hörnern so fern wie möglich bleiben. Die Artistik vergessen Sie vorerst.

* Nun kommen die Picadores zu Pferd herein. Ihre Aufgabe ist es, den Stier zu reizen, damit er ihre durch Polster geschützten Pferde angreift und sie ihm eine Lanze in den Nacken stoßen können, um seinen Kopf während des dritten Aktes unten zu halten.

* Das Ende des ersten Aktes wird durch ein Hornsignal angezeigt, und die Picadores werden aus dem Ring geleitet. Zeit für eine heimliche Kippe.

ZWEITER AKT

* Dies ist der leichte Teil. Die meisten Matadores überlassen es einfach ihren Teams, den Stier zu ermüden, und rüsten sich für das Finale. Ich empfehle Ihnen, es genauso zu machen. Halten Sie sich in sicherem Abstand und schreiben Sie Ihrer Freundin eine SMS. Der Akt endet mit dem Auftritt des *banderillero*, der kurze Spieße in die Schultern des Stieres stößt.

Dritter Akt

* Der dritte und letzte Akt ist die faena. Zum Klang des Horns nehmen Sie Ihren lustigen Hut (den *montero*) ab. Sie widmen den Tod des Stieres einer Frau unter den Zuschauern, indem Sie ihr den Hut übergeben, oder dem gesamten Publikum, indem Sie ihn auf den Boden legen.

* Dies ist der artistische Teil des Kampfes, in dem Sie Ihren Mut und Ihre Gewandtheit mit einem Stück roten Tuchs an einem Stock (die *muleta*) beweisen. Sie tragen auch den Todesdegen (die *espada*), und zu diesem Zeitpunkt können Sie Beifall einheimsen, zum Beispiel, indem Sie vor dem Stier niederknien. Sie müssen ihn provozieren, auf Sie loszugehen, und die muleta im letzten Augenblick von Ihren lebenswichtigen Organen fortschwenken. Mit ein bisschen Glück (für Sie) wird er Sie nicht auf die Hörner nehmen. (Die hohen Zäune um den Ring herum sind dazu da, sich dahinter in Sicherheit zu bringen, wenn es ein wenig brenzlig wird.)

* Wenn Sie zum Todesstoß bereit sind, vergewissern Sie sich, dass der Stier auf die muleta und nicht auf Ihre Hosenpartie blickt. Dann beugen Sie sich über seine Hörner und stoßen die espada zwischen seine Schulterblätter. Das ist der gefährlichste Augenblick des ganzen Kampfes, also kreuzen Sie Ihre Finger, drücken Sie sich selbst die Daumen und am besten auch noch die Zehen.

* Wenn der Degen bis zum Heft hineinfährt (eine *estocada*), bricht der Stier normalerweise zusammen und haucht seinen Geist aus. Trifft die Klinge aber auf Knochen, müssen Sie vielleicht den *descabello* benutzen, um den Stier zu töten. Dies ist ein Schwert mit einem markanten kreuzförmigen Griff, mit dem Sie dem Tier das Rückenmark durchtrennen.

Der Mann in der Kneipe, der mir das alles erklärte, schien sehr begeistert vom Stierkampf. Nachdem ich aber seine Ausführungen notiert hatte, kam mir das alles ein bisschen unfair gegenüber dem Stier vor. Irgendwie anders als Kricket. Sehr unbritisch.

® *Nur fünf Matadores erhielten bisher den Ehrentitel*
*»Kalif des Stierkampfs«.* ®

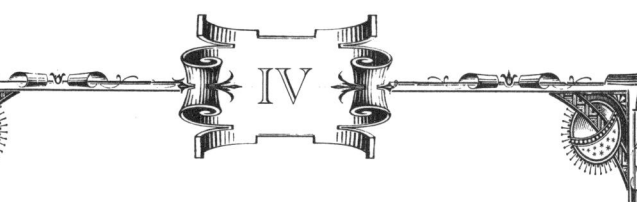

# Der ideale Sportsmann

## SPORT, HOBBYS UND SPIELE
## AN DER FRISCHEN LUFT

*Ich habe die Beobachtung gemacht, dass »Angeln« eine Bezeichnung
fürs Fischen von Leuten ist, die nicht fischen können.*
STEPHEN LEACOCK

# Kanu fahren

Lassen Sie sich nicht von der schwanengleichen Haltung des Indianerhäuptlings täuschen, der über das seichte Bächlein hinweggleitet. Seine heitere Ruhe ist das Ergebnis von Jahren des Herumfuchtelns und Fluchens, in denen er nach den höheren Weihen seiner Kunst rang. Die folgenden Anleitungen sind nicht für Könner wie ihn gedacht, sondern für Anfänger. Sie werden Sie zwar nicht in die Lage versetzen, sich schon nach zehn Minuten in die Stromschnellen zu wagen, werden Sie aber zumindest vor der bitteren Demütigung bewahren, sich zitternd im Kreis zu drehen und um Hilfe zu rufen.

## So wird's gemacht

1   Legen Sie die Schwimmweste an. Das kann eine Weile dauern, auch wenn man zu zweit ist.

2   Steigen Sie ins Kanu. Dies ist eine Kunst für sich, und man wird ganz schön nass dabei. Sie sollten lieber ein bisschen üben, bevor Sie zum nächsten Schritt übergehen. (Jetzt ist es höchste Zeit, sich zu vergewissern, dass man sich in einem Kanu und nicht in einem Kajak befindet. Das Paddel muss ein flaches Blatt an nur einem Ende des Schafts haben. Wenn es ein gebogenes Blatt an jedem Ende hat, sind Sie in einem Kajak. Steigen Sie aus.)

3   Sie sitzen oder knien in der Mitte des Kanus mit dem Gesicht nach vorn (Bug). Kniepolster machen Ihnen das Leben leichter – aber nur, wenn Sie knien.

4   Greifen Sie das Paddel mit der rechten Hand, Knöchel nach außen, 60–90 cm vom Ende; die linke Hand nach oben, ebenfalls mit den Knöcheln nach außen.

5   Greifen Sie so weit wie möglich nach vorn aus und tauchen Sie das Blatt ein. Der Schaft wird senkrecht gehalten wie ein Gartenspaten, nicht abgewinkelt wie ein Ruder. Und nicht vergessen: nicht schlingern!

6   Halten Sie das Schaftende unter Augenhöhe, führen
    Sie die rechte Hand zurück und ziehen Sie damit das
    Blatt etwa bis zum Hintern durchs Wasser, aber nicht
    weiter. Die linke Hand stoßen Sie vor als Gegenkraft
    zum Wasserwiderstand. Machen Sie nicht den Fehler,
    der Biegung des Kanus zu folgen – bleiben Sie auf ge-
    rader Linie. Und Sie dürfen das Wasser nicht »ausgra-
    ben«; das vergeudet bloß Energie und drückt das Kanu
    nach unten.

7   Dann drehen Sie das Blatt parallel zum Wasser, lassen
    es wieder nach vorn in die Ausgangsposition wandern
    und beginnen von vorn. Damit Sie nicht nur einseitig
    Muskeln entwickeln, dürfen Sie das Paddel ab und zu
    auf der anderen Seite einsetzen. Nur die Hände tau-
    schen dabei die Position, im Übrigen bleiben alle Be-
    wegungsabläufe unverändert.

An einem schönen windstillen Tag sollten diese Hinweise Sie
auf Kurs und mit dem Kopf über Wasser halten. Wenn es
windig ist, machen Sie besser etwas anderes.

※ *In Saudi-Arabien gibt es keine Flüsse.* ※

# Fossiliensuche

Hätte ich die Wahl, der Typ zu sein, der den Strand abgeht und mit einer runden Teppichkehrmaschine Flaschenverschlüsse aufspürt, oder aber der, der mit seinem Hämmerchen eine noch unbekannte Dinosaurier-Art entdeckt, die Entscheidung fiele mir nicht schwer. So werden Sie fix zum Paläontologen.

## EINE KURZE GESCHICHTE DER ERDE IN 133 WORTEN

Unser Planet ist ungefähr 4600 Millionen Jahre alt (wenn Sie bereits die Taschenbuchausgabe dieses Buches in Händen halten, noch ein bisschen älter). Die Gesteinsschichten seiner Kruste verraten seine Geschichte. Fossilien sind relativ jung. Sie entstanden erst vor etwa 570 Millionen Jahren. Ihre Geschichte ist in drei »Ären« gegliedert: das Paläozoikum (der Name ist abgeleitet aus dem Griechischen Wort für »alt«, »palaiós«, und »zoon«, Leben), das Mesozoikum (mittlere Epoche) und das Känozoikum (neuere Epoche). Diese Zeitalter sind in elf »Perioden« unterteilt, deren Namen an sich schon ein interessantes Forschungsobjekt sind – greifen Sie zum Wörterbuch. Sie beginnen mit dem Kambrium und gehen dann weiter durch die Zeit zum Silur, Karbon (Wälder), Jura (Jurassic Park), Kreide (endete mit dem Aussterben der Dinosaurier), Tertiär und Quartär. Danach beginnt die Eiszeit, und der Mensch betritt die Szene.

## WAS SIND FOSSILIEN?

Fossilien sind die Überreste alter Tiere (und Pflanzen), deren weiche Teile verrottet sind. Mit der Zeit nehmen Knochen, Zähne und die härteren Pflanzenstrukturen langsam Mineralien aus dem umgebenden Sediment auf und versteinern. Die Fossilisation kann nur unter Wasser geschehen, und es ist ein seltsamer Gedanke, dass jeder fossilisierte Dinosaurier sein Leben in einem Teich aushauchte.

## Ausrüstung und Sammeln

* *Notizbuch und Stift*
* *Vergrößerungsglas*
* *Wasserdichte Stiefel*
* *Schlagwerkzeuge (siehe unten)*
* *Flasche Kakao*
* *Schutzbrille und Schutzhelm gegen Steinschlag*
* *Ein stabiler Sack für die richtig großen Funde*

Fossilien sind in frei liegenden sedimentären Gesteinen wie Schiefer, Kalkstein und Sandstein in mehreren Teilen des Landes zu finden, zum Beispiel auf der Schwäbischen Alb, mit vielen Exemplaren in den Jurasedimenten. Hüten Sie sich aber, auf hohe, brüchige Felsen zu klettern, und gehen Sie nicht allein im Dunkeln unter überhängenden Felsen auf Fossilienjagd.

Jüngere Ablagerungen sind weicher, und ihre Fossilien liegen frei herum oder lassen sich mit einem Messer heraushebeln. Kleine Knochen und Zähne kann man am Meer manchmal aus Sand heraussieben, und wenn man das Sieb durchs Wasser schwenkt, kommen vielleicht kleine Exemplare zum Vorschein. Lassen Sie sich von anderen Sammlern Tipps geben; es ist eine gute Möglichkeit, neue Leute kennenzulernen. Brüchige Funde sollte man sofort einwickeln und zum Transport in eine Schachtel packen.

Ältere Fossilien muss man mit einem kräftigen Hammer und einem Meißel herausschlagen. Ein spezieller Geologenhammer aus gehärtetem Stahl ist ideal; sein Kopf ist am einen Ende platt und am anderen meißelförmig. Mit Zwei-bis-drei-Pfund-Hämmern kommt man schon recht weit, aber für wirklich hartes Gestein nimmt man besser einen von sechs bis zwölf Pfund.

Ein widerständiges Fossil aus einer harten Gesteinslage herauszulösen, ohne es zu beschädigen, verlangt Übung, und bevor Sie einen kompletten Allosaurus ausgraben, sollten Sie sich vergewissern, ob Sie der Aufgabe gewachsen sind und ihn nicht dabei zu zerstören Gefahr laufen. Wenn man sich dabei ertappt, einen Gipsverband für seinen Fund vorzubereiten, ist das ein sicheres Zeichen, dass man die Riege der Dilettanten verlassen hat.

Alles wird ordentlich in einem Notizbuch notiert, und jedes Fossil bekommt ein Etikett mit genauen Angaben zum Fundort. Der wissenschaftliche Wert wird geringer, wenn man den Ort, wo man das Ding ausgebuddelt hat, nicht genau notiert. Übrigens ist wahlloses Herumhacken in besonders schöner Natur vermutlich keine gute Idee.

Zu Hause wird die Ausbeute gründlich gewaschen. Versuchen Sie nicht, zu viel Stein zu entfernen – eingebettet in das Gestein, in dem man sie gefunden hat, sehen Fossilien oft am schönsten aus.

⊛ *Das größte vollständige Dinosaurier-Fossil ist ein Brachiosaurus. Er ist 23 m lang.* ⊛

# So baut man fast umsonst einen Drachen und lässt ihn steigen

Drachen steigen lassen geht nach meiner Beobachtung meist mit ausgiebigem Fluchen, Rennen, Zerren, Reißen und Abstürzen des Flugobjekts einher. Trotzdem erläutere ich im Folgenden eine billige und zuverlässige Methode, Drachen zu bauen, sowie wertvolle Tipps zum Drachensteigen für Menschen mit starker Konstitution.

## DIE ZUTATEN FÜR EINEN GUTEN DRACHEN MARKE EIGENBAU

* *Eine Rolle Bindfaden*
* *Ein scharfes Messer*
* *Ein langes Lineal oder Bandmaß*
* *Etwas Weißleim*
* *Ein Bogen braunes Packpapier*
* *Braunes breites Klebeband*

* *2 Päckchen Cornflakes (oder Ähnliches)*
* *2 Holzleisten: eine 90 cm und eine 100 cm lang*
* *Ein Fahrradpedal*
* *Ein Stück buntes Band (oder Fetzen von einem Müllsack)*

1 Schneiden Sie in die Mitte der Enden beider Leisten eine Kerbe für den Faden. Seien Sie um Himmels willen vorsichtig mit dem Messer.

2 Legen Sie die kurze Leiste quer so über die lange, dass sie diese im Verhältnis 1:3 teilt. Mit den Kerben parallel zum Tisch binden Sie die beiden Leisten genau in der Mitte zusammen. Die Schnittstelle fixieren Sie zuvor mit etwas Leim, mit den Cornflakesschachteln sorgen Sie dafür, dass die Leisten genau im rechten Winkel bleiben.

3 Schneiden Sie ein genügend langes Stück Bindfaden ab, das rund um den Drachen reicht, und geben Sie noch ein Stück zu. 2–3 cm vom einen Ende knüpfen Sie eine kleine Schlaufe und befestigen diese an der Spitze des Drachens, indem Sie das Fadenende um die Leiste wickeln. Mit der Schlaufe an der Spitze ziehen Sie den Faden durch die Kerbe und dann durch die Kerbe am rechten Ende der waagrechten Leiste.

4 Das Papier wird flach auf den Tisch gelegt, der Rahmen darauf. So zuschneiden, dass die typische Rautenform entsteht, und einen Rand von etwa 4 cm überstehen lassen.

5 Sie falten die Ränder über den Bindfaden und kleben sie mit verdünntem Leim fest. Hier und da kleben Sie ein Stück Klebeband auf das Papier, um die Verbindungsstellen zu verstärken. Je weniger man davon benötigt, desto leichter wird der Drachen. Das Papier sollte zum Schluss ziemlich straff sitzen.

6 Jetzt kommt das so genannte Zaumzeug. Dies ist das Stück Bindfaden, das die Schnur mit dem Drachen verbindet. Sie schneiden ein 120 cm langes Stück ab

und befestigen das eine Ende an der oberen Schlaufe, das andere an der unteren. Als Nächstes knüpfen Sie genau über dem Punkt, wo sich die Leisten kreuzen, eine kleine Schlaufe in das Zaumzeug. An dieser Stelle wird die Schnur befestigt.

7   Nun zum Schwanz. Sie knüpfen ein Stück Bindfaden in die untere Schlaufe und befestigen etwa alle 10 cm bunte Bänder daran. Die beste Schwanzlänge muss man durch Ausprobieren herausfinden. Sie beginnen mit der ungefähr fünffachen Länge des Drachens und stutzen den Schwanz auf die richtige Länge, nachdem Sie im Freien ein bisschen experimentiert haben. Zusätzliche Bänder erhöhen die Stabilität (aber auch das Gewicht).

8   Zum Schluss überprüfen Sie das Gleichgewicht des Drachens. Sie lassen den Drachen baumeln, und falls er schief hängt, kleben Sie etwas Klebeband als Gegengewicht auf. Sie werden draußen ständig etwas verändern müssen, da jeder Drachen anders reagiert.

## Die Schnur

Eine Schnur aus Polyester oder Nylon eignet sich am besten für einen Drachen. Man kann auch wie früher einen Bindfadenrest nehmen, aber der bringt zusätzliches Gewicht. Ein Fahrradpedal oder einfach ein Stück steife Pappe ergibt eine gute Winde.

## So steigt er

Ohne Wind wird ein Drachen nicht abheben, geschweige denn oben bleiben. Mäßige stetige Winde mit Geschwindigkeiten von 10 bis 25 km in der Stunde sind am besten. Stärkere Winde zerfetzen den Drachen, und leichte Winde bringen ihn nicht hoch. Wenn man rennen muss, damit der Drachen oben bleibt, ist der Wind vermutlich nicht stark oder stetig genug.

Ohne seine Schnur würde der Drachen wie ein Plastikbeutel davongeweht, und eigentlich ist es die Schnur, die ihn zum Fliegen bringt. Da der Wind den Drachen nicht weiter tragen kann, als die Schnur lang ist, wird die Luftströmung nach unten abgeleitet, was, ohne mit den Newton'schen Gesetzen in Widerstreit zu geraten, einen Auftrieb erzeugt.

Nach dem Luftverkehrsrecht sind nur Drachen mit einer Schnur bis 100 m erlaubt. Baumlose Wiesen sind die besten Plätze zum Steigenlassen. Von Flugplätzen, Landeplätzen und Segelfluggelände muss man mit dem Drachen mindestens 3 km Abstand halten, zu Hochspannungsleitungen, Fahrleitungen, Bahnlinien und Straßen muss der Abstand mindestens die doppelte Schnurlänge betragen. Wenn Sie nicht in die Nachrichten kommen wollen, sollten Sie es auch bei Gewittern bleiben lassen.

1   Stellen Sie sich so, dass Sie einen *stetigen Wind* im Rücken haben, und bitten Sie einen Freund, den Drachen sanft zu starten.

2   Sobald der Drachen in der Luft ist, gibt man so viel Schnur frei, dass er eine gute Höhe erreicht. Bei einer längeren Schnur verliert der Drachen wegen des Gewichts an Auftrieb. Eine zu kurze Schnur macht das Ganze instabil. Ungefähr vier Stockwerke hoch ist eine schöne Höhe, aber wer will, kann auch höher gehen.

3   Wenn der Wind nachlässt, rollt man die Schnur etwas auf, um die Auftriebskraft zu erhöhen.

An einem windigen Tag kann man die Schnur um einen Pfosten wickeln und picknicken, während der Drachen allein fliegt. Um ihn einzuholen, wickelt man einfach die Schnur auf, und sobald er in Reichweite ist, packt man ihn – möglichst bevor er auf den Boden kracht.

Risse können mit Paketklebeband oder Sprühkleber (riecht fantastisch) repariert werden.

⊛ *Männer werden mit sechsmal höherer Wahrscheinlichkeit vom Blitz getroffen als Frauen.* ⊛

# So vermeidet man Schlangenbisse

Die einzige gefährliche Schlange, die einen hierzulande beißen könnte, ist die äußerst selten gewordene Kreuzotter, aber vermutlich haben Sie Fernsehsendungen gesehen, in denen ein Mann in Buschkleidung (oft ein Australier) riesige Schlangen am Schwanz hochhebt und mit Hilfe eines Stocks die schrecklichen Wirkungen ihrer tödlichen Neuro- oder Hämotoxine beschreibt. Vom Fernsehsessel aus ist das unterhaltsam, aber Sie werden kaum selbst die Erfahrung machen wollen, von einer Nashornviper gebissen zu werden. Tatsächlich sind die meisten Begegnungen mit tödlichen Schlangen Zufallstreffer – Menschen treten aus Versehen auf sie –, hier also ein paar Faustregeln, wie man auf Schlangenterritorium Bisse vermeidet.

## DER IDIOTENBISS
Schlangen lieben dunkle Stellen wie hohle Äste, Felsspalten und dichtes Unterholz. Wenn Ihnen ein Gegenstand in eine Ritze gefallen ist, die Sie nicht gut einsehen können, und Sie die Hand hineinstecken, um danach zu tasten, können Sie leicht gebissen werden. Seien Sie nicht so dumm.

## DER WANDERERBISS
Schlangen lieben hohes Gras. Achten Sie also in dichtem Unterholz oder hohem Gras stets sehr genau darauf, wo Sie hintreten. Eigentlich klar.

## DER NACHTBISS
Wenn Sie wissen, dass es in der Gegend gefährliche Schlangen gibt, genügt ein bisschen gesunder Menschenverstand – schlafen Sie nicht in der Nähe von hohem Gras, Unterholz, Felsbrocken oder Bäumen. Dies sind einige ihrer bevorzugten Verstecke. Legen Sie Ihren Schlafsack stattdessen auf eine freie Fläche und umhüllen Sie sich mit einem Stück

Tüllgardine oder Moskitonetz. Das wird neugierige Schlangen davon abhalten, in Ihren Pyjama zu kriechen.

Gegen Löwen hilft die Methode nicht.

### DER BAUMSTAMM-LAUERER

Okay, da liegt ein umgestürzter Baum im Weg. Was machen Sie nun? Einen Schritt darüber? Falsch! Schlangen macht es einfach Spaß, hinter einem heruntergefallenen Ast oder bemoosten Stück Holz zu lauern. Treten Sie vielmehr auf den Stamm und sehen Sie auf der anderen Seite nach. Wenn dort eine Schlange liegt, bitten Sie sie zu verschwinden. Wenn sie das nicht tut, nehmen Sie einen anderen Weg. Noch besser ist es, wegzugehen und im Auto ein Buch zu lesen.

### EINE SCHLANGE AUFHEBEN

Lassen Sie's bleiben.

### EINE TOTE SCHLANGE AUFHEBEN

Manche Männer würden gern mit einer frisch getöteten Schlange für ihr Fotoalbum angeben. Fallen Sie darauf nicht herein. So mancher Pauschalreisenheld, der seine Beute schwingt, ist in seine edelsten Teile gebissen worden. Eine frisch hingerichtete Schlange kann noch ein gut funktionierendes Nervensystem und ausgezeichnete Reflexe haben. Wenn Sie unbedingt eine tote Schlange schwingen müssen, schneiden Sie ihr erst mit dem Hieb eines scharfen Messers den Kopf ab.

### WAS TUN, WENN MAN GEBISSEN WIRD

Vor allem sollten Sie nicht allein sein, sonst haben Sie schlechte Karten. Bissopfer sollten sich völlig ruhig verhalten und sich schnell ins Krankenhaus bringen lassen. Die meisten Gifte breiten sich über das Lymphgefäßsystem aus, und jede Bewegung beschleunigt das. Der Prozess kann durch Verbinden und Schienen des gebissenen Körpergliedes verlangsamt werden.

✱   Man darf den Biss nicht herausschneiden oder aussaugen und keine Aderpresse anlegen – das würde alles noch schlimmer machen. Verhalten Sie sich stattdessen in einem solchen Fall ruhig, bewegen Sie sich nicht und bitten Sie einen Freund, Sie von der Schlange fortzubringen,

✱   die Schlange schnell zu identifizieren (wenn möglich),

✱   Ihnen Uhr und Schmuck abzunehmen,

✱   schnell einen breiten Druckverband anzulegen (dafür eignen sich Kleidungsstücke oder Handtücher),

✱   Sie schnell in ein Krankenhaus zu bringen und Sie ganz ruhig zu halten.

® *ACE-Hemmer (Blutdruckmittel) wurden aus Schlangengift entwickelt.* ®

## So bastelt man einen einfachen Regenmesser

Nass draußen? Keine Sorge, Sie können trotzdem jede Menge unternehmen. Zunächst einmal können Sie sich in den Schuppen setzen und dem Prasseln des Regens lauschen, der auf das Wellblechdach fällt. Es gibt nichts Besseres, um Stress abzubauen und den Blutdruck zu senken. Wer aber aktiver sein und ein bisschen gefordert werden möchte, für den ist diese Idee das Richtige. Sie ist leicht umzusetzen, und man braucht dafür kaum Material.

WAS MAN BRAUCHT

✱   *Eine große durchsichtige Plastikflasche*

✱   *Einen Markerstift*

✱   *Ein scharfes Messer oder eine gute Schere*

✱   *Kreppband*

✱   *Ein Lineal*

So wird's gemacht

1 Schneiden Sie den Flaschenhals ab und lösen Sie das Etikett ab.

2 Drehen Sie den Flaschenhals um, setzen ihn in den unteren Teil und kleben Kreppband um die Schnittstelle. Damit kann der Regen hinein, und die Verdunstung wird reduziert.

3 Gießen Sie zwei, drei Zentimeter Wasser in die Flasche und markieren Sie diese Höhe als Null. Dann zeichnen Sie auf der Außenseite der Flasche halbe und ganze Zentimeterschritte an.

4 Stellen Sie das Messgerät ins Freie. Aus einem gebogenen Drahtkleiderbügel kann man eine Halterung machen und am Zaun befestigen, damit die Leute den Regenmesser nicht versehentlich abreißen, austrinken oder wegwerfen.

5 Versuchen Sie aufzuzeichnen, was sich in einem Monat tut. Vor zehn Jahren hätte dies überall messbare Regenmengen ergeben, aber wegen der Erderwärmung können Sie, je nachdem, wo Sie den Versuch anstellen, nicht die geringste Ausbeute haben oder in fünf Minuten die Menge von sieben Jahren.

*Regenrekord: 180 cm in 24 Stunden in Foc-Foc auf Réunion im Indischen Ozean.*

# Jodelkurs

Jodeln ist ein uralte Form des vor allem in Österreich, Bayern und der Schweiz verbreiteten »Kehlsingens«, das sich aus den Rufen der Tiroler Ziegenhirten über die widerhallenden Felsen und verschneiten Schluchten entwickelte. Typisch dafür sind plötzliche Wechsel der Tonhöhe zwischen Brust- und Kopfstimme.

Die meisten Männer haben schon gewisse Erfahrungen im Jodeln. Wer sich versehentlich auf ein sattelloses Fahrrad setzt, Eiswasser in den Schoß schüttet oder einen hart geschlagenen Golfball in die Intimzone bekommt, gibt unfreiwillige Kostproben dieser Kunst. Der eifrig bemühte Schüler wird jedoch häufig durch das Fehlen eines geeigneten Proberaums in seiner Entwicklung behindert. Das eigene Auto ist ein angemessen abgeschiedener Ort, aber beengt, während das Badezimmer trotz seiner besonders lohnenden Akustik auf eine spezifisch unalpine Art steril wirkt.

Auf der Plusseite steht, dass es heute nicht mehr so schwer ist, die Technik eines vollendeten Jodlers zu erlernen. Es sind zahlreiche gute Aufnahmen auf Tonträgern erhältlich, das Fernsehen verwöhnt uns rund um die Uhr mit Volksmusik, und gelegentlich kann man die Sänger sogar live in echten bayrischen Lederhosen auf Volksfesten erleben.

## Es geht los

Der Schlüssel zum Jodeln ist, das Falsett oder die »Kopfstimme« zu beherrschen. Dieses obere Register liegt zwar außerhalb der normalen männlichen *tessitura*, ist aber leicht zu erreichen. Tatsächlich ist es die Stimme, die Väter unbewusst benutzen, wenn sie mit ihren Babys sprechen. Einige Leute halten das Falsett für ein Zeichen von mangelnder Männlichkeit oder gar Eunuchentum, könnten damit aber nicht falscher liegen. Manch ein haariger Jodler findet sich nach (oder manchmal während) seiner Vorstellung an der Theke ein und bestellt in kräftigem Bariton sein Bier, bevor er zu seiner Frau und den zehn Kindern nach Hause geht.

Also üben Sie zunächst, mit Ihrer Kopfstimme zu singen, während Sie Ihren täglichen Beschäftigungen nachgehen. Sobald Sie den Dreh raushaben, müssen Sie versuchen, plötzlich zwischen der normalen »Bruststimme« und der hohen Jodelstimme umzuschalten. Das ist knifflig, lässt sich aber bewerkstelligen.

Wenn Sie Noten lesen können, probieren Sie es an der kurzen Phrase auf S. 148 aus, die wohl eine der bekanntesten Melodien der Welt ist. Ich habe sie in E-Dur gesetzt, damit es leichter wird, aber Sie können die Tonart ändern, um sie Ihrer Stimmlage anzupassen. Die letzten beiden Noten sollten mit der Kopfstimme gejodelt werden; der Sprung über die Oktaven ist für die Kunst des Jodelns äußerst wichtig.

O - ld    l a - d y  who?

Verstanden? Jetzt probieren Sie die nächste Phrase. Auch hier sollten nur die letzten beiden Noten im Falsett gesungen werden.

O - ld    l a - d y  who?

Merken Sie, worauf es hinausläuft? Wenn Sie sich die Technik angeeignet haben, machen Sie einen fliegenden Wechsel zu »High on a Hill sat a lonely Goatherd« aus *The Sound of Music/Meine Lieder, meine Träume*. Zu jodeln braucht man erst, wenn man das typische »Yea, oh de lay, old lady who« erreicht, genau wie Julie Andrews. Die einzigen Silben, die mit Kopfstimme gesungen werden, sind »dy« von »old lady« und »who«.

Sie werden inzwischen gemerkt haben, dass Sie gar nicht anders können, als zu den Jodelmelodien mit den Füßen den Takt zu klopfen. Das kommt daher, dass die Betonung auf den schwachen Schlag des Taktes fällt – das berühmte Humptata –, was Synkopen in die Musik bringt, geradeso wie beim Reggae.

Jetzt geht's richtig zur Sache: die berühmteste Volksmelodie der Welt (außerhalb Chinas):

O - ld    l a - d y  who? O - ld    la - dy  who? O - ld    la - ee - ee - dy    who?

Jetzt sind Sie richtig in Schwung, und Ihre Darbietung sollte Bilder von hohen Bergen und Almen, der munteren Trapp-Familie und dem einsamen Ziegenhirten mit dem Horn heraufbeschwören. Auch wenn Sie nur in Kreuzberg jodeln.

*® Der Schilddrüsenknorpel ist besser bekannt als Adamsapfel. ®*

# Die 5-Minuten-Solo-Show mit Grashalm

Ein Sommertag auf dem Land, wenn gerade der Picknick-korb weggeräumt ist – das ist der richtige Zeitpunkt, um ein paar Tricks mit einem Grashalm vorzuführen. Es ist nicht nur unterhaltsam für die anderen, sondern Sie drücken sich auch vor dem langweiligen Aufräumen.

### Der kreischende Affe
Sie legen die Hände aneinander wie zum Gebet und klem-men einen Grashalm der Länge nach zwischen die Daumen-knöchel. Jetzt bilden Sie ein »O« mit dem Mund und pres-sen die Daumenknöchel fest an die Lippen. Dann blasen Sie kräftig durch die mandelförmige Öffnung, und der Halm wird wie ein Klarinettenblatt vibrieren und ein ohrenbetäu-bendes Kreischen erzeugen. Es klingt nicht besonders musi-kalisch, eignet sich aber hervorragend, um Ihre Kumpel auf der anderen Seite des Mühlteichs auf Sie aufmerksam zu ma-chen – oder um Ihre Schwester zu ärgern.

### Magisches Klettergras
An dem Grashalm, den Sie gerade abgerissen haben, sitzen Tausende unsichtbarer Fasern, die alle in dieselbe Richtung weisen. Wenn Sie den Halm ganz leicht zwischen Daumen und Zeigefinger klemmen und den Daumen schnell auf und ab bewegen, wird das Gras geheimnisvoll nach oben klettern. (Wenn es abwärts klettert, halten Sie es verkehrt herum.) Für

alle, die sich nicht auskennen, ist dies eine rätselhafte Vorführung, die sie nachahmen wollen. Zeigen Sie ihnen, wie's funktioniert, dann sammeln Sie Punkte.

## CatChum

Kleben Sie unten an einen höchstens fingerlangen Grashalm ein festes Lehmklümpchen. Halten Sie den Halm so an der Spitze, dass das Lehmklümpchen zwischen dem ausgestreckten, leicht gespreizten Daumen und Zeigefinger des Opfers baumelt. Wetten Sie mit ihm, dass er den Halm nicht durch Schließen von Daumen und Finger fangen kann, wenn Sie ihn ohne Vorwarnung loslassen. Neun von zehn Malen wird es ihm nicht gelingen, weil Augen, Gehirn und Nerven ein wenig länger brauchen, das Fallen zu registrieren und den Fingern zu befehlen, sich zu schließen, als Sie brauchen, um den Halm fallen zu lassen, und als das Gras braucht, um außer Reichweite zu fallen.

## Die Nasenkanone

Während niemand zuschaut, reißen Sie einen langen Grashalm ab und rollen ihn zu einer festen Kugel zusammen, die gerade groß genug ist, um sie in das rechte Nasenloch zu stecken. Sie drücken ihn mit dem Daumen fest. Wenn Sie fertig sind, machen Sie die andern auf sich aufmerksam, indem Sie laut rufen: »Vorsicht, fliegender Popel!« Sie halten das linke Nasenloch mit dem ausgestreckten linken Zeigefinger zu und schießen die Graskugel mit heftigem Pusten durch die Nase mitten unter sie. Wenn man mit genügend Druck ausatmet, fliegt sie erstaunlich weit, aber sorgen Sie dafür, das Ihre Nasenlöcher frei sind, bevor Sie das ausprobieren; niemand mag von fremden Nasensekreten getroffen werden.

*⊛ Weltweit leiden fast 20 % der Bevölkerung an Heuschnupfen. ⊛*

# Lagerfeuer leicht gemacht

Bevor es Fernseher und Zentralheizung gab, saßen die Männer ums Feuer und erzählten Geschichten. Heute betreiben sie eine Version dieser rituellen Tätigkeit, bei der Würste auf dem Grill verbrannt werden und man ein primitives Kostüm aus einer albernen Schürze und einem Hut trägt. Statt Waldmärchen erzählt man sich Geschichten über Fußball, Autos, Bier, Frauen und Rülpsen.

Eine der wichtigsten Fertigkeiten, die sich jeder junge Mann aneignen sollte, ist eine ordentliche Technik des Feuermachens. Hier ist eine gute Methode.

## FEUER MACHEN

Gehen Sie methodisch und Schritt für Schritt vor. Halten Sie das Feuer klein. Große Freudenfeuer geraten leicht außer Kontrolle, lassen Zäune und Autos der Nachbarn in Flammen aufgehen und bedrohen in der Wildnis ganze Wälder. Suchen Sie also eine sichere Stelle und bauen Sie mit Steinen einen Kreis, der den Umfang des Feuers markiert. Bevor Sie loslegen, lesen Sie in den unten stehenden Anleitungen nach, welche Holzgrößen Sie sammeln müssen.

1   Legen Sie zwei armgroße Scheite in die Mitte des Rings, parallel zueinander und mit doppelter Scheitbreite Abstand.

2   Sammeln Sie Zunder: fußlange Zweige, die mit einem trockenen Knacken brechen. Am besten sucht man sie am Fuß von Bäumen, wo sie vor der Witterung geschützt waren. Trockene Rinde sollte man tunlichst nicht verwenden. Sie »spuckt« häufig beim Brennen und sprüht dann Funken in den Wald oder fackelt den Schuppen des Nachbarn ab.

3   Legen Sie das kompakte Zunderbündel rechtwinklig zwischen die Scheite. Lehnen Sie es an eines der Scheite, sodass es den Querbalken eines großen H bildet.

4    Sammeln Sie zwei weitere Bündel Zunder und lehnen Sie sie im rechten Winkel zum ersten Bündel aufrecht aneinander, sodass ein kleines Dach entsteht. Lassen Sie genügend Raum, damit Sie später hineingreifen und das untere Bündel von oben anzünden können (Abb. 1).

5    Auf die Enden der ersten zwei Scheite legen Sie rechtwinklig zwei weitere, gleich große. In die Lücke dazwischen und parallel dazu legen Sie etwas Anzündmaterial: Aststücke, die ungefähr so dick sind, dass man sie mit Daumen und Zeigefinger umspannen kann (Abb. 2).

6    Darüber legen Sie in rechten Winkeln weitere Aststücke. Legen Sie sie abwechselnd in Nord-Süd- und Ost-West-Richtung, sodass viel Raum bleibt, damit die Luft zwischen den Stöcken zirkulieren kann.

7    Auf den Stapel legen Sie kleine dicke Scheite. Sobald das Feuer in Gang ist, werden diese schön gleichmäßig brennen (Abb. 3).

8    Um diesen Würfel schichten Sie eine senkrechte Wand aus Anzündholz: dünne, etwa armlange Äste oder Zweige.

9    Dann errichten Sie einen wigwamförmigen Dreifuß aus Scheiten um den Würfel. Diese sollten ungefähr so lang und so dick wie ein Bein sein (Abb. 4).

10    Jetzt lehnen Sie ein weiteres Dutzend dieser langen Scheite um den Wigwam und lassen ein dreieckiges Loch, damit Sie hineingreifen können, um das Feuer anzuzünden.

11    Wenn Sie der Aufmerksamkeit aller sicher sind, greifen Sie hinein, zünden den Zunder mit einem Streichholz an und verschließen danach die Öffnung. Nehmen Sie keine Pappschnitzel oder ganze Fläschchen Feuerzeugbenzin, um es in Gang zu bringen. Das wäre nicht nur gemogelt, sondern könnte auch bewirken, dass das Feuer nicht schön brennt.

Jetzt schauen Sie zu, wie dicke Rauchwolken eindrucksvoll aus dem Schornstein quellen. Nach nur wenigen Minuten hat man ein prächtig loderndes Feuer. Um das Feuer am Ende des Abends zu löschen, gießen Sie eine Menge Wasser darauf und rühren die Asche mit einem langen Stock um. Kontrollieren Sie, ob der Feuerkreis noch heiß ist. In der Wildnis muss man alles sorgfältig wenden und viel Wasser darübergießen.

*⊛ Die ersten Marshmallows wurden aus den Wurzeln des Echten Eibischs hergestellt. ⊛*

# Rückwärts Schlittschuhlaufen

Kaum etwas ist demütigender, als zum ersten Mal auf einer Eisbahn zu stehen. Während ringsum geübte Schlittschuhläufer vorbeigleiten und -sausen, bewegt man sich wacklig am Rand entlang und klammert sich ums liebe Leben an der Bande fest. »Könnte ich nur rückwärts laufen!«, denkt man und will den zweiten Schritt vor dem ersten tun, »dann könnte ich mich hoch erhobenen Kopfes auf zugefrorenen Teichen bewegen.«

### Vorwärts laufen

Man kommt leider nicht darum herum: Bevor man rückwärts fährt, muss man erst einmal lernen, vorwärts zu fahren. Also zieht man die Schlittschuhe an und geht fünf Minuten auf normalem Boden herum, um sich an das irre Gefühl zu gewöhnen. Wenn man bereit ist, betritt man die Eisbahn. Versuchen Sie nicht, normal zu gehen – entweder Sie schlurfen gebeugt wie ein Untertan, der sich dem Mikado nähert, oder Sie liegen sofort auf der Nase. Vielmehr stellt man die Füße nebeneinander und dreht dann den rechten Zeh nach außen, bis die Schlittschuhe fast einen Winkel von 90° bilden, wobei der rechte ein wenig hinter dem linken ist. Man übt Druck auf die rechte Kufe aus und gleitet auf dem linken Fuß vorwärts. Dann hebt man sofort den rechten Schlittschuh an, und am Ende der Gleitphase stellt man ihn wieder aufs Eis.

Jetzt dreht man den linken Fuß nach außen und stößt sich damit ab, wie man es vorher mit dem rechten getan hat. Es ist ein ständiges Abstoßen und Gleiten, Abstoßen und Gleiten. Wer diesen Ablauf lernt, läuft weniger Gefahr, einen Schritt zu machen, mit den Armen zu rudern, zu schreien und lang hinzuschlagen, wie es vielen Anfängern ergeht. Wenn Sie fallen, fallen Sie nach vorn und entspannen Sie sich beim Fallen. Die Arme und Beine werden den Sturz abfangen. Eis ist hart, und wer rückwärts fällt, kann sich durchaus eine Gehirnerschütterung oder gar eine Schädelverletzung zuziehen.

Manche Neulinge, besonders Kinder, drehen schon nach einer Stunde Übung selbstsicher ihre Kreise um die Eisbahn. Lassen Sie sich also nicht von spöttischem Gelächter entmutigen, wenn Sie zum x-ten Mal unelegant auf die nassen Knie gehen. In früheren Zeiten stützten sich Anfänger auf die Rücklehnen von Küchenstühlen, wenn sie die ersten Schritte lernten, aber bei Ihrer Eisbahn hat man vielleicht etwas dagegen, wenn Möbel auf dem Eis stehen. Jedenfalls werden Sie Ihr Abstoßbein mit ein bisschen Übung beim Gleiten bald ausgestreckt in der Luft halten, mehr oder weniger elegant, Sie werden den Kopf hoch tragen und Ihr Knie auf dem gleitenden Schlittschuh gut gebeugt.

## JETZT GEHT'S RÜCKWÄRTS

Na schön. Nehmen wir an, Sie können vorwärts Schlittschuhlaufen, ohne sich an jemandes Arm zu klammern, und sind bereit, es endlich mit dem Rückwärtslaufen zu probieren. Sie werden erleichtert feststellen, dass es auch nicht viel schwieriger ist. Lassen Sie zunächst beide Füße auf dem Eis, die Knie stark gebeugt, und drehen Sie die Füße nach außen, geführt von der Ferse, bis Sie von selbst beginnen, sich in die beabsichtigte Richtung zu bewegen. Sie werden rasch merken, dass Sie relativ problemlos rückwärtsgehen können, zu-

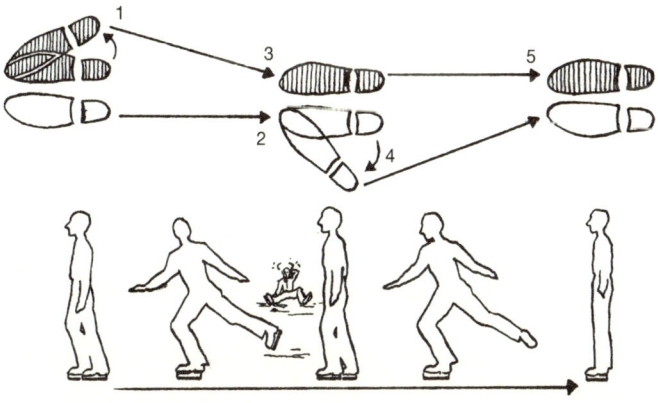

erst mit dem einen Fuß, dann mit dem anderen. Nun können Sie sich auf das Gleiten konzentrieren, wie Sie es beim Vorwärtslaufen getan haben. Stoßen Sie sich abwechselnd mit beiden Füßen ab, indem Sie die Zehen nach innen drehen und auf der anderen Kufe wie zuvor beschrieben gleiten. Schauen Sie über die Schulter, damit Sie nicht mit anderen Leuten zusammenstoßen. Ist es nicht einfach?

*Der allererste Eishockey-Puck war ein Stück gefrorener Kuhfladen.*

## Lassowerfen wie ein Cowboy

Der griechische Historiker Herodot hat vor weit über 2000 Jahren zum ersten Mal Seiltricks beschrieben. In neuerer Zeit sind sie aus der Mode gekommen. Aber ein von einem vollendeten Künstler ausgeführter Lassowurf ist ein herrlicher Anblick, und Seilspiele sind ein großartiges Hobby für einen jungen Mann. Zur Einführung in diese Kunst folgt hier eine Beschreibung des elementarsten Wurfes, der flachen Schleife, die einem, sobald man sie beherrscht, das Tor zu einer neuen und aufregenden Welt der Lassokunst öffnet. Man braucht keinen Cowboyhut zu tragen, um ein Lasso zu werfen, aber es hilft. Und nicht vergessen: Dies ist eine Outdoor-Tätigkeit. Üben Sie nicht in einem Haus voller Porzellan, es sei denn, das Haus gehört jemand anderem. Yippie!

AUSSTATTUNG

*Ein Lasso.* Für unseren Zweck ist dies ein gut vier Meter langes, mittelschweres geflochtenes Seil, etwa 3 mm im Durchmesser, an einem Ende umwickelt und mit einer Öse oder *honda* am anderen. Das Seil muss geschmeidig sein und darf nicht knicken. Zum Üben eignet sich eine beliebige schwere Schnur. Die *honda* wird gemacht, indem man das Seil ein kleines Stück umlegt, sodass eine Schlinge entsteht, worauf das umwickelte Ende durch die Öse gezogen wird.

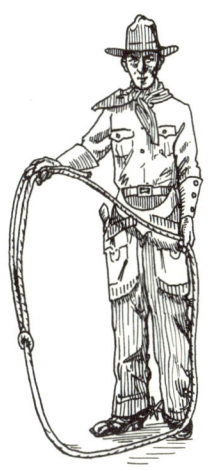

### Die flache Schlaufe

Sie wird so genannt, weil man das Lasso in einer horizontalen Ebene wie einen kreisenden Pfannkuchen parallel zum Boden wirft. Schauen Sie sich die Abbildung an. So sollte man stehen. Die linke Hand hält die Schlaufe locker, sodass man sie elegant fallen lassen kann, sobald sie sich zu drehen beginnt. Man sieht, dass das freie Ende ungefähr genauso lang ist wie der Radius der Schlaufe. Die rechte Hand hält beides, das freie Ende und die Schlaufe.

### Action!

Man schnellt die rechte Hand entgegen dem Uhrzeigersinn und lässt gleichzeitig das Lasso mit beiden Händen los, sodass es rotiert, bevor es den Boden berühren kann. Man hält die Schlaufe klein und das Tempo gering, indem man das Ende in der rechten Hand so weit von sich weghält, dass die Schlaufe nicht an die Beine schlägt. Mit dieser Hand beschreibt man einen Kreis gegen den Uhrzeigersinn. Sie werden bemerken, dass die Schlaufe, unterstützt von dem freien Ende in Ihrer Hand, durch die Fliehkraft offen gehalten wird (siehe Abbildung). Sie werden merken, dass das Lasso dazu neigt, sich zu verdrehen und zu knicken. Das können Sie dadurch verhindern, dass sich das freie Ende ständig in Ihrer Hand dreht.

Man muss sich vieles merken, üben Sie deshalb langsam, bis Sie allmählich den Dreh heraushaben.

⊛ *Cowboy-Weisheit: Nicht hinhocken, wenn Du Sporen trägst.* ⊛

# Die richtige Art,
# einen Schmetterling zu fangen

Schmetterlinge sind hierzulande nicht mehr so verbreitet wie früher, vom Kohlweißling einmal abgesehen. Um einen Schmetterling zu fangen, braucht man:

* *Einen warmen Tag*
* *Ein Netz*
* *Ein Marmeladenglas mit Deckel*

Schmetterlingsnetze gibt es im Fachhandel, aber man kann sich auch für wenig Geld ein minderwertiges in einem Spielzeuggeschäft besorgen. Mit billigen, wie sie oft als Fischnetze angeboten werden, kann man sicherlich auch Schmetterlinge fangen, aber ihr größter Nachteil ist, dass der Netzteil meist aus billigem und wenig elastischem Plastikmaterial besteht und häufig auch zu klein ist.

Vom Netz einmal abgesehen – man könnte auch selbst eines machen –, muss man den Bogen heraushaben, um Schmetterlinge zu fangen. Es ist schwieriger, als Sie vielleicht denken, deshalb hier ein paar Tipps.

Wenn man seine Beute ausgemacht hat, schwingt man das Netz seitlich durch die Luft, und sobald der Schmetterling hineingeflattert ist, dreht man schnell die Hand, sodass der offene Ring des Netzes zum Boden zeigt und einen geschlossenen »Beutel« bildet, der verhindert, dass der Schmetterling wieder herausfindet – problematisch bei zu kleinen Netzen und für Anfänger.

Jetzt können Sie Ihren Fang in aller Ruhe betrachten. Fassen Sie ihn aber nicht an, wenn es nicht sein muss. Schmetterlinge sind zarte Geschöpfe und haben es schwer genug im Leben, auch ohne dass man den farbigen Staub von ihren Flügeln reibt oder versehentlich ein Bein abbricht.

Lassen Sie Ihren Schmetterling davonfliegen, wenn Sie

ihn ausgiebig betrachtet haben – das fühlt sich besonders schön an.

® *Im Film* Papillon *von 1973 spielte Steve McQueen die Hauptrolle.* ®

# So sendet man Flaggensignale

Heute, da es möglich ist, spontan eine Videonachricht mit dem Handy vom Pooltisch in der Stammkneipe auf eine Bergspitze in Nepal zu senden, erscheint die Fähigkeit, mittels einer Flagge und des Wink- oder Semaphoralphabets von Hügel zu Hügel zu signalisieren, altmodisch und verschroben. Aber wenn Sie das nächste Mal in der Wildnis kampieren und ein Tal zwischen sich und dem nächsten Dorfladen haben, haben Sie die Nase vorn, wenn Sie wissen, wie man mit Winksignalen einen Liter Milch und ein halbes Dutzend Eier bestellt.

## HANDHABUNG DER FLAGGE

Sie buchstabieren Ihre Botschaft in Buchstabengruppen (in der Regel Wörter), indem Sie die Arme flink von einem Buchstaben zum nächsten bewegen und die Flaggen nach jeder Gruppe wieder in die Ausgangsposition bringen. Wenn ein Arm schon in der richtigen Position für den nächsten Buchstaben der Gruppe ist, behalten Sie die Position bei, während Sie die andere Flagge entschlossen in Position bringen. Angenommen, Sie senden das Wort »Milch«: Wenn Sie die Abbildungen betrachten, die die Buchstaben des Alphabets zeigen (Abbildung S. 160), bemerken Sie, dass der rechte Arm bei den ersten drei Buchstaben in derselben Position bleibt, während der linke die ganze Arbeit macht. Dagegen verlangt jeder Buchstabe des Wortes »Zelt« für beide Arme eine neue Haltung.

Am Ende der Nachricht lässt man zweimal die rechte Flagge kreisen. Wenn die Nachricht verstanden wurde, lässt man ebenfalls die rechte Flagge kreisen.

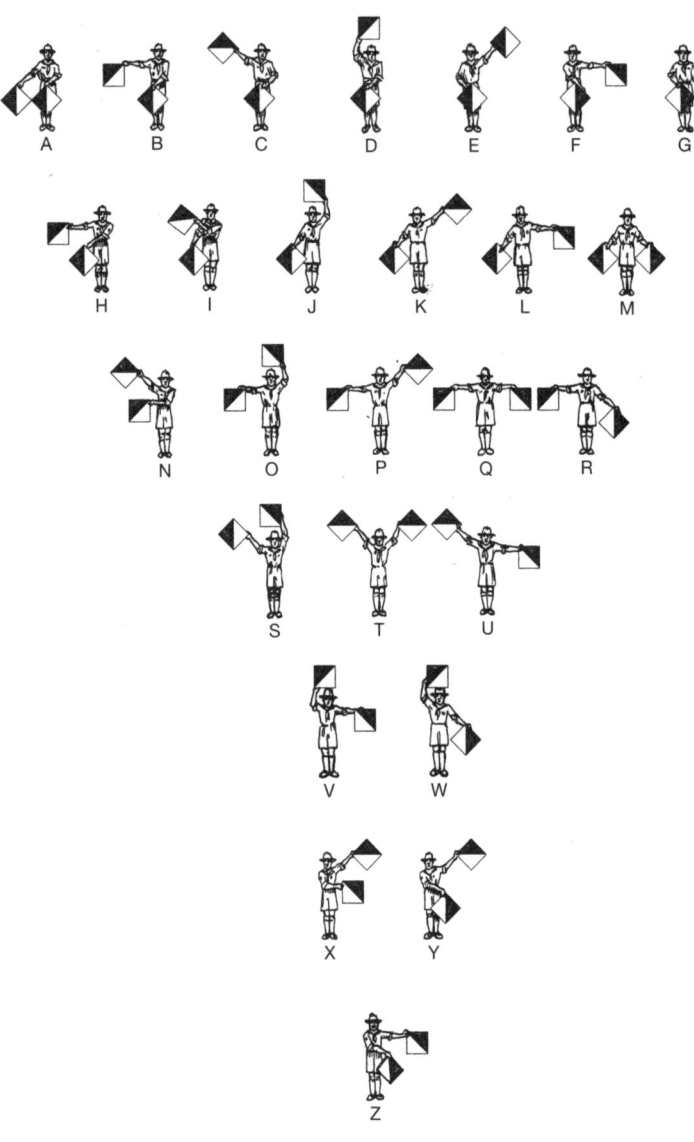

EIN PAAR TIPPS
Verwenden Sie Flaggen in derselben Farbe und stellen Sie sich vor einen flach wirkenden, einen Kontrast bietenden Hintergrund.

* Beim Senden steht man aufrecht und schiebt die Flaggenstangen in die Ärmel, wobei man den Zeigefinger auf dem Stab ruhen lässt.

* Für einen neuen Buchstaben bringt man den Arm genau in die richtige Position. Alles andere sorgt für unnötige Verwirrung, und es kann leicht passieren, dass Sie »Kartoffeln« bestellen möchten und stattdessen »Pantoffeln« bekommen.

* Zwischen Doppelbuchstaben führt man die Hände dicht an den Körper und presst die Stangen an die Beine. Man sendet Doppelbuchstaben im gleichen Tempo wie einzelne.

* Bei Buchstaben, die nur eine Flagge erfordern, wedelt man nicht mit der anderen herum. Man legt sie vor den Körper und hält sie still.

* Beim Üben sollte man sich nicht vor einen Spiegel stellen, sonst lernt man alles seitenverkehrt und dreht durch.

® *»Semaphor« kommt aus dem Griechischen und bedeutet »Zeichenträger«.* ®

# Fallenstellen

Mit ein paar Fallen oder gut platzierten Schlingen können Sie mehr für Ihr Mittagessen fangen, als wenn Sie mit einer Flinte und kaltem Hintern in einer Brombeerhecke sitzen.

Wenn Sie mit Fallen auf die Pirsch gehen, müssen Sie wissen, was Sie fangen wollen, und die geeigneten Fallen auswählen. Zum Beispiel hat es wenig Sinn, in einem Bach

Eichhörnchen angeln zu wollen. Genau wie Menschen haben Tiere ihre Schlafzimmer, Kneipen und Cafés mit Pfaden, die vom einen Ort zum anderen führen. Stellen Sie Ihre Schlingen und Fallen in der Nähe dieser Stellen auf. Gute Plätze sind solche mit Anzeichen von:

* *Fährten*
* *Kot*
* *Abgenagter oder abgeriebener Vegetation*
* *Nestern*
* *Futterstellen und Tränken*

Sie riechen – vergessen Sie das nicht. Wenn Sie eine Falle über dem Feuer räuchern, überdecken Sie damit Ihren Geruch, ohne Ihre Beute zu verscheuchen. Tierurin und duftender Schlamm übertönen den Geruch ebenfalls gut. Man reibt die Hände mit dem Zeug ein – aber nicht vor dem Dinner mit einer Herzogin.

Die Falle wird natürlich getarnt und alles so angeordnet, dass die Beute automatisch hineingeführt wird. Erdnussbutter und Salz sind bei Säugetieren sehr beliebt, also legt man etwas davon als Köder aus. Tiere sind allerdings nicht dumm. Frisch durcheinandergebrachte Vegetation und aufgewühlte Erde werden sie meiden. Wenn Sie ein Loch graben müssen, bringen Sie die frisch aufgegrabene Erde woandershin.

So fertigen Sie einige einfache Schlingen und Fallen an.

### Einfache Schlinge

Biegsamer Draht ist für den Zweck am besten geeignet. Zunächst macht man eine Öse. Dazu biegt man ein Ende um und verzwirbelt es fest mit dem Draht. Durch das Loch zieht man das lange Ende und testet die Schlaufe, indem man zwei Finger durchsteckt und vom langen Teil wegbewegt. Die Schlaufe sollte sich glatt zusammenziehen.

SCHLINGENFALLE

Diese Falle ist eine Schlinge, die über einer Fährte oder über dem Eingang zu einem Bau angebracht wird, wobei das lange Ende mit einem Holzpflock am Boden befestigt wird. Die Schlinge muss so groß sein, dass der Kopf der Beute durchpasst, damit sie sich zusammenzieht, wenn das Tier sich vorwärts bewegt. Kleine Zweige oder Blätter sind ideal, um sie abzustützen. Spinnweben halten die Schlinge offen, ohne zu reißen.

SCHNAPPER

Man schält einen kleinen Trieb ab, biegt ihn und hält ihn mit einem Stück Schnur gespannt, das an einem Stock befestigt ist. Den Stock stößt man in einem spitzen Winkel in den Boden. Dann legt man die Schlinge flach auf den Boden um den Stock, an dem man einen Köder fest angebunden hat. Kleine Tiere werden an dem Köder zerren, bis sie den Stock herausgerissen haben, worauf der Trieb mit starkem Schwung nach oben schnellt und die Schlinge schneller zusammenzieht, als man »geschnappt« sagen kann.

EICHHÖRNCHENSTANGEN

Eine Eichhörnchenstange ist ein langer Stecken, den man an einen Baum lehnt, auf dem sich Eichhörnchen tummeln. An der Stange bringt man einige Schlingen von 5 cm Durchmesser an, sodass die Eichhörnchen, die auf und ab klettern, hindurchschlüpfen müssen. Nach anfänglicher Vorsicht werden die Eichhörnchen kecker, und es wird nicht lange dauern, bis sich eines in einer Schlinge verfängt. Es wird sich kurz wehren, aber bald den Halt verlieren, von der Stange fallen und sich selbst strangulieren. Da Eichhörnchen ein bisschen unaufmerksam sind, werden weitere das gleiche Schicksal erleiden, was genügend Eichhörnchenfleisch für einen guten Eintopf liefert. Lassen Sie sich nicht von sentimentalen Frauen dreinreden – es geht um's Abendessen!

APOTHEKERFLASCHENFALLE

Sie brauchen zwar nicht unbedingt eine Apothekerflasche, um eine Apothekerflaschenfalle herzustellen, aber sie eignet sich besonders gut dafür. Zunächst graben Sie ein Loch und stellen eine Flasche mit engem Hals hinein. Um die Flasche herum füllen Sie Erde auf, sodass der Rand unmittelbar unter der Oberfläche sitzt. Um das kleine Loch herum legen Sie ein paar Steine und bedecken es mit einem Dach aus einem großen Stück Rinde oder Ähnlichem, das durch die Steine etwas über Bodenniveau liegt. Es wird nicht lange dauern, bis Mäuse unter dem Dach Schutz suchen, wo sie nichtsahnend in das Loch fallen. Wenn man nach der Falle sieht, stöpselt man die Flasche vor dem Ausgraben zu. Es könnte ja eine gefährliche Schlange darin lauern.

*Kaninchen nehmen ihren Kot wieder zu sich,*
*sodass sie ihre Nahrung zweimal verwerten.*

# Conkers: Die Regeln

Was man zu diesem aus England stammenden Spiel braucht, liegt im Herbst auf der Straße. »Conkers« bedeutet »Kastanien«, ist aber auch ein Dialektwort für »Schneckenhaus«, und tatsächlich wurde es anfangs mit Schneckenhäusern gespielt. Auch wenn manche übereifrigen Stadtgärtner, meist gegen Proteste, aus »Sicherheitsgründen« die Axt an ehrwürdige alte Bäume anlegen, wird, wer sucht, immer noch genügend Spielmaterial finden.

REGELN

Man sucht möglichst harte Kastanien mit glatter Schale und durchbohrt sie vorsichtig mit einem Nagel oder einer Schraube, ohne dass die Schale einreißt. Durch das Loch zieht man eine Schnur oder einen Schnürsenkel und verknotet ihn am unteren Ende.

Zwei Spieler lassen auf Armlänge einen Conker baumeln, mit dem sie abwechselnd auf den anderen (den Conker natürlich) einprügeln, bis einer in Stücke geschlagen ist. Die erste Runde geht an den Spieler, der den Conker mit der höchsten Punktzahl hat (siehe unten).

Passive oder »empfangende« Conkers müssen still gehalten werden, wenn der Angreifer an der Reihe ist. Wenn der empfangende Spieler seinen Conker wegreißt, hat sein Gegner einen Schuss frei. Es gibt jedoch, wie bei allen Spielregeln, regional unterschiedliche Auslegungsvarianten der Frage, ob man bei einem Fehlschuss ausscheidet oder einen oder mehrere weitere Versuche hat.

Oft verheddern sich die Schnüre während eines Schusses. Dann bekommt der Spieler, der als Erster »Schnur!« ruft, einen weiteren Versuch. Wenn ein Conker während des Spiels auf den Boden fällt oder geschlagen wird, kann der Angreifer »Tritt!« rufen und den Conker schnell mit den Schuhen zu Brei treten. Wenn jedoch der Empfänger als Erster »Kein Tritt!« ruft, darf der Angreifer den Conker nicht zertreten. Es ist ein Spiel für Gentlemen, und jedes Mogeln in dieser Hinsicht bedeutet Schimpf und Schande für den, der es tut.

Der Wettkampf geht so lange, bis einer der Conkers in tausend Stücke geschlagen ist. Der Conker des Siegers bekommt die Punktzahl der geschlagenen Frucht plus einen Punkt. Wenn also ein Conker mit der Punktzahl null (ein Nuller) einen 22-er schlägt, wird er ein 23-er. Wenn aber ein 6-er einen 22-er schlägt, wird er ein 29-er. Ganz einfach. Conkers mit besonders hoher Punktzahl werden manchmal eine Art Schwarzgeld auf dem Spielplatz, obwohl hohe Punktzahlen Vertrauenssache sind. Nur ein Schurke lügt über die Punktzahl seines Conkers.

Vorbereitung, Taktiken und Tipps

1  Wenn man Conkers auswählt, lässt man die Kandidaten in einen Eimer Wasser fallen, wo die festeren untergehen. Diese muss man nehmen. Die Schwimmer kann man seinem Gegner »schenken«.

2  Treten Sie gegen einen Spieler an, der einen kleineren, weicheren Conker als Sie hat. Größe ist ein Riesenvorteil.

3  Halbkugelige Conkers mit einer flachen Seite, so genannte »Käseschneider«, haben angeblich den Vorteil, wie eine Machete zu wirken. Dieser »Vorteil« ist jedoch höchst zweifelhaft, da sie im hängenden Zustand eine leicht zu treffende, glatte Angriffsfläche bieten.

4  Man hört häufig von Manipulationen, etwa dass die Conkers über Nacht in Essig einlegt, poliert oder im Ofen gebacken werden, dies gilt aber als glatter Betrug. Die Vorteile sind ohnehin umstritten.

5  *Das Loch ist der schwächste Punkt des Conkers.* Deshalb sollte es sehr vorsichtig mit einem möglichst dünnen Gerät gebohrt werden.

6  Ausgetrocknete Conkers vom Vorjahr oder gar mehrere Jahre alte können tückisch sein. Es geht nichts über einen 20 Jahre alten reinrassigen Conker an einer kräftigen Schnur. Da rutscht jedem Gegner das Herz in die Hose.

Besonders erfolgreiche »Meister«-Conkers werden manchmal aus dem Verkehr gezogen, wenn sie Anzeichen von Erschöpfung zeigen. Ich erinnere mich an einen berühmten III-er in der Schule, der rasch »in Pension« geschickt wurde, nachdem sich ein Haarriss in seiner matten braunen Schale zeigte. Ich frage mich, was aus ihm geworden ist.

℗ *Der Gewinner des Conker-Wettkampfs der BBC von 1954 erreichte die stolze Punktzahl von 5000.* ℗

# Ein Survival Kit in einer Blechdose

In der Wildnis von der Außenwelt abgeschnitten? Hier ist die Lösung für Ihr Problem: ein tragbares Survival Kit, das alles Notwendige enthält, um einen Unterstand herzurichten, Nahrung zu sammeln, Feuer zu machen, Wasser zu reinigen und aufzubewahren, Nachrichten zu senden und Erste Hilfe zu leisten. Darin ist alles, was einen wenigstens drei Tage am Leben hält.

INHALT

* Eine Tabak- oder Bonbondose. Man kann nicht nur alles hineinpacken, die Innenseite des Deckels reflektiert auch gut und kann für Signale an Retter verwendet werden.

* Ein zusammengefaltetes Quadrat stabile Alufolie. Dies lässt sich zu einer kleinen Schale zum Auffangen und Kochen von Wasser, zum Kochen, Waschen und Trinken formen.

* Eine laute Pfeife Ihrer Wahl. Anleitungen, wie man mit einem Grashalm pfeift, finden Sie auf Seite 149.

* Ein kurzes Stück eines versiegelten Trinkhalms, der Haushaltsbleiche (etwa acht Tropfen) zur Wasserreinigung enthält. Ein Tropfen dürfte reichen, um einen halben Liter Wasser keimfrei zu machen.

* Ein Kondom als Wasserspeicher (oder für andere Zwecke, wenn Sie Glück haben).

* Ein Dutzend in Paraffin getauchte Streichhölzer. Mit dem Paraffin bleiben sie vollkommen trocken – außerdem kann man das abgekratzte Wachs essen.

* Ein Kerzenstummel für mehrere Zwecke: wasserfestes Licht, Schmiermittel und Nahrungsmittel.

* Drei 3-cm-Quadrate Fahrradschlauch-Gummi: erstaunlich wasserfeste Feueranzünder.

* Drei in Vaseline getränkte Wattebäusche. Ein weiteres

Mehrzweckgerät: ein wirksamer wasserfester »Zunder«, Erste-Hilfe-Tupfer und Schmiermittel.

* Ein weicher Bleistift. Damit lassen sich natürlich gut Botschaften schreiben, aber das Blei gibt auch ein ausgezeichnetes Schmiermittel ab, und die Abriebe können als trockener Zunder verwendet werden.

* Drei frei verkäufliche Antihistamin- und drei Kohletabletten. Diese verhindern, dass man durch allergische Reaktionen und Dehydrierung außer Gefecht gesetzt wird.

* Eine kleine Rolle wasserfestes Heftpflaster. Außer den auf der Hand liegenden Verwendungen als Erste Hilfe kann man damit wichtige Reparaturen ausführen oder sogar ein Stück davon an einem Ast anbringen, um Insekten zu fangen – als proteinreiche Nahrung oder als Köder.

* Ein Stück Würfelzucker. In Kombination mit dem Pflaster kann man damit Bienen und Insekten zum Essen fangen. Bienensuppe ist sehr nahrhaft.

* Sechs Sicherheitsnadeln. Man kann sie für Notreparaturen an der Kleidung oder als Hilfsmittel für die Konstruktion eines Unterstands verwenden. Sie sind auch gute Angelhaken. Man spießt einfach eine Raupe und ein Stück Folie als Köder darauf – und fertig.

* Ein Brühwürfel. Dieser einfache Artikel verbessert den Geschmack einiger scheußlicher Sachen, die Sie essen müssen.

* Ein kleines Schweizer Armeemesser. Zum Häuten, Ausweiden, Sägen und so weiter (mit der Pinzette kann man sich die Augenbrauen zupfen, wenn man nicht weiß, was man mit sich anfangen soll).

* 3 m vielfädige Fallschirmschnur, um die Dose gewickelt. Dient zwischen die Bäume gespannt als Aufhängung für den Unterstand, aber auch dazu, Lebensmittel für Tiere unerreichbar aufzuhängen. Die inneren Fäden eignen sich perfekt zum Nähen, zur

Herstellung von Fallen, zum Zubinden des Wasserbehälters und besonders zum Angeln. Sie geben auch eine ideale Zahnseide ab.

### FEUER MACHEN MIT DEM SURVIVAL KIT

Legen Sie einen schweren flachen Stein, die Folie und ein mit Wachs überzogenes Streichholz bereit, außerdem etwas, woran man es anreißen kann, etwa einen rauen Stein. Falten Sie die Folie in die Form eines Amphitheaters, um einen Windschirm zu bilden, den Sie mit dem großen flachen Stein am Boden beschweren. Auf einen mit Vaseline getränkten Wattebausch schaben Sie ein paar Bleistiftspäne. Als Anzündmaterial legen Sie ein Bündel aus trockenen Gräsern und Rinde bereit, und es kann losgehen.

1   Kratzen Sie das Wachs vom Streichholzkopf und essen Sie es auf.

2   Zünden Sie das Streichholz an dem rauen Stein an und werfen es vor den Windschirm.

3   Halten Sie ein Gummiquadrat über das Streichholz, bis es (das Gummiquadrat) Feuer fängt.

4   Legen Sie das brennende Gummi in den wasserfesten Zunder.

5   Blasen Sie auf den Zunder, und sobald er anbrennt, legen Sie ihn auf das Bündel Anzündmaterial.

Ein gutes Signalfeuer kann man erzeugen, indem man unter einer dürren Kiefer Feuer macht. Der ganze Baum wird Feuer fangen. Brennen Sie nicht den ganzen Wald ab, wenn es sich vermeiden lässt.

### ANMERKUNGEN

Bedenken Sie, dass Alkohol der Feind des Überlebens ist. Er dehydriert den Körper, senkt die Körpertemperatur (indem er periphere Blutgefäße öffnet) und beeinträchtigt Ihre Leistungsfähigkeit.

Wenn Sie sich in der Wildnis verirrt haben, bleiben Sie, wo Sie sind. Wenn Sie sich fortbewegen müssen – sagen wir, um Wasser zu finden –, lesen Sie auf Seite 23 die Anleitungen, wie man die Armbanduhr als Kompass verwendet.

❀ *Alexander Selkirk verbrachte über vier Jahre allein auf der Insel* Más a Tierra. ❀

# Sumo-Ringen für Anfänger

Sumo ist die hohe Kunst des japanischen Ringkampfes, dessen Ziel es ist, den Gegner aus dem Ring zu drängen oder ihn dazu zu bringen, den Boden mit irgendeinem anderen Körperteil außer den Füßen zu berühren. Faustschläge, Tritte, an den Haaren ziehen und Griffe unter die Gürtellinie sind nicht gestattet. *So weit die Regeln.* Bis man die höheren Weihen dieses Sports erhält, können viele Jahre vergehen, dennoch können sich Anfänger ohne allzu viel Mühe ernsthaft damit befassen und schnell Erfolg haben – besonders, wenn sie genügend Körpermasse mitbringen.

## Die Grundlagen

Der *Dohyo* (Ring) ist ein Kreis von 4,55 m Durchmesser, den ein Ring aus Stroh begrenzt, der *Shobu-Dawara*. Bevor man den Ring betritt, muss man ein Weilchen klatschen und mit den Füßen stampfen, um die bösen Geister zu verscheuchen. Obendrein wirft man ein paar Hand voll reinigendes Salz in die Arena.

Nach der Zeremonie des Einzugs in den Ring sollte man den anderen *Rikishi* (Ringer) quer über den Ring gebieterisch anstarren. Das kann heikel sein, da man das Haar zu einem Knoten gebunden trägt und nichts weiter anhat als den *Mawashi*, ein Ding ähnlich einem Stringtanga, das um die Taille und zwischen den Beinen gewickelt wird, um Ihre Blöße zu bedecken.

Der Kampf beginnt höflicherweise erst, nachdem Sie und

Ihr Gegner dem *Gyoji* (Schiedsrichter) ein Zeichen gegeben haben, dass Sie bereit sind. Gefördert wird diese Höflichkeit durch eine Buße von 100000 Yen (rund 600 Euro) für jeden Ringer, der anfängt, bevor der andere bereit ist.

Wenn Sie Ihre Bereitschaft signalisiert haben, zeigt der Schiedsrichter den *Gunbai* oder so genannten Kriegsfächer und gibt das Kommando »*Gunbai wo kaesu!*« (Schnippe den *Gunbai!*) Jetzt zurückzuweichen bedeutet das Aus.

Nachdem Sie den Ring mit der Faust berührt haben, legen Sie los, indem Sie Ihren Gegner attackieren und dabei ein Geräusch machen wie ein Kricketball, der eine Bratpfanne trifft. Dieses Geräusch entsteht beim Zusammenprall Ihrer beider Köpfe. Tun Sie so, als würde es Ihnen nichts ausmachen. Während Sie sich mit dem gewaltigen Rumpf des Gegners abrackern (jede Menge Umarmungen und *Mawashi*-Griffe), schreit der *Gyoji* immerzu »*Nokotta!*«, was eine Art Durchhaltesignal ist. Sollte es durch die Umklammerung zum Stillstand kommen, fordert der Schiedsrichter Sie mit dem Kommando »*Yoi, hakkeyoi!*« zum Weitermachen auf.

Die Runden sind oft kurz, und bei einem Turnier werden die Siege einfach addiert. Gesamtsieger wird derjenige mit der höchsten Punktzahl.

## DIE RICHTIGE VORBEREITUNG

Das fürchterliche Gerücht, Sumo-Ringer würden ihre Hoden in den Leistenkanal quetschen, um Verletzungen zu vermeiden, ist völlig haltlos. Haben Sie es ausprobiert? Sie tragen einen Lendenschurz unter dem Gürtel, und der reicht als Schutz. Es ist sowieso verboten, dass Ihr Gegner nach Ihrem *Mae-Tatemitsu* grapscht – dem Teil des Gürtels, der über den kritischen Zonen liegt.

Es wird Ihnen als Neuling allerdings helfen, so schnell wie möglich extrem fett zu werden. Magere Sumo-Ringer sehen ein wenig traurig aus und werden von ihren gewaltigen Gegnern ständig über den Haufen gerannt, da deren Schwerpunkt sehr tief liegt.

GEWICHTSKATEGORIEN IM SUMO, IN ÜBEREINSTIMMUNG MIT DEM KAISERLICH-JAPANISCHEN SYSTEM
*Leichtgewicht:* leichter als 85 kg
*Mittelgewicht:* leichter als 114 kg
*Schwergewicht:* schwerer als 114 kg

Fett setzt man am besten auf die gleiche Art wie die echten *Sumotori* an: sehr viel Klebreis essen. Eine Weile wird man nur langsam zunehmen, bis der Körper eines Tages den Kampf aufgibt und man beginnt, wie ein Ballon mit einer Gasleitung im Hintern anzuschwellen. Aber aufgepasst: Sumo-Ringer sind als Folge ihrer gigantischen Masse fast alle Typ-2-Diabetiker. Schach wäre vielleicht ein gesünderer Tipp.

⊛ *Der britische Ringer Big Daddy hieß eigentlich Shirley Crabtree.* ⊛

# So macht man einen Bumerang, der wirklich zurückkommt

Der Bumerang ist der bedeutendste Beitrag der australischen Ureinwohner zur Wissenschaft vom Jagen. Er wurde als Werkzeug entwickelt, um potenzielle Nahrung aus der Ferne auf den Kopf zu schlagen. Die ersten Bumerangs kamen nur zurück, wenn sie ihr Ziel verfehlt hatten. Tatsächlich sind die Rückkehrfähigkeiten eines Bumerangs Nebenwirkungen seiner hervorragenden Effizienz als Geschoss, dessen gebogene Form und flügelartiges Profil ihm Präzision, Stabilität und Auftrieb verleihen, wenn es auf ein unglückliches Känguruh zuschwirrt.

## HERSTELLUNG EINES BUMERANGS
Man kann einem Bumerang verschiedene Formen geben, von einem Kreuz oder Dreieck bis zur V-Form nach Art der Aborigines. Ein aus einem Baumstamm am Übergang zur

Hauptwurzel geschnittener Bumerang ergibt einen Biegungswinkel von etwa 95° bis 110°.

Und so fertigt man das Grundmodell eines Kreuzbumerangs an. Er ist einfach zu konstruieren und lässt sich leicht mit einer Schere zurechtschnippeln. Machen Sie sich auf viele Fehlversuche gefasst.

WAS MAN BRAUCHT

* *Eine Cornflakesschachtel*
* *Eine Schere*
* *Eine Heftmaschine*

SO WIRD'S GEMACHT

1    Zeichnen Sie auf ein Stück Pappe von einer Cornflakesschachtel zwei gleich große Streifen von 21 cm × 2,5 cm.

2    Schneiden Sie diese aus, indem Sie die Ecken schön abrunden, etwa wie bei dem Spatel, mit dem der Arzt die Zunge herunterdrückt.

3   Legen Sie beide Teile kreuzförmig übereinander und heften Sie sie in der Mitte zusammen.

4   Biegen Sie beide Spitzen jedes Blattes knapp 2 cm vom Rand entfernt um – fertig.

So kommt der Bumerang zurück

Es gibt drei Schlüssel zur erfolgreichen Rückkehr eines Bumerangs: 1. Üben, 2. Üben und 3. Üben. Wie alles, was Sie werfen, unterliegen Bumerangs Newtons Bewegungsgesetzen. Trägheit, der Bernoulli-Effekt, Kreiselbewegung und Zentripetalkraft sind ebenfalls beteiligt, falls es Sie interessiert.

Ein Bumerang sollte immer senkrecht geworfen werden. Während er sich dreht, rotieren die Enden der Blätter schneller als sein Mittelpunkt, was jenen unterschiedlichen Auftrieb verursacht, der dem Bumerang sein charakteristisches, wacklig rotierendes Flugbild verleiht.

1   Gehen Sie ins Freie, fern von Menschen mit bloßem Kopf.

2   Mit zum Ohr erhobenem Arm greifen Sie den Bumerang fest an der Spitze eines Blattes, sodass er nach oben zeigt, die umgebogenen Ebenen zu Ihnen hin.

3   Zielen Sie über die etwa 100 m entfernten Bäume und lassen Sie den Bumerang mit einer schnellen Drehung des Handgelenks vertikal aus Ihrer Hand schnellen. Beenden Sie die Wurfbewegung, indem Sie Ihren Arm an Ihr Bein sinken lassen.

Man kann einen Bumerang auch in den Wind werfen, aber für Anfänger ist es an windstillen Tagen schon schwer genug. An windigen Tagen probieren Sie den auf der nächsten Seite beschriebenen Mini-Zimmer-Bumerang aus.

## DER MINIRANG
Schneiden Sie eine altmodisch gebogene Bumerangform von rund 7,5 cm Länge aus der Cornflakesschachtel aus (siehe Abbildung) und machen Sie das eine Ende ein bisschen breiter und damit schwerer als das andere.

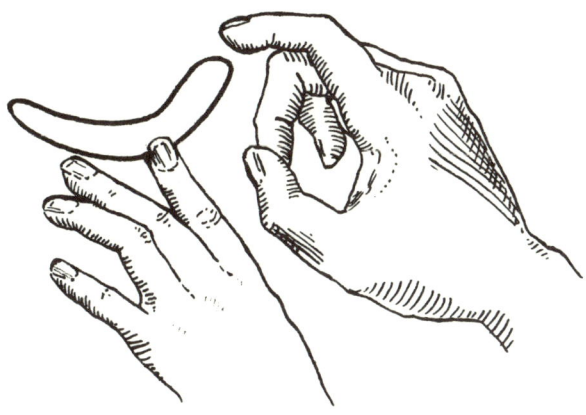

Zum Schleudern halten Sie ihn senkrecht zwischen dem linken Zeigefinger und Daumen, ein wenig nach links geneigt, und schnippen mit dem rechten Mittelfinger kräftig über die Spitze des Blattes. Oder aber Sie stecken ihn unter den Nagel des linken Zeigefingers und versuchen, ihn horizontal zu schleudern. Geben Sie ihm eine Aufwärtsneigung von etwa 45°, bevor Sie ihn mit dem rechten Zeigefinger wegschnippen.

Wenn es nicht funktioniert, werfen Sie einen Bumerang nie voller Abscheu fort – er könnte zurückkommen und Sie treffen.

® *Kängurus reiben sich zur Abkühlung mit Speichel ein.* ®

# So baut man einen Schlitten, der wirklich fährt

John Gale beschreibt in seinem wunderbaren Buch *Clean Young Englishman* die Rodelschlitten seiner Jugend, die aus einem Stück Wellblech gehämmert wurden. Auf Schnee und Eis schwer zu schlagen, behaupteten sie sich, anders als die Holzdinger vom Fließband, auch in Schneematsch und Schlamm. Und Letzteres, erklärt er, ist in England am wichtigsten, wo richtiger Schnee so selten ist.

## So wird er gebaut

Man besorgt sich ein Stück Wellblech von ungefähr 240 × 60 cm und entfernt mit einer Zange alle verbogenen Nägel oder Schrauben. Mit einer Drahtbürste und viel Muskelkraft entfernt man den Rost. Dies kann anstrengend sein, wärmt einen bei Ostwind aber prima auf. Als Nächstes bewirkt eine Bearbeitung mit rauem, mittlerem und dann feinem Schleifpapier kräftigen Glanz, zur Not reicht aber auch flüchtiges Abreiben der schlimmsten Stellen. Ein öliger Lappen gibt den letzten Schliff. Jetzt ist der Schlitten so weit, dass er gebogen werden kann, und man muss ihn mit dem Hammer in Form bringen.

Am besten sind Hämmer mit schwerem, breitem Kopf. Wer einen Metallrohrbieger besitzt, ist fein raus. Anderenfalls kommen Sie, Ihr Freund und der Torpfosten oder ein handlicher Baum zum Einsatz. Telegrafenmasten sind ideal, aber nicht immer in der Nähe.

Schlagen und drücken Sie das Ende des Metallblatts um den Pfosten, um den gerundeten Bug des Schlittens zu biegen. Versuchen Sie, eine Biegung wie bei einem türkischen Pantoffel hinzubekommen – vorn ziemlich steil, aber gleichzeitig elegant. Glatte, gefällige Linien garantieren eine schnelle, sichere Fahrt. Lassen Sie den Ästheten in sich heraus! Ihre besten Lehrer heißen hier Versuch und Irrtum, und wahrscheinlich werden Sie zwischen den Abfahrten noch die eine oder andere Kleinigkeit verändern. Sobald alles stimmt, kann eine Zweier- oder Dreiermannschaft die Schickimicki-Kids mit ihren Designermützen aufmischen: nicht zu bremsen und fast nicht zu steuern, wie eine umgedrehte Nissenhütte.

Derbe Handschuhe sind ein Muss, weil man sich am Bug oder den Seitenkanten festhalten muss, wenn man bergab-rast, und das Metall ist nicht sehr hautfreundlich, besonders, wenn es kalt ist. Ein Stück grobe, an zwei Löchern im Bug befestigte Kordel ist praktisch, um das Ungetüm wieder berg-auf zu ziehen. Aber versuchen Sie nicht, sich daran festzuhal-ten, wenn Sie den Abhang hinabsausen; Sie könnten dabei Finger einbüßen.

Mit einer gut angefeuchteten Oberfläche schafft man eine Hochgeschwindigkeitsstrecke wie den Cresta Run und kann sogar im Dunkeln rodeln, wenn der Mitfahrer vorn eine Ta-schenlampe hält. Versuchen Sie nie, das Ding zu stoppen, indem Sie die Arme oder Beine hinausstrecken – sie wür-den abbrechen wie Baguettes. Ein leichtes Verlagern Ihres Schwerpunkts nach links oder rechts kann eine gewisse Aus-wirkung auf die Lenkung haben, aber offen gesagt hat der Schlitten sein Eigenleben. Mit einiger Übung können Sie ihn ein wenig kontrollieren, aber sobald er in Fahrt ist, hilft eigentlich nur noch beten.

® *Einwohner des US-Bundesstaats Maine haben den größten Schneemann aller Zeiten gebaut. Er war 35 Meter hoch.* ®

## So lässt man Steine hüpfen

Zu den Top-10-Filmen, die jeder Junge sehen sollte, ge-hört *The Dam Busters* (»*Mai 1943 – Die Zerstörung der Talsperren*«), ein Film aus dem Jahr 1955, in dem es um die Zerstörung deutscher Talsperren durch britisches Militär im Zweiten Weltkrieg geht. Vanessa Redgraves Vater Michael spielt Barnes Wallis, den Erfinder der »hüpfenden Bombe«, die rückwärts kreiselte, wenn sie aufs Wasser geworfen wurde, was ihren Flug stabil, präzise und *federnd* machte. Bereits Admiral Nelson wandte eine ähnliche Methode an, indem er seine Kanonenkugeln kurz vor ihre Ziele feuerte, sodass sie von der Wasseroberfläche abprallten und in einem dreisten – und wohl ziemlich unbritischen – schrägen Winkel Löcher in die feindlichen Schiffe schlugen.

Steine sind im Grunde auch kleine Kanonenkugeln. Außer auf den Winkel der Flugbahn kommt es beim Steinetitschen über Wasseroberflächen auf Geschwindigkeit und Rotation an. Experten zufolge beträgt die optimale Geschwindigkeit 40 Stundenkilometer bei einer Drehungszahl von 14 in der Sekunde, obgleich es mir ein Rätsel ist, wie man das messen soll. Bei 40 Sprüngen liegt der derzeitige Weltrekord, aber die meisten von uns sind glücklich, wenn sie es, selbst nach langem Üben, auf sechs bis sieben bringen.

Welche Steine hüpfen am besten?

Um überhaupt eine Chance zu haben, braucht man ein gutes Geschoss. Die besten Hüpfsteine sind glatt, handflächengroß, flach und eher dreieckig als rund, mit einer leicht gewölbten Unterseite. Und sie sollten gerade schwer genug sein – alles eine Frage von Versuch und Irrtum. Vom Meer rund geschliffener Schiefer oder Feuerstein eignet sich ausgezeichnet, und mit einem Stück Kalkstein wurde einmal ein Weltrekord erzielt. Strände in der Nähe von Klippen sind ideale Fundorte für geeignete Steine, aber wenn die See nicht ungewöhnlich ruhig ist, eignen sich Seen oder große Teiche besser, um Steine hüpfen zu lassen. Wellen sind Ihr Feind.

Wissenschaftliche Analyse

Wenn ein Stein auf Wasser trifft, wird er von der Oberfläche durch die Dichte der Flüssigkeit ähnlich wie ein Wasserskifahrer »abgestoßen«. Die Kraft dieses »Stoßes« verhält sich proportional zur Geschwindigkeit des Steins (oder des Skifahrers) hoch zwei (Himmel!). Anders als beim Skifahrer ist jeder Sprung des Steins kürzer und steiler als der vorige, weil ihm die Energie ausgeht. Und wie es in Newtons drittem Bewegungsgesetz heißt, wird die Stoßkraft erhalten, aber auf das Wasser übertragen. Das sichtbare Ergebnis ist die Kräuselung des Wassers.

Doch der wesentliche Faktor für den Erfolg ist der Winkel, in dem der Stein auf die Wasseroberfläche trifft. 20 Grad sind von experimentierenden Franzosen als bester Winkel ermittelt worden. Wenn der Stein in einem so spitzen Winkel auftrifft, wird er abspringen, auch wenn ihn Ihre Oma wirft.

Steine, die mit weniger als 20° (also flacher) auf die Oberfläche auftreffen, hüpfen durchaus, verlieren aber viel von ihrer Energie an das Wasser. Solche, die mit mehr als 45° (also steiler) auftreffen, springen nicht ab, sondern durchbrechen einfach die Oberfläche und versinken – wenn Sie mir den nicht sehr originellen Vergleich verzeihen – wie ein Stein. *Der Winkel ist also entscheidend*, und zwar nicht nur bei diesem Sport. Das gehört auch zu den Punkten, die man sorgfältig berücksichtigen muss, wenn ein Spaceshuttle zurück auf die Erde gelenkt wird. Ist der Winkel zu spitz, wird es von der Atmosphäre geradewegs wieder in den Weltraum abprallen.

## DER WURF

Stellen Sie sich aufrecht hin, die Füße auseinander, schräg dem Wasser zugewandt. Halten Sie den Stein zwischen Daumen und Mittelfinger und den Ellbogen zehn bis zwölf Zentimeter von der Hüfte ab. Der Zeigefinger, der den Schwung gibt, umschließt den Stein. Dann schwingen Sie ein wenig zurück und werfen den Stein in dem oben genannten Winkel von 20°, indem Sie die Hand mit einem Schnellen des Handgelenks im letzten Augenblick öffnen. Wenn der Stein losgelassen wird, gibt ihm der Zeigefinger das entscheidende Drehmoment.

⊛ *Einige Flugszenen in* Krieg der Sterne *sind denen in* The Dam Busters *nachempfunden.* ⊛

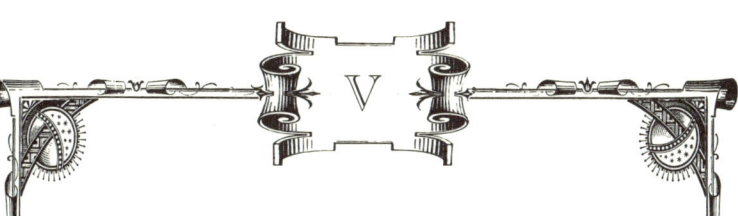

# Nichts im Fernsehen

## SALON-UNTERHALTUNG FÜR EINEN
## VERREGNETEN MITTWOCH

*Wie herrlich ist es, nichts zu tun und danach auszuruhen.*
SPANISCHES SPRICHWORT

# Die akrobatischen Gabeln

Dieser unglaubliche Trick ist Jahrhunderte alt, aber überraschend wenig bekannt. Damals, als wir noch nicht alle von Morgengrauen bis Sonnenuntergang wie Sklaven in den Salzminen schufteten und den Rest des Abends als Couch-Potatoes vor der Glotze verbrachten, war dieses schöne Nach-Tisch-Vergnügen bei Familien sehr beliebt.

Man steckt dabei eine große Münze zwischen die Zinken zweier Gabeln und balanciert diese mit der Kante auf dem Rand eines Glases. Die Wirkung ist unglaublich, und die Vorbereitung macht fast ebenso viel Spaß wie der Ausgang des Versuchs.

WAS MAN BRAUCHT

* *Eine Münze*
* *2 Gabeln*
* *Ein Glas (am besten ein hohes)*

Die »akrobatischen Gabeln« funktionieren am besten mit einer großen Münze, z. B. einem 50-Cent-Stück. Roger Bernheim, der ehemalige Londoner Korrespondent der *Neuen Zürcher Zeitung,* der es in dem Trick zu besonderer Meisterschaft gebracht hat, hat ihn vor meinen Augen mit einem amerikanischen halben Dollar vorgeführt. Bei kleineren Gabeln tut es auch eine 10-Cent-Münze. Die Größe der Münze, die man benutzt, hängt vom Gewicht der Gabeln und den Abständen zwischen ihren Zinken ab, das heißt, man muss vorher ein wenig experimentieren. Wie bei jedem spontanen Kunststück ist gute Vorbereitung ein Muss.

Zuerst steckt man die Münze zwischen die Zinken der zwei Gabeln, wie es die Abbildung zeigt. Dieser Teil kann sehr knifflig sein, wird aber die Zuschauer faszinieren. Wenn alles an Ort und Stelle ist, setzt man die Münze auf den Glasrand wie abgebildet. Dann rückt man sie zurecht, bis das Gleichgewicht hergestellt ist. Dieses basiert auf einer Kombination des Gewichts der Gabeln und ihrer Entfernung vom Schwerpunkt. Leichtes gezieltes Biegen kann bei widerspenstigem Besteck nachhelfen.

Die Anordnung ist stabiler, als sie aussieht, und um es ein bisschen dramatischer zu gestalten, kann man das Glas mit Bier füllen, das man dann in ein anderes umgießt, ohne dass die Münze und die Gabeln herunterfallen. Man gießt das Bier über die der Münze genau gegenüberliegende Seite. Mit Übung und ausreichender Vorsicht kann man sich die Flüssigkeit sogar in den Mund schütten.

Für Ehrgeizige gibt es zwei interessante Varianten des Tricks:

1 Das brennende Streichholz

Probieren Sie es doch einmal wie abgebildet mit einem Streichholz, wenn Sie den Trick mit der Münze beherrschen. Sobald man das Ganze im Gleichgewicht hat, zündet man das Streichholz an. Es brennt vor den Augen des atemlosen Publikums vollständig ab, bis die Flamme den Rand erreicht und dann erlischt, wobei der ganze Aufbau genau an der Spitze des abgebrannten Streichholzes im Gleichgewicht bleibt. Es ist ein erstaunlicher Anblick und wirkt ausgesprochen unwahrscheinlich. Versuchen Sie, vorsichtig auf einen Gabelstiel zu blasen, und das ganze Ding wird im Luftzug schwanken, ohne herunterzufallen.

## 2 DAS EI UND DER KORKEN

Statt einer Münze nimmt man einen Weinkorken und höhlt das eine Ende gerade so weit aus, dass das stumpfe Ende eines Eis hineinpasst. Auf beiden Seiten steckt man eine Gabel in den Korken und lässt sie schräg wie die Griffe einer Einkaufstasche herunterhängen. Man platziert die Konstruktion auf dem Ei, und nachdem man das Ganze etwas justiert hat, kann man den Korken loslassen. Das spitze Ende des Eis balanciert jetzt vollkommen sicher im Gleichgewicht auf dem Rand einer Weinflasche mit dem Korken und den Gabeln darauf.

*Die älteste bekannte englische Gabel wurde um 1632 für den Earl of Rutland angefertigt.*

# »Kaulquappen« selbst gemacht

Kaulquappenherstellung ist der Höhepunkt des Zeitvertreibs an einem verregneten Mittwochnachmittag. Die Kaulquappen sind im Handumdrehen fertig, und ihr Gleiten und Drehen hat etwas Verführerisches. Sie werden manche glückliche Stunde damit verbringen, sich Spiele für sie auszudenken.

WAS MAN BRAUCHT
* *Ein paar Murmeln*
* *Ein paar Freunde*
* *Eine Rolle Alufolie (auch Pergament- oder Butterbrotpapier ist geeignet)*
* *Eine glatte Tischplatte oder einen glatten Fußboden*
* *Ein paar Dosen Bier (nach Belieben)*

Anleitung

1    Holen Sie eine Rolle Alufolie oder Butterbrotpapier aus der Küche.

2    Suchen Sie ein paar Murmeln. Jeder hat irgendwo einige Murmeln. Oft finden sie sich am Boden einer Schublade, zwischen einer Flügelklammer, einer Brille, die Ihnen nicht gehört, einem alten Handy und einem Schlüsselbund. Zwei Murmeln für jeden reichen.

3    Legen Sie die Murmeln in eine Schüssel und setzen Sie sich an den Tisch. (Machen Sie jetzt das erste Bier auf.)

4    Jeder reißt ein etwa rechteckiges Stück Folie oder Papier ab, etwa so lang wie ein Mittelfinger und zwei Drittel davon in der Breite. Es macht nichts, wenn es ein verunglücktes Rechteck mit ausgefransten Rändern ist, das hier ist kein Origami.

5    Für eine Kaulquappe legen Sie eine Murmel vor sich auf den Tisch. Drücken Sie Folie locker darüber, aber nicht genau in der Mitte, sodass die Murmel den »Kopf« bildet, während der Rest der Folie sich dahinter ausbreitet wie ein Kometenschweif.

6    Drücken Sie die Folie um die Murmel fest und modellieren Sie das breite Ende zur Form eines Kaulquappenschwanzes. Es ist ganz normal, dass sich ein platt gedrückter »Rock« bildet, wo der Kopf auf dem Tisch aufliegt. Dieser Saum gibt der Kaulquappe Halt.

7    Jetzt geben Sie ihr einen kleinen Schubs. Mit ein wenig Glück ist gerade so viel Luft um die Murmel geblieben, dass sie in ihrer Folienhülle glatt rollen kann. Hat man die Folie zu fest angedrückt, muss man ein bisschen daran herumfummeln, um sie zu lockern. Die Kaulquappe funktioniert richtig, wenn man sie am Schwanz oder Körper anstoßen kann und sie sanft über eine Fläche gleitet.

## EIERSTOCK-PETANQUE (EIN KAULQUAPPENSPIEL FÜR 4–10 SPIELER)

Wenn Sie über einen glatten Parkett- oder Laminatboden verfügen, können Sie ein wunderbares Spiel namens Eierstock-Petanque spielen. Es beruht auf der Ähnlichkeit Ihrer Kaulquappen mit Spermatozoen. Die Regeln sind einfach.

1   Zuerst räumen Sie den Boden von Kindern, Teppichen, Tischen und Zeitungen frei, um viel Platz zu schaffen.

2   Sie stellen die Spieler ringsum an den Wänden auf und legen ein Kissen in die Mitte. Das Kissen ist Ihre »Eizelle«, das Ziel der Spermien-Kaulquappen.

3   Auf Kommando versucht jeder Spieler, das Kissen mit einem einzigen Angriff seiner Kaulquappe zu treffen. Jeder Spieler, der es nicht schafft, wird für »unfruchtbar« erklärt und scheidet aus; die übrigen Spieler gehen in die nächste Runde.

4   Wer als Letzter übrig bleibt, ist Sieger und zahlt die Alimente (kleiner Scherz: natürlich die Getränke).

® *Murmeln wurden früher aus Alabaster (weißem Marmor) hergestellt, daher die in Norddeutschland noch gebräuchliche Bezeichnung Marmel.* ®

## So näht man aus Geschirrtüchern eine Hose

Eine Hose aus ein paar Geschirrtüchern zu machen, erhöht Ihre Chancen, in diversen Notlagen gut auszusehen, etwa im »Gentleman's Notfall am Beinkleid«. Dieser rührt in der Regel daher, dass jemand nur rasch einen fahren lassen wollte, aber nicht wusste, dass er unter Durchfall leidet.

1 Als Erstes besorgen Sie sich im nächstbesten Laden eines von diesen hübschen Nähetuis mit Nadeln, Nähgarn und Schere.

2 Als Nächstes brauchen Sie einen Posten Geschirrtücher. Begeben Sie sich in eine gut besuchte Kneipe, um diese dem Wirt abzuschwatzen. Vermutlich werden 12 bis 15 Tücher nötig sein, je nach Körpergröße und Dicke der Beine. Bedenken Sie, dass dunkle Farben schmeichelhafter sind, besonders für die vollere Figur. Auf dem Land sind Grün- und Brauntöne passender.

3 Wenn Sie genug Geschirrtücher zusammengerafft haben, begeben Sie sich auf die Herrentoilette, wo Sie sich in aller Ruhe an die Näharbeit machen. Sobald Sie Ihre Hose abgelegt und Gebrauch von den sanitären Einrichtungen gemacht haben, setzen Sie sich in eine Kabine und fädeln einen Meter doppelten Faden ein.

4 Am Knöchel beginnend, wickeln Sie das erste Tuch um ein Bein. Falls Sie stattlich gebaut sind, haben Sie vielleicht nicht genügend Tücher für eine lange Hose und müssen mit einer kurzen auskommen. In diesem Fall wickeln Sie das Tuch quer um Ihr Bein. Denken Sie an Ihre Mitmenschen und schneidern Sie das Beinkleid eher locker!

5 Beginnen Sie, indem Sie die unteren Ecken des Tuchs hinter dem Bein zusammennähen und das Fadenende verknoten. Dann arbeiten Sie sich mit einem aufsteigenden Spiralstich am Bein hoch. Machen Sie sich keine Gedanken, wie die Naht aussieht, Sie wollen keinen Schönheitspreis gewinnen. Mit demselben Stich waagerecht ums Bein herum schließen Sie die nächste Lage Tücher an und arbeiten so von unten nach oben weiter, bis beide Beine bis zum Schritt in einer Stoffröhre stecken.

6 Das entscheidende Maß für eine bequeme Hose ist die Schrittlänge. Sie erreichen hier das beste Ergebnis, in-

dem Sie einen langen Streifen Tücher zusammennähen und sich wie einen Bastrock um die Taille legen. Wenn der »Rock« gut fällt, sollten Sie jetzt seinen unteren Rand an den oberen der Beinröhren nähen können, sodass das Kleidungsstück immer noch genügend Spiel hat. Nehmen Sie diesen Arbeitsschritt im Sitzen vor, so haben Sie anschließend automatisch genügend Bewegungsfreiheit darin.

7    Zum Schluss schneiden Sie einen Eingriff vorn in die Hose (siehe Abbildung), dessen Größe sich nach Ihren Anforderungen richtet. Schneiden Sie ein ausreichend großes kellenförmiges Stoffstück zu und nähen es wie einen Latz über den Eingriff. Damit schließen Sie eine eventuelle Lücke zwischen den Beinen.

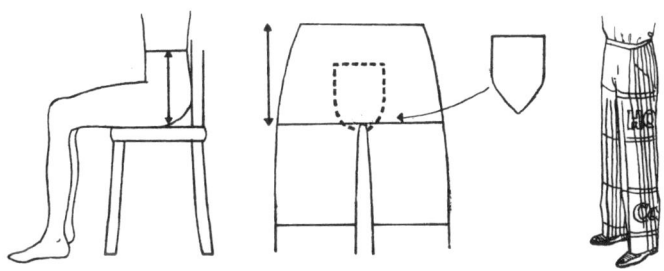

8    Das Ganze dürfte sich einigermaßen bequem, wenn auch etwas ungewohnt anfühlen. Ziehen Sie Socken und Schuhe wieder an, und schon können Sie sich wieder sehen lassen. Hosen fallen besser, wenn sie aus schwerem Material gemacht sind. Sie sehen jetzt gut aus, aber vergessen Sie nicht, dass Geschirrtücher besonders saugfähig sind. Gehen Sie also nicht bei starkem Regen ins Freie, sonst sind Sie ein Schwamm auf zwei Beinen.

® *Kenosillicaphobie ist die Furcht vor einem leeren Glas.* ®

# So stellt man einen spartanischen Codestab her

Im 5. Jahrhundert v. Chr. stand dem spartanischen Heer keinerlei digitale Software zum Verschlüsseln von Nachrichten zur Verfügung. Was die Krieger im alten Griechenland also brauchten, um auf Feldzügen geheime Botschaften zu übermitteln, war ein Verfahren, das sich bei aller Sicherheit durch Schnelligkeit und Leichtigkeit auszeichnete, sodass die Botschaften ohne große Umstände vom Empfänger entziffert werden konnten.

Die brillante Lösung des Problems war die *Skytale* – ein Holzzylinder, umwickelt mit einem Pergamentstreifen, auf den die Botschaft geschrieben wurde. Die Codierungsmethode war schnell, leicht und zuverlässig – ideale Eigenschaften im Krieg.

Um die Nachricht zu codieren, wickelte der Absender einen Papierstreifen spiralförmig um einen Stab und schrieb den Text über die gesamte Stablänge. Dann wickelte er das Papier ab und schickte einen Boten mit dem Streifen voller Buchstabensalat los. Der Empfänger entzifferte den Code, indem er das Papier um eine Skytale desselben Durchmessers wickelte. Fiel die Botschaft dem Feind in die Hände, dauerte es ohne einen Stab der richtigen Größe eine Ewigkeit, bis er sie entziffert hatte.

Was man braucht
* *2 zylinderförmige Gegenstände mit gleichem Durchmesser*
* *Papier, Schere und Klebeband*
* *Einen Filzstift*

Besenstiele, Papprohren aus Küchenpapierrollen und Getränkedosen geben gute Codestäbe ab. Man braucht jeweils zwei identische Exemplare, dazu einen langen Streifen Papier von etwa 2 cm Breite. Schneiden Sie Streifen von einem A4-Blatt ab und kleben Sie sie an den Enden aneinander.

## CODIEREN DER BOTSCHAFT

1   Kleben Sie ein Ende des Papierstreifens an die Röhre.
    Wickeln Sie ihn in einer Spirale herum, sodass die
    Ränder aneinanderstoßen, ohne sich zu überlappen.
    Das überstehende Papier am anderen Ende reißen
    Sie ab und kleben das Ende fest.

2   Schreiben Sie die Nachricht in einer geraden Zeile
    über die Länge des Codestabs. Die Kontaktstelle der
    Spirale, wo die Ränder des Papiers zusammenstoßen,
    dient als Trenner zwischen den einzelnen Buchstaben.
    Wenn Sie ans Ende kommen, drehen Sie den Code-
    stab von sich weg und beginnen darunter eine neue
    Zeile. Zwischen den Wörtern lassen Sie eine Lü-
    cke oder schreiben ein Z, wenn Sie es noch
    schwerer machen möchten.

3   Wenn Sie fertig sind, entfernen Sie
    das Papier. Sie werden sehen,
    dass sich der Text wie Kau-
    derwelsch liest.

4   Um die Nachricht
    zu dechiffrieren,
    muss der Emp-
    fänger den Strei-
    fen um seinen Be-
    senstiel – oder was auch immer – wickeln, bis der
    Buchstabensalat sich ordentlich aneinanderreiht.

## FEINHEITEN

Wenn man jede zweite Zeile mit willkürlichen Buchstaben
füllt, kann man das Ganze für den Feind noch komplizierter
machen. Wenn man A durch B, B durch C, C durch D usw.
ersetzt, sorgt man für noch mehr Verwirrung.

*® Beim Beilfest in Sparta wurden Würste an die Wand genagelt. ®*

# So baut man ein Periskop

D iese Griechen hatten wirklich für alles ein Wort. »Periskop« kommt vom griechischen *peri* »ringsum« und *skopein* »sehen«. Ein Periskop ist eine Röhre mit geneigten parallelen Spiegeln am Ende. Jedes Bild, das in den einen Spiegel fällt, wird vom anderen Spiegel zum Auge des Betrachters gelenkt.

Periskope wurden in Unterseebooten verwendet, aber bevor 1902 das erste Marineperiskop erfunden wurde, mussten U-Boote auftauchen, damit ein Offizier sehen konnte, was oben los war. Dadurch wurde dummerweise das Unterseeboot häufig selbst vom Feind entdeckt.

Folgendes brauchen Sie für die Herstellung eines Periskops.

* *2 leere 0,2 l-Tetrabrick-Safttüten*
* *Ein Stück Schmierpapier*
* *2 kleine eckige Spiegel*
* *Ein scharfes Messer*
* *Kreppklebeband*
* *Ein Lineal*
* *So genannte Power-Strips (ablösbare Klebemasse)*
* *Einen Bleistift*

## KONSTRUKTION

1 Schneiden Sie die oberen Enden der Safttüten ab und kleben Sie die Tüten an den offenen Enden zusammen, sodass eine lange Röhre entsteht. Merke: Je länger die Röhre, desto kleiner das endgültige Bild.

2 Beim Einpassen müssen die Spiegel in einem Winkel von $45°$ gegenüber den dafür einzuschneidenden Löchern angebracht werden. Um den exakten Winkel für die Spiegel zu ermitteln, stellen Sie die Tüte auf das Schmierpapier und zeichnen die Bodenfläche an. Sie sollte quadratisch sein. Dann schneiden Sie sie aus und falten das Quadrat einmal diagonal.

3  Die richtigen Abmessungen für die Löcher erhalten Sie, indem Sie eine horizontale Linie 1 cm über dem Ende der Tüte ziehen. An diese Linie legen Sie eine der kurzen Seiten des Papierdreiecks an und zeichnen entlang der langen Seite des Dreiecks eine diagonale Linie auf die Tüte.

4  Jetzt legen Sie die lange Seite des Dreiecks an die horizontale Linie, wobei eine der kurzen Seiten entlang der gerade gezeichneten Diagonalen liegt. An der Ecke des Dreiecks zeichnen Sie einen Punkt auf der Tüte und ziehen durch diesen Punkt eine horizontale Linie.

5  Entlang dieser Linie schlitzen Sie die Tüte bis auf 1 cm vor beiden Kanten auf. Genau so schneiden Sie die erste horizontale Linie ebenfalls 1 cm vor den Kanten ein. Durch zwei vertikale Schnitte erhalten Sie nun ein rechteckiges Loch.

6  Kleben Sie einen Spiegel an die Innenseite der Tüte, die spiegelnde Seite nach außen und die Unterkante auf Höhe der unteren Linie des Lochs. Mit dem Lineal lässt sich das exakt ausmessen. Diese Kante kleben Sie ordentlich fest und drücken einen Power-Strip an die Ecken gegenüber dem Klebeband. Jetzt schwenken Sie den Spiegel zum Loch hin, indem Sie ihn auf die Klebemasse stützen und so justieren, dass der Winkel stimmt. Wenn Sie damit zufrieden sind, kleben Sie den Spiegel fest.

7  Die gleichen Schritte führen Sie auf der gegenüberliegenden Seite und am anderen Ende der Tüte aus, und fertig ist die Laube!

8  Jetzt können Sie über den Zaun das Mädchen von nebenan beobachten, ohne dass deren Bruder Ihnen Prügel androht.

※ *Der Legende nach wurde der Schneider Peeping Tom mit Blindheit geschlagen, weil er die nackt und nur von ihren langen Haaren verhüllte Lady Godiva beobachtete. Im Englischen bezeichnet Peeping Tom seitdem einen Spanner.* ※

# So faltet man eine Origami-Präsentschachtel

Eine einfache Origami-Schachtel ist ein Gegenstand von schlichter Schönheit, aber wahrscheinlich schwieriger zu falten als das dekorative Behältnis, dessen Herstellung wir hier beschreiben. Seine Verzierungen verbergen kleinere Unzulänglichkeiten. In seiner einfachsten Form ist Papierfalten eine ziemlich einfache Sache, deshalb sollte Ihnen dieses kleine Ding gelingen, selbst wenn Sie zwei linke Hände haben.

## WAS MAN BRAUCHT

* *Ein quadratisches Blatt glattes Papier (Buntpapier geht auch)*
* *Einige Schokorosinen*

## SO WIRD'S GEMACHT

1. Falten sie das Papier zweimal von Ecke zu Ecke, sodass ein X auf dem Blatt entsteht (Abb. 1).

2. Falten Sie das Papier wieder auseinander und knicken nun die vier Ecken zur Mitte um, sodass Sie ein kleineres Quadrat erhalten. Dieses drehen Sie um und wiederholen das Ganze, sodass ein noch kleineres Quadrat entsteht (Abb. 2).

3. Dieses Papier drehen Sie wieder um, falten alle innen liegenden Spitzen zu ihrer jeweiligen Ecke um und drücken die Falten fest. Diese neuen Kniffe ergeben ein noch kleineres Quadrat.

4. Das Objekt wird nun nicht mehr flach auf dem Tisch liegen, sondern ein wenig »federn«. Drehen Sie es um und falten eine der innen liegenden Spitzen so zurück, dass die Spitze etwa eine Daumennagellänge über den Rand hinausragt. Diesen Schritt wiederholen Sie bei den drei anderen Spitzen. Falten Sie alles so akkurat wie möglich (Abb. 3).

5. Essen Sie einige Schokorosinen.

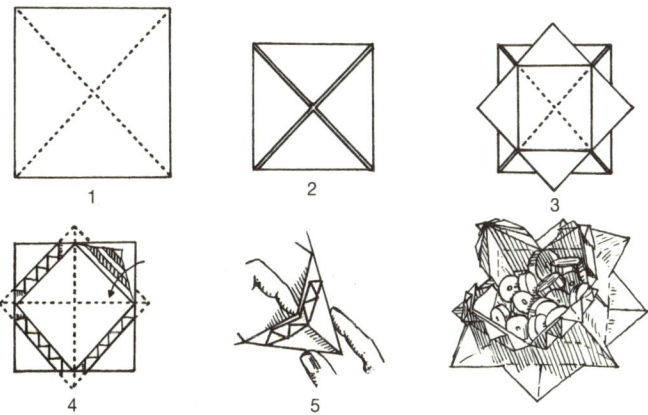

1

2

3

4

5

6 Drehen Sie das Papier um, heben eines der kleinen Dreiecke an – nur die oberste Papierlage – und machen vier Ziehharmonikafalten zur Mitte hin, dann zurück zur Ecke hin und so weiter, sodass Sie schließlich einen schmalen Streifen mit einem Zickzackmuster darum herum bekommen (Abb. 4). Genauso verfahren Sie mit den drei anderen Dreiecken.

7 Jetzt kommt der große Augenblick: Stecken Sie den linken Zeigefinger in eine der Ecktaschen und kneifen Sie das Papier von außen ringsum zusammen, wobei Sie den Finger im letzten Moment herausziehen, während Sie das Papier zu einer flachen dreieckigen Spitze formen (Abb. 5). Dies wiederholen Sie bei den anderen Taschen.

8 Zum Schluss streichen Sie die Füße glatt und bringen das Teil in Form.

Mädchen sind total beeindruckt, wenn Sie das vor ihren Augen tun und dann ein kleines Geschenk hineinlegen, etwa ein paar Schokorosinen oder einen Verlobungsring. Und die erste Variante ist spottbillig.

® *Die Japaner haben für Papier und Gott das gleiche Wort:* kami. ®

# Die schnelle Finger-Maske

Versetzen Sie sich für einen Moment in einen jener Filme, in denen Sie mit einer Gruppe von Schauspiel-Chargen einer zweitklassigen Agentur in einem Lift im flammenden Inferno gefangen sind. In der Regel gehören zu diesem Haufen eine nymphomanische, alkoholisierte Witwe mit scheußlicher Perücke und Pelzmantel, eine hysterische Quasselstrippe mit schlotternden Knien, ein unrasierter, schmieriger Typ und ein viriler Held mit kantigem Kinn.

Ein furchtloser und zupackender Held ist schön und gut, aber was machen Sie in langweiligen Szenen mit ihm, wo die Leute um eine Kerze sitzen und über den Sinn des Lebens diskutieren? Da kommt er ganz schön ins Schwimmen. Jetzt könnte er ein paar Ideen gebrauchen, um die Leute aufzumuntern, und was könnte es da Besseres geben, als ein paar Masken mit den Fingern zu machen? Es ist spontan, fröhlich, amüsant und verlangt keine Hilfsmittel.

## BATMAN

Die unbestritten beste Fingermaske ist Batman. Schließen Sie Daumen und Zeigefinger jeder Hand kreisförmig zusammen, während Sie die anderen Finger ausstrecken und spreizen. Kehren Sie die Kreise um, sodass die Daumennägel zum Boden zeigen, und berühren Sie das Kinn mit den Mittelfingern. Jetzt drehen Sie die Kreise nach oben vor die Augen. Die Spitzen der Ringfinger und kleinen Finger gelangen automatisch an die Wangen. Werfen Sie einen Blick in den Spiegel; genau so sieht Batman aus.

## DER BÖSE DR. FU MANCHU

Sax Rohmers Geschichten um Dr. Fu Manchu kommen uns heute vor allem rassistisch vor, aber das ist kein Grund, sich seine Schöpfung nicht zunutze zu machen. Klemmen Sie einen Schnürsenkel zwischen Nase und Oberlippe, sodass er auf beiden Seiten des Munds baumelt wie ein dünner

Schnurrbart. Dann machen Sie ein »asiatisches« Gesicht, indem Sie an den Augenwinkeln ziehen. Et voilà, der unergründliche Dr. Fu Manchu. Ein kegelförmiger Lampenschirm gibt einen guten Kulihut ab, und ein ausgefallen gemusterter seidener Morgenmantel macht die Figur noch authentischer.

## KLINGONE

Das festgefrorene Stirnrunzeln der Klingonen aus den Star-Trek-Filmen kann man selbst schwer herstellen, es lässt sich aber prima mit einem bereitwilligen sieben- oder achtjährigen Jungen erzeugen. Sie legen einfach Ihre Handfläche auf seinen Kopf und strecken die Finger über seiner Stirn aus. Jetzt senken Sie die Finger, bis sie den Stirnansatz erreicht haben, und schieben die Haut nach unten. Und schon legt sich seine Stirn in feindselige Falten. Sehr klingonisch.

## PICASSO

Hier etwas auf die Schnelle, besonders geeignet für Brillenträger. Fragen Sie Ihre Zuschauer: »Wollen Sie meine Picasso-Imitation sehen?« Wenn alle »Ja!« rufen, schieben Sie Ihre Brille ein wenig nach rechts, sodass der Rahmen des linken Glases auf Ihrem Nasenrücken ruht. Sie sehen nun aus wie eines der kubistischen Picasso-Porträts.

Ich weiß nicht, warum, aber die Leute wälzen sich vor Lachen am Boden, wenn ich diese kleine Nummer vorführe. Sie hat mir im Lauf der Jahre wahrscheinlich mehr Lacher eingebracht als jede komplizierte Akrobatik.

※ *TV-Batman Adam West heiratete Ngatokoruaimatauaia Frisbie Dawson.* ※

# Kunstvolle Scherenschnitte

In vergangenen Jahrhunderten ließen sonnenschirmtragende junge Damen ihre anmutigen Silhouetten gern von den geschickten Händen eines Schnerenschnittkünstlers am Strand verewigen. Heutzutage hat die Sache ihren Reiz verloren, ist doch das moderne Äquivalent ein verschwommenes Digitalfoto von einem pickligen Proll. Umso mehr Grund, könnte man meinen, für eine Renaissance des Scherenschnittporträts. Es ist weder schwierig noch teuer, und die Hilfsmittel sind simpel. Worauf warten Sie also noch?

## Was man braucht

* *Ein paar große Bögen schwarzes Scherenschnittpapier (bzw. nicht zu dicken Karton)*
* *Ein paar große Bögen weißes Scherenschnittpapier (bzw. nicht zu dicken Karton)*
* *Einen spitzen weichen Bleistift (Härte BB)*
* *Eine Schere*
* *Klebstoff*
* *Power-Strips*
* *Ihre Oma*
* *Eine Lampe*

## So wird's gemacht

1 Warten Sie, bis es dunkel ist. Hängen Sie in passender Höhe einen Bogen schwarzes Papier an die Wand.

2 Stellen Sie einen Stuhl seitlich vor den Papierbogen, zwischen die Wand und einen Tisch.

3 Stellen Sie eine Lampe auf den Tisch – am besten eine mit schwenkbarem Arm.

4 Setzen Sie Ihre Oma oder einen Pfeife rauchenden Onkel – oder sonst jemanden, der mehr als ein paar Sekunden stillhalten kann – auf den Stuhl. Derjenige muss dem Papierbogen sein Profil zuwenden. Sieht man lediglich einen grauen Fleck, ist die Lampe zu

weit weg oder die Versuchsperson sitzt nicht nah genug an der Wand. Probieren Sie ein bisschen herum, bis Sie zufrieden sind. Man sollte möglichst viele Details scharf erkennen können.

5 Wenn Sie die Versuchsperson zu Ihrer Zufriedenheit zurechtgerückt und gebeten haben, nicht jedes Mal aufzuspringen, wenn ihr Handy klingelt, zeichnen Sie sorgfältig mit dem Bleistift die Umrisse des Schattens nach.

6 Wenn Sie fertig sind, nehmen Sie den Papierbogen ab. Trotz der dunklen Farbe sollte der Bleistiftumriss deutlich zu sehen sein. Dann wird er ausgeschnitten, wobei man bei Details wie Brille, Haarsträhnen und so weiter besondere Sorgfalt walten lässt. Lassen Sie solche Einzelheiten nicht weg. Sie machen das Porträt erst lebendig.

7 Jetzt kleben Sie die schwarze Silhouette auf einen weißen Papierbogen, und schon sind Sie fertig. Falls die Bleistiftlinie noch zu sehen ist, kann man das Papier vorm Aufkleben umdrehen. Es ist interessant, wie anders, aber trotzdem noch erkennbar eine Silhouette seitenverkehrt wirkt.

Wenn Sie sich einen Pantographen basteln (siehe unten) und damit das Porträt nachzeichnen, können Sie es verkleinern und Miniaturen auf feinerem Papier herstellen.

*※ Etienne de Silhouette (1709–1767) war Finanzminister des Herzogs von Orleans. ※*

## So baut man einen Pantographen

D er Pantograph oder Storchenschnabel ist ein einfaches Zeichengerät, das jahrhundertelang verwendet wurde, um zweidimensionale Kunstwerke zu kopieren, zu vergrö-

ßern und zu verkleinern. Die seiner Funktionsweise zugrunde
liegenden geometrischen Prinzipien gehen auf Euklid zurück, und Leonardo da Vinci soll damit seine eigenen Werke
vervielfältigt und Zeichnungen auf Leinwand übertragen haben. Der Pantograph ist ein flexibles Parallelogramm mit ver-
längerten »Armen«, die an den diagonal gegenüberliegenden
Enden der langen Seiten überstehen; einer ist am Ende fest-
gestellt, am Ende des anderen sitzt ein Bleistift. Die Gelenke
sind locker und leicht beweglich, sodass der Bleistift, wenn
ein Punkt nahe einer der Ecken des Geräts über eine Linie
oder ein Diagramm geführt wird, die Bewegungen überträgt
und eine Kopie herstellt. Hier ist die Anleitung für einen
selbstgemachten Pantographen.

## Was man braucht

* *Eine Pappschachtel*
* *Einen scharfen Bleistift*
* *Eine scharfe Schere oder ein scharfes Messer*
* *Vier lange Pinnwandnadeln*
* *Eine kurze Schraube*
* *Eine Heftzwecke*
* *Einen Hammer*
* *Kreppband*
* *Ein dünnes Stück Sperrholz, etwa so groß wie eine Spiel-*
  *karte*

## So wird's gemacht

1    Schneiden Sie entlang der Rippen vier Pappstreifen
     aus, ungefähr 1 cm breit und 35 cm lang.

2    Ordnen Sie diese wie auf der Abbildung an und mar-
     kieren Sie die Stellen für die Löcher. Auf der Ab-
     bildung unten sind sie durch Zahlen angezeigt, die die
     Entfernungen in Zentimetern *zwischen den Löchern*
     angeben.

3    Die Löcher werden mit dem Bleistift gemacht. Hier
     ist ausnahmsweise etwas Spielraum erlaubt.

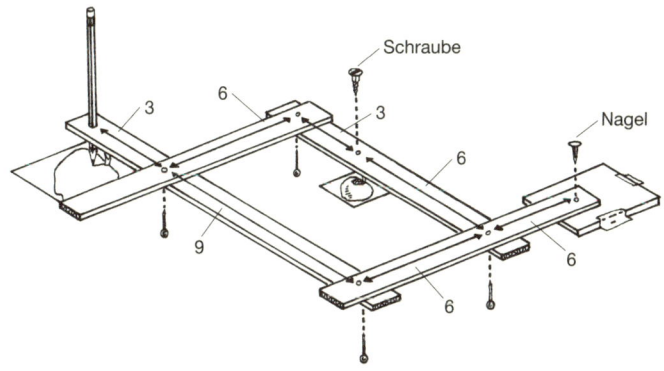

4    In die Löcher werden von unten die Pinnnadeln ein-
     gesteckt.
5    Drehen Sie die Schraube durch die Pappe.
6    Kleben Sie zu Ihrer Linken die Sperrholzplatte auf
     den Tisch, nachdem Sie sich vergewissert haben, dass
     der Hausherr oder die Hausfrau nichts dagegen hat.
     Erklären Sie, dass das sehr nett vom Gastgeber ist und
     dass Sie hinterher alles wieder aufräumen. (Das nennt
     man Psychologie.)
7    Schlagen Sie die Reißzwecke durch die Pappe in das
     Sperrholz. Nicht zu heftig, nur ein leichter Schlag – sie
     soll ja nicht in die Tischplatte eindringen.

ARBEITEN MIT DEM PANTOGRAPHEN
1    Stecken Sie den Bleistift in sein Loch. Gegebenenfalls
     können Sie ihn mit Kreppklebeband fixieren, damit er
     nicht verrutscht.
2    Drehen Sie die Schraube so ein, dass sie gerade den
     Tisch berührt. Das ist Ihr Zeiger.
3    Nehmen Sie eine kleine Zeichnung, die Sie vergrö-
     ßern wollen, und legen Sie sie unter die Schraube.
4    Legen Sie ein leeres Blatt Papier unter den Bleistift
     und bewegen Sie es hin und her, um sich zu vergewis-
     sern, dass der Zeiger die ganze Fläche der Zeichnung

und der Bleistift die ganze Fläche des leeren Papiers abdeckt. Sind Sie damit zufrieden, kleben Sie die Zeichnung und das leere Blatt am Tisch fest.

5 Um das Bild zu vergrößern, halten Sie den Bleistift ganz leicht und führen, ohne das Gerät zu verdrehen, den Zeiger über das Original, wobei Sie den Bleistift an das leere Papier halten.

Natürlich ist ein Trick dabei, der zum Teil von den Eigenarten Ihres Pantographen abhängt. Aber es funktioniert wirklich. Wenn man ein Original verkleinern will, vertauscht man einfach die Positionen von Bleistift und Schraube. Durch Experimentieren bekommen Sie heraus, wie Sie größere Vergrößerungen und kleinere Verkleinerungen herstellen.

*Leonardo da Vinci hinterließ nur rund 30 Gemälde.*

## So spielt man »Anchorman«

Trinkspiele sind so alt wie die Welt, und dazu zählt das britische »Schmidt the shape-slitter«, bei dem ein Kreis von Freunden, die alle gegeneinander spielen, reihum den Reim aufsagt:

*Sitting still in the slitting pits*
*Schmidt slit the shapes and shaped the slits;*
*Slitting shapes and shaping slits*
*Schmidt shaped and slit the slitting pits.*

Jedes Mal, wenn ein Spieler sich verspricht, muss er ein Glas Bier trinken und es noch einmal versuchen. Am Ende jeder erfolgreichen Runde wird jeder mit einem Glas Bier belohnt. Das Spiel ist anfangs ziemlich leicht, aber nach 22 Uhr ist die ganze Runde in der Regel breit und schafft kaum noch das erste Wort, ohne sich vor Lachen zu biegen.

»Anchorman« ist ein amerikanisches Spiel dieser Art, spiegelt aber den stärker auf Konkurrenz ausgerichteten Charakter dieser Nation. Es wird von zwei Teams mit mindestens vier Spielern gespielt, größere Teams sind allerdings, wie wir sehen werden, eindeutig im Vorteil.

## ANCHORMAN

1   Die Teams sitzen sich an einem Tisch gegenüber. Man wirft eine Münze, um zu entscheiden, welches Team beginnt. Spieler dieses Teams versuchen dann der Reihe nach, einen Cent in einen großen Krug Bier zu schnippen, der in der Mitte des Tischs steht. Sie müssen die Münze mit dem Daumen schnippen und dürfen dabei die Hände nicht von der Tischplatte nehmen. Die Spieler haben nur einen Versuch, ganz gleich, ob sie ihren Cent in den Krug bekommen oder nicht.

2   Sobald jeder Spieler einen Versuch hatte, ist das zweite Team an der Reihe. Das erste Team, das alle vier Cent in den Krug bekommt, gewinnt, und die Verlierer müssen das Bier austrinken. Aber auf besondere Art.

3   Das Siegerteam wählt einen aus dem Verliererteam als »Anchorman« aus. Die Verlierer trinken dann nacheinander mit einem einzigen Zug, ohne die Lippen vom Krug zu nehmen. Wer absetzt, reicht den Krug an das Teammitglied zu seiner Linken weiter.

4   Der »Anchorman« trinkt als Letzter und muss das ganze restliche Bier austrinken, ob das nur ein Mundvoll ist oder fast der ganze Krug. Ihm wird das Vorrecht zugestanden, zwischendurch abzusetzen, sooft er will, er muss sich den Inhalt aber in zwei Minuten einverleiben, wobei das andere Team ihn mit allen möglichen Mitteln zu stören versucht.

5   Im Lauf des Spiels muss das Team des »Anchorman« sowohl strategische als auch taktische Berechnungen über die Restmenge des Bieres anstellen, die auf sei-

nem Volumen und seiner Trinkfestigkeit beruhen. Größere Teams sind in diesem Punkt deutlich im Vorteil.

6 Sobald der Krug leer ist, wird er wieder gefüllt, und das Spiel beginnt von vorn.

»Anchorman« empfiehlt sich als passende Entspannung, bevor man eine Guillotine bedient oder ein Vorstellungsgespräch bei der Flugsicherung hat.

® *Hippokrates empfahl Bier zur Stärkung des Herzens und des Zahnfleischs.* ®

## Papierhüte im Handumdrehen

Wer auf die Idee kommt, sich einen Zeitungshut zu basteln, will eines mit Sicherheit nicht: endlose Origami-Übungen. Sobald man die Kniffe für diese kinderleichte Bastelei gelernt hat, wird man in der Lage sein, in 20 Sekunden einen Papierhut zu produzieren.

WAS MAN BRAUCHT
* *Ein Blatt Zeitungspapier (je größer, desto besser)*
* *Klebeband*

SO WIRD'S GEMACHT
1 Legen Sie das aufgeschlagene Blatt mit quer liegender Mittelfalte auf den Tisch. Falten Sie es zu sich hin auf die Hälfte und falzen Sie den Knick kräftig fest.

2 Jetzt falten Sie die linke Ecke nach rechts hinüber, als würden Sie ein Buch schließen. Drücken Sie die vertikale Mittelfalte fest und öffnen Sie sie wieder.

3 Als Nächstes falten Sie die linke Ecke nach unten und machen einen diagonalen Kniff, sodass der ehemals obere Rand jetzt an die Mittelfalte anstößt. Machen Sie dasselbe mit der gegenüberliegenden Ecke, dann

sollten Sie eine Form vor sich haben, die einem Chalet mit einem steilen Dach ähnelt (Abb. 2).

4  Nehmen Sie den langen horizontalen unteren Rand des Papiers und knicken Sie das obere Blatt nach oben um. Falzen Sie es gegen den unteren Rand der zwei dreieckigen Stücke.

5  Drehen Sie das Papier um, und wiederholen Sie dies mit dem anderen Blatt (Abb. 3).

6  Nehmen Sie die vorstehende Ecke links – beide Blätter – und falzen sie diagonal, dann kleben Sie sie an oder stecken sie fest, damit der Knick hält und sich nicht der ganze Hut auflöst (Abb. 4).

7  Drehen Sie das Papier um, und wiederholen Sie alles.

Jetzt können Sie einen kleinen Hut mit der Spitze nach vorn wie ein Käppi oder, wenn er größer ist, mit den Spitzen seitwärts wie Admiral Nelson tragen.

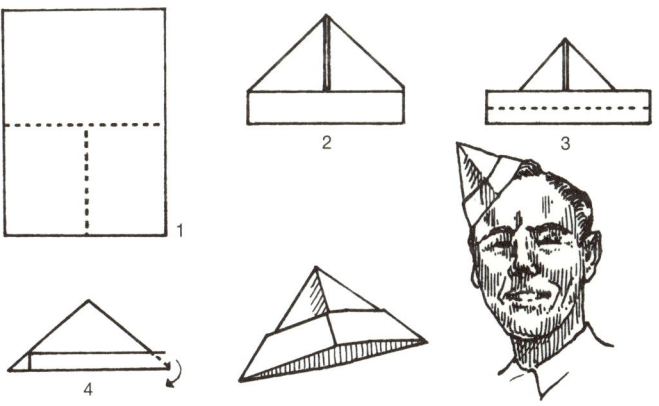

® *Joseph Merrick, der »Elefantenmensch«, trug einen Hut von 90 cm Umfang.* ®

# So zieht man einen Orangenbaum aus einem Kern

Der Orangenbaum ist ein robustes immergrünes Gewächs mit einer Vorliebe für heiße Tage und kühle Nächte. Bei richtiger Pflege gedeiht er auch in unseren Sommern gut im Freien. Mit ein wenig Sorgfalt und Aufmerksamkeit kann auch ein schlechter Gärtner im Haus einen Orangenbaum ziehen, und wird er gelegentlich umgetopft, kann der Baum in wenigen Jahren eine Höhe von 1,50 bis 2 m erreichen. Rechnen Sie allerdings nicht mit essbaren Früchten, es sei denn, Sie widmen sich der Sache mit professionellem Ehrgeiz.

## Was man braucht

* *Ein oder zwei Orangenkerne*
* *Ein Marmeladenglas*
* *Blumenerde*

## Anleitung

* Man kann einen Orangenkern zu jeder Jahreszeit erfolgreich aussäen, am besten funktioniert es jedoch zu Frühlingsbeginn, sodass das junge Bäumchen die länger werdenden Tage mit ihrem Mehr an Licht und Wärme nutzen kann.
* Zur Vorbereitung legt man einige Muschelsplitter oder kleine Kiesel als Dränageschicht auf den Boden eines Marmeladenglases und streut darüber einige Zentimeter Erde. Die Pflanze wird zwar nicht lange in diesem Glas bleiben, wird sich aber für die ersten zwei Jahre in dieser Art Komposterde wohl fühlen. Danach lassen Sie sich im Gartencenter beraten.
* Drücken Sie ein paar Kerne einer reifen Orange in den Kompost – nicht zu tief. Gönnen Sie den Kernen ein paar Spritzer Wasser. In ihrer natürlichen Umgebung ist der Regen warm, also sollte man sie nicht mit eis-

kaltem Wasser aus dem Hahn schocken und keinesfalls unter Wasser setzen. Das mögen sie überhaupt nicht.

* Stülpen Sie eine Plastiktüte über das Glas, die Sie mit einem Einmachgummi befestigen. Dann stellen Sie es an einen Heizkörper in die Nähe eines sonnigen Fensters und warten. Die ideale Temperatur ist 16–21° C. Nach zwei Wochen sollte der Kern zu keimen beginnen, es kann aber auch bis zu zwei Monate dauern. Sobald sich die Blätter entfaltet haben, nehmen Sie den besten Sämling (wenn Sie mehrere Kerne angesetzt haben) mit einer normalen Speisegabel heraus und pflanzen ihn in einen kleinen Topf um. Dieser wird in eine Plastiktüte gestellt, die man mit einem Stück Draht oder Ähnlichem schließen kann, und alle drei oder vier Tage mit warmem Wasser gegossen. Kontrollieren Sie den Topf regelmäßig, damit der Sämling nicht austrocknet.

* Das junge Orangenbäumchen liebt volle Sonne und genügend Wasser. Es mag in den ersten Monaten keine Zugluft. Düngen Sie es im Sommer alle zwei Wochen und besprühen Sie die Blätter gelegentlich mit Wasser.

* Nach einer Wachstumssaison sollte es bereits so stattlich sein, dass man es aus der Tüte herausnehmen kann.

⊛ *Der protestantische Oranier-Orden in Nordirland heißt auf Englisch* Orange Order. *Orange ist die Farbe des Hauses Oranien.* ⊛

# Der Donnerfurzer

Man kann heute elektronische Gimmicks kaufen, die schrecklich realistische Furzgeräusche produzieren. Aber sie sind teuer. Ein viel billigerer und erstaunlich lauter Ersatz ist der alte Schuljungen-Hit, der Donnerfurzer aus Dichtungsring und Drahtkleiderbügel. Warum probieren Sie es nicht mal aus?

Was man braucht

* *Einen Drahtkleiderbügel*
* *Eine Zange (die auch Draht schneidet)*
* *Zwei lange, dicke Gummibänder*
* *Einen großen Dichtungsring (50 Cent-Größe)*

Anleitung

1 Zwicken Sie den Haken von dem Kleiderbügel ab und werfen Sie ihn weg. Ein etwa 30 cm langes Stück Draht bleibt übrig.

2 Dieses biegen Sie, so gut es geht, zu einer eckigen U-Form.

3 Mit der Zange biegen Sie eine Art offene Öse an beiden Enden. Diese sollten sich vom U nach außen biegen und gerade so weit geöffnet sein, dass man ein doppeltes Gummiband zwischen dem Draht durch und in das Loch ziehen kann (Abb. 1).

4 Fädeln Sie das Gummiband durch den Dichtungsring und legen Sie es doppelt zusammen. Packen Sie die beiden hängenden Schleifen des Gummibands und lassen Sie den Ring los, sodass man ihn, wenn man wollte, wie ein Pendel schwingen könnte. Nun drücken Sie die beiden Enden des Gummis zusammen und schieben sie unter den Draht in eine der Ösen.

5 Fädeln Sie das andere Gummiband durch den Dichtungsring und befestigen es ebenso an der anderen Seite des U (Abb. 2). Jetzt sollten Sie etwas in der Hand halten, das wie die Abbildung gegenüber aussieht.

6 Jetzt kommt der aufregende Teil. Drehen Sie den Dichtungsring mit beiden Händen, bis die Vorrichtung sehr straff ist (Abb. 3).

7 Halten Sie den Ring mit der linken Hand und schieben Sie die untere Seite des U unter Ihre rechte Hinterbacke. Mit dieser Backe halten Sie das Ding fest.

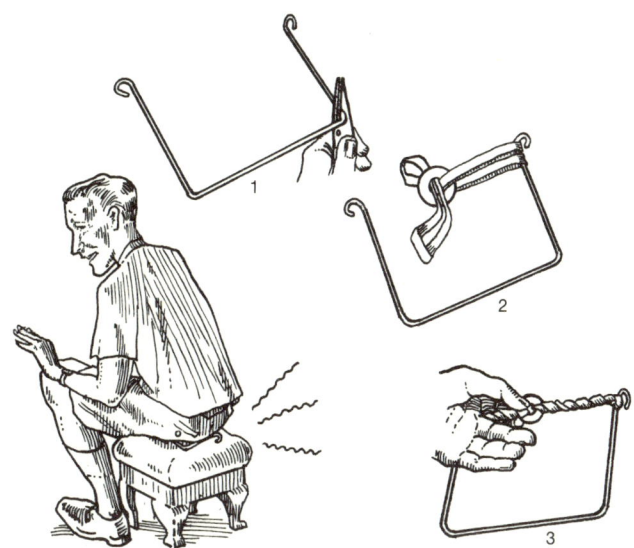

8    Sie senken die linke Hinterbacke auf den Dichtungs-
     ring, lassen ihn aber erst mit den Fingern los, wenn er
     fest zwischen Sitz und linker Hinterbacke sitzt.

9    Es ergibt sich folgende Position: Der ganze Apparat
     ist jetzt fest auf den Sitz gedrückt. Wenn Sie den
     Druck der linken Hinterbacke lockern, wickelt sich
     der Dichtungsring mit enormer Kraft ab, was ein lan-
     ges und realistisch derbes Furzgeräusch erzeugt. Ha-
     ben Sie keine Hemmungen, sich vorzubeugen, wäh-
     rend Sie einen fahren lassen. Es wirkt dadurch nur –
     besonders, wenn Sie sich dabei winden.

10   Am besten eignen sich dafür Vinylpolsterbänke, wie
     man sie in manchen Kneipen und Fastfood-Restau-
     rants findet. Ein vornehmer Ledersessel, Regiestuhl
     oder eine harte Kirchenbank können ebenfalls unver-
     wechselbare und stets monströs laute Resultate produ-
     zieren.

※ *Gummibänder halten viel länger, wenn man sie im Kühlschrank aufbewahrt.* ※

# So zieht man die Unterhose aus, ohne die Hose abzulegen

Dieser ausgesprochen lustige Gag ist vielleicht nicht so atemberaubend wie die Befreiung aus einer Zwangsjacke, die an einem brennenden Seil über einer Alligatorgrube hängt, dafür ist er aber viel ungefährlicher und lässt sich mit ein bisschen Übung zu einer tollen Partyeinlage ausbauen.

Der Schlüssel zum Erfolg ist Elastizität. Stretchhosen eignen sich folglich am besten. Baumwoll-Boxershorts sind eher hoffnungslos, und meine eigenen Laborversuche haben ergeben, dass man sich auf Unterhosen mit Y-Eingriff spezialisieren sollte.

### Regeln

Man darf den Körper verrenken und die Unterhose dehnen oder verdrehen, aber es ist verboten, Löcher in irgendein Kleidungsstück zu reißen. Sie erhöhen Ihre Erfolgschancen, wenn Sie eine weite Hose tragen und eine eine Nummer zu große Unterhose. Übertreiben Sie es aber nicht mit den Erleichterungen. Das wäre gemogelt.

### So wird's gemacht

1   Stehen Sie aufrecht, die Beine ein wenig gespreizt, in soldatischer »Rührt euch«-Position.

2   Indem Sie Zeige- und Mittelfinger der rechten Hand an die Innennaht des linken Hosenbeins legen, ziehen Sie das Hosenbein mit der linken Hand so weit wie möglich hoch und zeigen den bloßen Schenkel.

3   Im Hosenbein greifen Sie hinauf, bis Sie den Stoff der Unterhose zwischen Zeige- und Mittelfinger klemmen können. Bereitet das Schwierigkeiten, helfen Sie nach, indem Sie den linken Arm unter den Hosenbund schieben.

4   Packen Sie die Unterhose mit Zeige- und Mittelfinger der rechten Hand und ziehen Sie fest am Stoff, bis der

Bund über Ihre linke Hüfte (unter der Hose) gleitet und der linke Beinausschnitt der Unterhose unter der Hose hervorschaut.

5   Ziehen Sie den Beinausschnitt und den Bund über das linke Knie nach unten, halten Sie die Unterhose dort fest und gönnen Sie sich eine Verschnaufpause.

6   Lassen Sie das linke Knie gebeugt, ziehen Sie die Unterhose über den Fuß und schlüpfen Sie aus dem Beinausschnitt und Bund. Lassen Sie den Stoff los, sodass die Unterhose in der Hose nach oben schnellt. Passen Sie auf, dass das gespannte Gummiband nicht zu schnell nach oben fliegt und Ihre edelsten Teile verletzt.

7   Von hier an dürfte alles klar sein. Wenn Sie jetzt in Ihr rechtes Hosenbein fassen, müssten Sie in der Lage sein, den Stoff Ihrer Unterhose zu greifen, einfach am Bein hinunter und mit großer Geste über den Fuß zu ziehen.

Es ist möglich, die Unterhose wieder anzuziehen, indem Sie diese Schritte in umgekehrter Reihenfolge machen. Oder Sie ziehen Sie wieder an wie ein ganz normaler Mensch.

*❋ 2000 hat ein Mann versucht, eine Boa constrictor in seiner Unterhose nach Frankreich zu schmuggeln. ❋*

# Lernen Sie das Morsealphabet

Jeder Junge hat sich beim Kriechen durch eine Betonröhre bestimmt schon einmal gefragt, wie er mit Rettern draußen kommunizieren würde, falls er in dem Ding stecken bleiben sollte. Morsezeichen zu klopfen scheint die naheliegende Antwort zu sein, aber über *kurz kurz kurz, lang lang lang, kurz kurz kurz* hinaus sind die meisten von uns ziemlich hilflos. Hier sind deshalb die Grundkenntnisse, damit Sie das nächste Mal, wenn Sie in einer Röhre stecken geblieben sind,

Sachen probieren können wie: ». ... ... – .. –. –.– – ....
... .–. –.. .–. .. –.« (»Es stinkt hier drin.«)

## Das Alphabet

Der Morsecode verwendet die kürzesten Zeichen für die häufigsten Buchstaben. Am leichtesten lernt man das Morsealphabet, indem man die Zeichen wie folgt gruppiert.

| *Einfach*: | | *Spiegelbild*: | |
|---|---|---|---|
| E . | | A .– | –. N |
| I .. | | B –... | ...– V |
| S ... | | D –.. | ..– U |
| H .... | | F ..–. | .–.. L |
| T – | | G ––. | .–– W |
| M –– | | Q ––.– | –.–– Y |
| O ––– | | | |

| *Sandwiches*: | | *kein Spiegelbild*: |
|---|---|---|
| K –.– | R .–. | C –.–. |
| P .––. | X –..– | J .––– |
| | | Z ––.. |

*Sonderzeichen*:
Ä .–.–
Ö –––.
Ü ..––
CH ––––

Prägen Sie sich das Morsealphabet ein, indem Sie die Punkte vor Ihrem inneren Ohr als »dit« und die Striche als »dah« bezeichnen. Der Buchstabe F wäre demnach »dit, dit, dah, dit«. Wenn Sie die leichten Buchstaben gelernt haben, versuchen Sie, mit ihnen Wörter zu senden und zu verstehen, z.B. »es, ihm, Tom, ist« und so weiter. Dann geht man zu den Spiegelbild-Buchstaben über und kombiniert sie mit den schon gelernten Buchstaben zu Wörtern.

Sobald Sie das Alphabet beherrschen und leicht ganze

Wörter bilden und erkennen können, beginnen Sie mit einfachen Sätzen wie »Tim kommt mit«. Versuchen Sie nicht, den zweiten Schritt vor dem ersten zu tun. Es ist wichtiger, »Rufe Mutter« senden zu können, als »Taucherausrüstung dringend benötigt«.

### WICHTIGE REGELN

* Machen Sie eine strichlange Pause nach jedem Buchstaben.

* Ein Strich ist immer dreimal so lang wie ein Punkt.

* Machen Sie keine Pause zwischen zusammengehörigen Punkten und Strichen. Das englische Wort »she« (sie) geht so: »... .... .« Es wird unverständlich, wenn die Pausen nicht stimmen, z. B. so: ». ... ... .« Deutsche würden hier »Esse« entschlüsseln.

* Binnen kurzem werden Sie in der Lage sein, Nachrichten wie diese zu senden: »Dies Morsen ist wahnsinnig lästig, und meine Mitreisenden beschweren sich schon über das ständige Geklopfe. Schicke umgehend deine Handynummer.«

* Am Ende eines Spruchs sendet man die Buchstabengruppe »A R«. Sie steht für »all right« und bedeutet, dass man sich verabschiedet: .−.−.

*Der Gebrauch der Aldislampe (Morselampe) wurde von der Royal Navy 1997 eingestellt.*

# So macht man einen dreieinhalb Meter hohen Papierbaum

Wer mühelos einen deckenhohen Baum aus Zeitungspapier machen kann, steht im Mittelpunkt der Aufmerksamkeit und ist auf Kindergeburtstagen ein echter Renner. Wenn Sie dazu kostenlose Anzeigenblätter verwenden, kostet Sie das Ganze keinen Cent.

WAS MAN BRAUCHT
* *Eine Zeitung*
* *Einen Küchenboden*
* *Einen Klebestift*
* *Ein Gummiband*
* *Eine scharfe Schere*

VORBEREITUNG

1    Für die Zuschauer sieht es aus, als rollten Sie lediglich ein Blatt Zeitungspapier zusammen, und fertig ist der Baum. Aber wie fast alles im Leben ist es nicht so unkompliziert, wie es scheint, und Sie müssen schon ein paar Vorbereitungen treffen.

2    Als Erstes knien Sie sich mit einer Zeitung auf den Küchenboden. Schlagen Sie sie auf und legen Sie 6–10 Blätter zu einem langen senkrechten Streifen aus. Die Blattgrößen unterscheiden sich heute stärker als früher. Sie müssen also vielleicht ein wenig experimentieren, um auf die gewünschte Baumgröße zu kommen.

3    Kleben Sie sorgfältig den unteren Rand des ersten Blatts an den oberen des nächsten. Die Blätter sollen sich nur so weit überlappen, dass sie fest zusammenhalten. So fahren Sie fort, bis Sie einen Streifen haben, der durch die ganze Küche läuft – und noch zur Tür hinaus, falls der Baum länger werden soll.

4    Sobald der Klebstoff getrocknet ist, rollen Sie das Papier zu einem schmalen Zylinder, gerade so dick, dass Sie den Zeigefinger bequem hineinstecken können. Dann kleben Sie den Rand fest.

5    Mit einer *scharfen* Schere schneiden Sie die Rolle an zwei gegenüberliegenden Stellen bis knapp über die Mitte ein. Sie wird dabei vielleicht etwas plattgedrückt, aber der nächste Schritt korrigiert das.

6    Wickeln Sie ein weiteres Blatt um einen Teil der Röhre und kleben Sie es so fest, dass es gut hält und alles schön ordentlich und sauber aussieht.

VORFÜHRUNG

1   Halten Sie die Röhre beim Beginn Ihres Auftritts, als sei es ein unpräpariertes Blatt.

2   Sichern Sie sie mit dem Gummiband, das Sie um das Handgelenk oder unter Ihrer Armbanduhr tragen.

3   Reißen Sie das äußere Blatt mit dem Zeigefinger entlang der Schnittlinien ab und lassen Sie die Papierstreifen zu beiden Seiten nach unten fallen.

4   Halten Sie den Baumstamm mit der linken Hand, stecken Sie den rechten Zeigefinger in die Mitte und ziehen sie drehend und straffend nach oben und außen.

5   Sie können einen kürzeren Baum höher erscheinen lassen, wenn Sie ihn auf einen Küchenrollenhalter auf dem Tisch setzen.

◉ *Bild hat die höchste Auflage aller deutschen Tageszeitungen.* ◉

## Selbstgemachtes Make-up für Spezialeffekte

E inige der klassischen Film-Make-ups für Spezialeffekte, von aufgeschlitzten Kehlen und den Verwüstungen des Alters bis zu dämonisch rotierenden Köpfen, entsprangen jugendlichem Erfindergeist, der in Garagen und Appartmentküchen am Werk war. Der Vater dieser Spezialeffekte ist zweifellos Dick Smith, dessen Experimente mit Zahnabdruck-Alginat, falschem Haar und ganz normalen Küchenartikeln zu bahnbrechenden Effekten in Filmen wie *Der Pate* und *Der Exorzist* führten. Sie können sich stundenlang amüsieren, wenn Sie mit selbstgemachten Make-ups für Spezialeffekte experimentieren. Hier ein paar Vorschläge.

Die Tesafilm-Narbe
Man kann eine schrecklich überzeugende Narbe herstellen, indem man einen Streifen Tesafilm auf die Hand oder das

Gesicht klebt – oder wo immer man sie braucht. Breite Streifen ergeben eine größere Narbe. Man klebt den Streifen auf und betupft ihn dann mit Wasser. Nach einer Weile löst sich die Zellophanschicht und nur das klebrige Haftmittel bleibt zurück. An diesem klebrigen Streifen drückt man die Haut vorsichtig zusammen, sodass die Ränder sich berühren. Sie haften zäh aneinander und ergeben eine grässlich aussehende Narbe, die auf der Wange besonders gut wirkt. Damit sie frisch erscheint, gibt man einfach ein wenig »Blut« hinzu.

Gummilösung
Dieses übel riechende Produkt, das von englischen und amerikanischen Herstellern unter den Namen »rubber cement« oder »fixo gum« vertrieben wird, kauft man in der Regel in einem Topf mit dazugehörigem Pinsel. Es wirkt wie das Latex, mit dem Hollywood-Profis Nasenprothesen herstellen. Tupfen Sie es auf den Handrücken und trocknen Sie es mit einem Föhn, um Alter oder Hautkrankheiten zu simulieren. Streuen Sie ein paar abgeschnittene Haarspitzen darauf, das ergibt einen tollen Werwolf-Look.

Wenn Sie einen Finger oder die Nase in einen Klumpen weiches Knetgummi drücken und diesen Abdruck dann mit Gummilösung auskleiden, können Sie einen klumpig verkrüppelten Finger oder eine Wucherung am Riechorgan herstellen. Für Warzen drückt man einen stumpfen Bleistift in das Knetgummi und streicht den Abdruck mit Vaseline aus, bevor man ihn mit Klebstoff bestreicht. Nach dem Trocknen bestäubt man das Ganze mit Talkumpuder (wichtig) und zieht es ab. Danach kann man sich die Warze mit Klebstoff applizieren. Mit etwas Make-up von Ihrer Freundin oder Schwester passen Sie die Warze Ihrem Hautton an. Genauso macht man abstoßende Beulen.

Gummilösung lässt sich leicht mit Seife und Wasser abwaschen.

## DICK SMITHS BLUTREZEPT

In den frühen 1960er-Jahren wurde Filmblut aus rotem Farbstoff und Glyzerin gemacht. Es sah wie Farbe aus, schmeckte scheußlich und war ungesund. Also begann Smith, mit Zuckerrohrsirup und Lebensmittelfarbe zu experimentieren, um ein besser schmeckendes und durchsichtigeres Produkt herzustellen. Sein optimiertes Rezept kam erstmals in dem Film *Asphalt-Cowboy* von John Schlesinger zur Anwendung und wurde von der Branche schnell übernommen.

Frisches Blut ist glänzend und hellrot. Auf der Haut erscheint es durchsichtig und warm, wirkt aber in einer Lache oder einem Reagenzglas viel dunkler und weniger transparent. Experimentieren Sie mit roter und gelber Lebensmittelfarbe und Zuckersirup und verändern Sie das Mischungsverhältnis so lange, bis Sie das erwünschte Aussehen haben. Mit mehr Farbe wird es undurchsichtiger. Es geht jedoch nichts über einen Stich in den Finger, um echtes Blut mit Ihrem Rezept zu vergleichen und ein bestmögliches Resultat zu erzielen.

Lebensmittelfarbe macht Flecken, also aufgepasst, und trinken Sie keine großen Mengen davon – es tut Ihnen nicht gut.

Zuckersirup neigt dazu, beim Fließen über Haut oder Textilien unnatürlich zu perlen. Deshalb gab Smith fotografisches Netzmittel an sein Rezept. Falls Sie das tun, nehmen Sie es nicht in den Mund.

*❀ Zuckerrohrsirup ist das nicht kristallisierende Nebenprodukt der Zuckerraffination. ❀*

## Vom Umgang mit Besen

Erklärt sich eigentlich von selbst. Alles, was Sie brauchen, ist ein Besen.

### 1 Australische Philosophie

Ich weiß nicht, wie dieses Spiel zu seinem Namen gekommen ist, aber auf jeden Fall ist es ein wirksamer Zeitvertreib. Mehrere Spieler – durchnummeriert – gruppieren sich um den »Besenmeister«, der einen Besen mit der Spitze des Zeigefinger senkrecht auf dem Boden hält, das haarige Ende nach oben (das haarige Ende des Besens, wohlgemerkt!). Er ruft die Zahl eines Spielers und zieht im selben Moment den Finger weg. Der aufgerufene Spieler muss den Besen fangen, bevor das haarige Ende den Boden berührt. Wenn er es schafft, geht er wieder an seinen Platz. Wenn nicht, wird er Besenmeister.

### 2 Besentreten

Dieses Spiel macht Spaß, wenn drei oder vier Leute nichts mit sich anzufangen wissen. Halten Sie den Besen mit beiden Händen waagerecht auf Kniehöhe vor sich. Steigen Sie erst mit dem einen, dann mit dem anderen Fuß darüber. Dann machen Sie sofort dasselbe rückwärts, sodass Sie wieder in der Ausgangsposition sind. Machen Sie immer weiter, bis Sie nach einer Weile wünschen, Sie wären nie geboren worden. An diesem Punkt wird einer Ihrer Füße den Besen berühren, und Sie scheiden aus. Dann ist der Nächste an der Reihe. Wenn Damen mitspielen, können Sie verlangen, dass jedes Mal, wenn der Fuß den Besen berührt, ein Kleidungsstück abgelegt wird. Ziehen Sie mehrere Schichten übereinander an und üben Sie vorher.

### 3 Wie man mit einem Besenstiel einen Stock bricht, der auf zwei Weingläsern liegt

Als Erstes stecken Sie in jedes Ende eines kräftigen einein-halb Meter langen Stocks eine Stecknadel. Legen Sie die Na-

deln auf zwei Weingläser auf, die auf den Sitzflächen zweier
Stühle stehen. Heben Sie den Besenstiel über den Kopf wie
auf der Abbildung (siehe oben) und schlagen Sie mit voller
Kraft auf die Mitte des Stocks, der auseinanderbrechen wird,
ohne dass den Weingläsern etwas passiert. Dies kommt daher, dass durch die Kraft des Hiebs der Stock zerschlagen
wird, bevor sich die Energie auf die Gläser überträgt.

4 DER HÄSSLICHKEITSDETEKTOR
Halten Sie einen Besen am Ende des Stiels fest und fahren
Sie mit seinem haarigen Ende langsam über die Gesichter der
sitzenden Gäste. Dann halten Sie vor einem Gast inne, der
einen Spaß auf seine Kosten vertragen kann. Sie sagen: »Raten Sie mal, was das ist.« Wenn er mit den Schultern zuckt,

sagen Sie: »Es ist ein Hässlichkeitsdetektor, und wissen Sie was? Er funktioniert.« Damit hat man immer einen Lacher sicher. Dieses kleine Zwischenspiel funktioniert gut vor dem nächsten Spiel.

## 5 Des Büttels garstiger Besen

Dieses alte Zankspiel gehört zu der Sorte, bei denen ein Spieler hinter ein Geheimnis kommen muss, das alle anderen zu kennen scheinen.

Setzen Sie alle in einen Kreis und lassen Sie sich von einem den Besen reichen. Klopfen Sie damit fünfmal auf den Boden und sagen Sie: »Sieh des Büttels garstigen Besen.« Geben Sie ihn nach links weiter, und erklären Sie dabei, dass der Nächste genau das tun und sagen muss, was Sie getan und gesagt haben. Das Geheimnis ist, den Besen mit der linken Hand anzunehmen und ihn dann zum Klopfen in die rechte nehmen. Natürlich greifen ihn die meisten mit der rechten Hand, und alle, die Bescheid wissen, rufen dann: »Teufel, Teufel, Teufel!« Das Spiel geht so lange weiter, bis der Spieler kapiert oder entnervt die Flucht ergriffen hat.

## 6 Lamm zur Schlachtbank

Füllen Sie eine Plastikschüssel oder Keksdose mit Wasser und geben Sie einem Freiwilligen einen Besen. Stellen Sie sich auf einen Stuhl und erklären Sie, dass der Luftdruck an der Decke niedriger ist als am Boden. Während alle weise bejahend nicken, halten Sie die Schüssel an die Decke und bitten das Opfer, sie mit dem Besen an dieser Stelle zu halten. Sobald er sie allein hält, steigen Sie vom Stuhl und überlassen ihn seinem Schicksal. Es wird nicht lange dauern, bis sein Arm weh tut und er zu winseln beginnt. Machen Sie das nie bei sich zu Hause.

® *Von der Bösen Hexe des Ostens sind im Musical* Das zauberhafte Land (The Wizard of Oz) *nur die Füße zu sehen.* ®

# Rezept für unsichtbare Tinte

Während des Ionischen Aufstands um 500 v. Chr. tätowierte der Histiaios, der Tyrann von Milet, eine geheime Botschaft auf den glattrasierten Kopf eines Sklaven und schickte ihn über die feindlichen Linien, sobald sein Haar nachgewachsen war. Vermutlich war es keine sehr eilige Nachricht. Später nutzten Kriegsgefangene unsichtbare Tinte für geheime Botschaften. Sie benutzten unter anderem Schweiß oder Speichel. Es gibt zahlreiche Rezepte für unsichtbare Tinte, ich habe aber versucht, jene komplizierten Rezepturen zu vermeiden, die Chemikalien wie Phenolphthalein-Extrakt aus zerstoßenen Abführpillen und Ferrizyankali erfordern, und mich stattdessen an Dinge gehalten, die man zu Hause herumliegen hat.

Es gibt zwei Hauptmethoden zum Schreiben und Sichtbarmachen geheimer Botschaften. Die erste beruht auf Hitze, die zweite auf einer sauer-basischen Reaktion.

Zutaten für hitzeempfindliche Tinte
* *Ein Blatt weißes Papier*
* *Zitronen- oder Zwiebelsaft*
* *Ein Cocktailspieß oder ein Streichholz*
* *Ein Bügeleisen*

So wird's gemacht
1   Man drückt eine Zitrone aus oder halbiert eine Zwiebel. Man taucht das Streichholz in den Saft und schreibt ordentlich seine Botschaft aufs Papier. Wer will, kann die Finger nehmen, aber dafür braucht man ein sehr großes Blatt Papier, was zum Problem werden kann, falls der Komplize die Nachricht nach dem Lesen verschlucken soll.
2   Sobald die Tinte trocken ist (Geduld!), erscheint das Papier leer und lässt sich überschreiben, wozu man allerdings eine gewisse Übung braucht.

3    Wenn man das Papier auf einem Heizkörper, über
     einer 100-Watt-Birne oder mit einem Bügeleisen er-
     hitzt, »kocht« der Saft und lässt die Schrift in blassem
     Braun erscheinen.

Zutaten für chemische Tinte

* *Ein Blatt weißes Papier*
* *Weißweinessig*
* *Doppeltkohlensaures Natron*
* *Ein halber Rotkohl*
* *Ein Cocktailspieß oder ein Streichholz*
* *Ein kleiner Pinsel*

So wird's gemacht

1    Man taucht das Streichholz in ein Glas mit Weiß-
     weinessig, schreibt die Nachricht wie oben und lässt
     das Papier gut trocknen.
2    Während es trocknet, bereitet man eine »Indika-
     torflüssigkeit«, indem man einen halben Rotkohl in
     3/4 l Wasser kocht. Dieser Indikator bewirkt, dass sich
     je nach saurer oder basischer Eigenschaft der Tinte die
     Farbe verändert.
3    Man gießt den Kohl ab und pinselt den Saft über die
     geheime Nachricht. Weil sie sauer ist, färbt sich die
     Tinte rosa.

Für eine basische Tinte verwendet man eine 50/50-Lösung
aus Wasser und doppeltkohlensaurem Natron. Der Indikator
macht die Botschaft sichtbar, indem er sie bläulich färbt.

℞ *Früher wurde Tinte aus Ruß und Leinöl hergestellt.* ℞

# So macht man eine einfache Handpuppe

Eine Handpuppe zu basteln gehört zu den Dingen, die Geduld erfordern. Aber es ist äußerst befriedigend und lohnt jede Mühe.

Was man braucht

* *Einen Klumpen Knetgummi*
* *Eine alte Zeitung*
* *Eine Rolle Küchen- oder Toilettenpapier*
* *Feines Schleifpapier*
* *Tapetenkleister*
* *Vaseline*
* *Ein sehr scharfes Messer*
* *Wasserlösliche Farben*
* *Ein Stück dünnen Stoff*
* *Alleskleber*

So wird's gemacht

1  Als Erstes macht man einen Kopf aus Knetgummi. Nehmen Sie einen Klumpen Knetgummi, etwa von der Größe einer Orange. Sie brauchen kein Michelangelo zu sein; auch mit zwei linken Händen kann man einen rundlichen Klumpen mit Knubbeln für Nase und Kinn und eine Art Mund kneten. Dann werden die Augenhöhlen ausgehöhlt und ein Paar Augäpfel geknetet. Diese setzen Sie in die Löcher ein und legen Augenlider darüber. Versuchen Sie, dem Gesicht Charakter zu geben. Runde Wangen und ein lächelnder Mund wirken glücklich. Hängende Mundwinkel auf einem schmalen Gesicht wirken traurig oder finster. Wer will, kann Ohren ankleben. Entweder bleibt der Kopf kahl oder man modelliert das Haar mit Knetgummi. Und vergessen Sie nicht den Hals – Sie werden ihn brauchen, um den Kopf der Puppe am Körper zu befestigen.

2 Gestalten Sie die Gesichtszüge kühn und übertrieben und versuchen Sie nicht, die Proportionen realistisch zu halten. Orientieren Sie sich zum Beispiel an der *Augsburger Puppenkiste*. Wenn die Gesichtszüge einigermaßen fertig sind, werden sie mit dem Ende eines Löffels geglättet.

3 Wenn der Kopf fertig modelliert ist, mischen Sie eine Packung Tapetenkleister an und reißen ein paar Blatt Küchenpapier in Streifen. Dann reiben Sie den Kopf mit Vaseline ein, tauchen die Streifen in den Kleister und bekleben ihn rundum damit. Mit einem kleinen steifen Pinsel drücken Sie das Papier an den Konturen, in den Nasenlöchern und so weiter fest an. Hüllen Sie den Kopf in fünf Schichten Küchenpapier und sparen Sie nicht am Kleister. Am Schluss kommen zwei Schichten Zeitungspapier in etwa briefmarkengroßen Stücken darüber. Solange alles noch nass ist, fahren Sie mit einem spitzen Gegenstand über die Konturen, um Details hervorzuheben, die eventuell verloren gegangen sind.

4 Legen Sie den Kopf auf einen Teller, scheuchen Sie die Katze aus dem Wäscheschrank und lassen den Kopf ein paar Tage darin stehen, bis er gründlich durchgetrocknet ist.

5 Nehmen Sie das Papier in zwei Hälften vom Knetgummi ab, indem Sie mit einem rasierklingenscharfen Messer von Ohr zu Ohr schneiden. Kratzen Sie alles Knetgummi heraus und setzen Sie die beiden Schalen wieder zusammen, indem Sie die Naht mit zwei oder drei Schichten Papierstreifen versiegeln. Gründlich trocknen lassen.

6 Wenn der Kopf trocken ist, bearbeiten Sie ihn mit feinem Schleifpapier, um Rillen und Falten zu glätten. Nun dürfen Sie endlich das Gesicht anmalen. Das macht wirklich Spaß. Gestalten Sie die Gesichtszüge verwegen, und verwenden Sie dafür wasserlösliche

Farben, unter die ein wenig Alleskleber gemischt ist. Dadurch blättert die Farbe beim Trocknen nicht ab. Zum Schluss können Sie auch verdünnten Alleskleber als Schutzschicht auftragen.

7   Jetzt können sie Ihrer Puppe Haare verpassen. Dafür eignen sich Bindfaden, Wolle, Pelz und Engelshaar, aber man braucht viel Leim, damit das Zeug hält. Als Alternative bietet sich ein Hut an.

8   Für den Körper schneidet man zwei t-förmige Stoff-stücke zu und klebt sie an den Rändern zusammen, wobei man ein Halsloch in der Mitte und eine Öff-nung für die Hand lässt. Man klebt den Kopf ein und setzt Papphände an die Enden der Arme. Ein Geist oder ein römischer Senator ist mit einem Stück altem Bettlaken in einer Minute fertig. Sie können natürlich auch etwas Raffinierteres herstellen. Ganz wie Sie wollen.

⊛ *Ivan Owen, der Mann, dessen Hand in Basil Brush in der BBC-Sendung steckte, war Millionär.* ⊛

## Der perfekte Geheimagent

Eine der wichtigsten Regeln für einen Spion ist, sich nicht beim Spionieren erwischen zu lassen. In seinem Buch *Mein Doppelspiel* beschreibt der »Dritte Mann« Kim Philby eine Reihe professioneller Methoden der Gegenspionage, in denen ihn seine sowjetischen Agentenführer geschult hatten, um sie bei geheimen Treffen mit seinen Zuträgern anzuwen-den. Ich würde diese Methoden als verdammt einleuchtend bezeichnen. Dazu gehört Folgendes:

✳   Vergewissern Sie sich immer, dass Sie die *letzte Person* sind, die in einen Zug oder einen U-Bahn-Waggon steigt.

* Wenden Sie regelmäßig die Technik an, sich gründlich umzuschauen, ob Ihnen jemand folgt.
* Konstruieren Sie überzeugende Vorwände für Ihre Anwesenheit an einem bestimmten Ort. In einem Laden z. B. kaufen Sie etwas.
* Laufen Sie viel herum, steigen Sie in Busse ein und wieder aus. Kombinieren Sie das mit der Technik, sich gründlich umzuschauen, ob Ihnen jemand folgt.
* Der »Kinotrick«: Setzen Sie sich in die letzte Reihe und stehlen Sie sich während der Vorstellung davon.
* Treffen Sie Kontaktpersonen an lauten Orten, z. B. in einer Diskothek.

Es ist kaum zu glauben, aber Philbys Techniken sind immer noch die Grundlage des »Handwerks« der Spionage. Neben den oben aufgeführten Punkten sollte der gute Geheimagent noch an Folgendes denken:

### Briefe

Natürlich werden die Briefe eines verdächtigten Agenten geöffnet. Die einfachste Gegenmaßnahme ist, den Absender zu bitten, die Ränder der Umschläge ihrer Geheimbotschaften zuzukleben und mit unsichtbarer Tinte auf dem Klebstreifen zu signieren. Das ist einfach und wirksam.

Wenn Sie selbst einen zugeklebten Umschlag öffnen wollen, halten Sie ihn nicht über Dampf. Stecken Sie stattdessen einen langen Bleistift in die Lücke oben unter der Klappe und schieben Sie ihn ganz durch. Wenn Sie jetzt den Umschlag mit der Vorderseite nach unten und der Klappe zu Ihnen gerichtet auf den Tisch legen und den Bleistift von sich weg drehen, wird der gummierte Teil sich lösen, ohne zu reißen. Dann können Sie den Brief lesen, wieder in den Umschlag stecken und diesen zukleben, und kein Mensch wird etwas merken.

Tragen Sie Handschuhe, wenn Sie Geheimbotschaften verfassen, und lecken Sie weder den Umschlag noch die

Briefmarken ab. Ein DNA-Test würde Sie verraten. Schicken Sie Ihre geheimen Briefe in weit entfernten Orten ab.

## CODES
Der vielseitigste und sicherste Code ist ein One-Time-Pad. (Einzelheiten *siehe* S. 229–231; zu unsichtbarer Tinte *siehe* S. 221f.)

## UNBERECHENBARKEIT
* Variieren Sie Ihr Verhalten und bauen Sie Ihre Geheimaktivitäten in Ihren Alltag ein, sodass eine routinemäßige Überwachung erschwert wird.
* Benutzen Sie öffentliche Verkehrsmittel und kaufen Sie Tagestickets für den ganzen Bezirk oder Fahrkarten für ein Ziel, das mehrere Haltestellen von Ihrem entfernt liegt. Brechen Sie spontan zu langen Fahrten auf und machen Sie Stippvisiten in fremden Städten. Reden Sie ständig mit Fremden.
* Sicherheitskameras überwachen heute fast jeden unserer Schritte. Vermeiden Sie also geheime Treffen auf Straßen und in Parks oder öffentlichen Verkehrsmitteln. Besser sind stark besuchte Kneipen, Cafés und Restaurants.

## DEN KONTAKTMANN WARNEN
Machen Sie es doch wie Woodward und Bernstein während der Watergate-Untersuchung, wenn Sie umgehend mit einem Kontaktmann in Verbindung treten müssen. Stecken Sie ein rotes Fähnchen in einen Blumentopf auf der Fensterbank, damit Deep Throat weiß, dass Sie mit ihm reden wollen.

## GELD
Zahlen Sie immer bar; benutzen Sie nie Kreditkarten und heben Sie kein Geld am Automaten ab, wenn Sie an einem Ort sind, an dem Sie eigentlich nicht sein sollten.

## Telefonieren

Verwenden Sie Telefonzellen, wann immer möglich, und lassen Sie Ihr Handy auf Reisen ausgeschaltet. Oder bitten Sie einen anderen, es mitzunehmen und gelegentlich zu benutzen, um eine falsche Spur zu legen. Verwenden Sie ein Kartenhandy und wechseln Sie häufig Gerät und Rufnummer. Alle Handygespräche können im Nachhinein geortet werden.

## Spuren im Internet

Gehen Sie in Internet-Cafés oder öffentliche Bibliotheken und legen Sie sich etliche frei erfundene Namen und Adressen zu. Botschaften an Ihre Kontaktleute können Sie auf obskuren Message Boards hinterlassen.

## Eindringlinge entdecken

Es gibt mehrere Möglichkeiten, wie Sie erfahren können, ob jemand in Ihrem Zimmer gewesen ist. Die einfachste ist der Streichholztrick. Dazu ziehen Sie die Tür ganz normal zu, stecken aber, gerade bevor sie schließt, das Ende eines Streichholzes ziemlich weit unten auf der Seite der Türangeln zwischen Tür und Rahmen. Sobald die Tür geschlossen ist, sitzt das Streichholz fest, und Sie können das Ende abbrechen, sodass es nicht zu sehen ist. Wenn Sie zurückkommen, wird der Stumpf auf dem Boden liegen, falls jemand die Tür geöffnet hat.

*❋ Der britische Geheimdienst M15 ist in gewissen Kreisen nach der Kriegsadresse PO Box 500 als »Box« bekannt. ❋*

# Erstellung und Verwendung eines One-Time-Pads (OTP)

D as One-Time-Pad (Einmalverschlüsselung) ist eine einfache, vielseitige und theoretisch nicht zu knackende Codierungsmethode, ideal für kurze Nachrichten zwischen zwei Personen. Es war der Lieblingstrick sowjetischer Spione in Großbritannien nach dem Zweiten Weltkrieg und wurde, da er flexibel und schnell war, auch für die Verschlüsselung der über den heißen Draht (»Rotes Telefon«) zwischen dem Weißen Haus und dem Kreml übermittelten Nachrichten während des Kalten Krieges benutzt. Er macht ungeheuren Spaß und erfordert nicht mehr als einen Bleistift, Papier und gewisse Kenntnisse der Grundrechenarten.

## ERSTELLEN EINES ONE-TIME-PADS

Am schnellsten macht man sich ein OTP, indem man 26 Buchstabensteine aus einem Scrabble-Spiel – je einen für jeden Buchstaben – in ein großes Gefäß gibt und gut schüttelt. Jetzt nimmt man einen Stein heraus und schreibt den Buchstaben auf, legt ihn in das Gefäß zurück und wiederholt das Ganze, bis man eine Buchstabenfolge hat, die für eine kurze Botschaft – sagen wir 50 Wörter – reicht. Wenn Sie dieselben Buchstaben mehr als einmal ziehen, schreiben Sie sie trotzdem hin. Dieses Verfahren ist hinreichend unberechenbar.

Schreiben Sie die Buchstaben in Fünfergruppen, die (der Einfachheit halber) in Spalten auf zwei Blatt Papier angeordnet werden. (Sie können dafür kohlefreies Durchschlagpapier verwenden, wenn Sie möchten.) Nun schreiben Sie auf beide Blätter dieselbe Seriennummer. Ein Blatt ist für den Absender, das andere für den Empfänger. Wie viele Seiten Sie anfertigen, hängt davon ab, wie viele Nachrichten Sie senden und empfangen wollen. Für den Profigebrauch wurden sehr kleine, dicke, manchmal essbare Büchlein hergestellt.

## CODIERUNG

Um die Nachricht zu codieren, müssen Sie jeden Buchstaben systematisch mit den zufällig erzeugten Buchstaben von der obersten Seite des OTP kombinieren. Die Seite darf nur einmal verwendet werden, und beide Schlüsselblätter (des Senders und des Empfängers) müssen nach Gebrauch sofort vernichtet werden.

## ÜBUNG

Den Code zu konstruieren ist einfach. Zuerst ordnen Sie jedem Buchstaben eine Zahl zu. A = 0, B = 1 usw. bis Z = 25 (nicht 26, denn Sie haben mit 0, nicht mit 1 angefangen). Diese notieren Sie.

Angenommen, Sie möchten Ihrer Kontaktperson die Nachricht »OH BUM« (»Idiot«) senden. Als Erstes addieren Sie die Zahlen jedes Buchstabens der Nachricht mit den Zahlen der Buchstaben im Schlüssel, um eine neue Zahl für jeden Buchstaben zu erhalten. Wenn also Ihre erste Schlüsselreihe WLBJK ist und die Nachricht »IDIOT« sein soll, geht die Codierung so:

| Schlüssel | 22(W) | 11(L) | 1(B) | 9(J) | 10(K) |
|---|---|---|---|---|---|
| Nachricht | 8(I) | 3(D) | 8(I) | 14(O) | 19(T) |
| Schlüssel plus Nachricht | 30 | 14 | 9 | 23 | 29 |

Ist die Summe in einer Spalte größer als 25, müssen Sie 26 abziehen. In diesem Beispiel ist die erste Summe 30, nämlich die Addition der Schlüsselbuchstabenzahl (22) und der Nachrichtenbuchstabenzahl (8). Sie ziehen 26 ab und erhalten 4. Sie tun das Gleiche mit der fünften Summe (29) und erhalten 3. Die abschließende Fünferreihe von Zahlen, zusammen mit den dazugehörigen Zahlen in Klammern, ist daher 4 (E), 14 (O), 9 (J), 23 (X) und 3 (D). Dies ist also die Nachricht, die Sie schicken: EOJXD. Vergessen Sie nicht, mit dem Text die Seriennummer der Schlüsselseite zu übermitteln, sonst ist Ihre Nachricht nicht zu entschlüsseln.

Wenn Ihr Kontaktmann die Nachricht bekommt, verwendet er die Schlüsselseite mit der passenden Seriennummer von seinem Block und kehrt das Verfahren um, um den Text zu entschlüsseln. Er zieht den Schlüssel w l b j k von der codierten Nachricht e o j x d ab und addiert 26 zu den negativen Zahlen.

| Empfangene codierte | | | | | |
|---|---|---|---|---|---|
| Nachricht | (E)4 | (O)14 | (J)9 | (X)23 | (D)3 |
| Schlüssel | (W)22 | (L)11 | (B)1 | (J)9 | (K)10 |
| Codierte Nachricht | | | | | |
| minus Schlüssel | -18 | 3 | 8 | 14 | -7 |
| Nach Addieren von 26 | | | | | |
| zu Minuszahlen: | 8(I) | 3(D) | 8(I) | 14(O) | 19(T) |

Probieren Sie es aus.

> ✸ George Behar spionierte unter dem Namen
> George Blake für die Sowjetunion. ✸

# So baut man eine Glasharmonika

Benjamin Franklin hatte offenbar nicht genug zu tun, denn 1761 »erfand« er, vermutlich, weil seine Zeit nicht ausgefüllt war, die Glasharmonika. Dies war ein ziemlich komplizierter Apparat, der einer Reihe von Weingläsern Musik entlockte. Sie können eine eigene, einfachere Version herstellen, wenn Sie acht bauchige Weingläser mit eingezogenem Rand haben. Ich habe einmal eine bemerkenswerte improvisierte Glasharmonikaversion von »Under Paris Skies« gehört, die ein wild gewordener Ernährungswissenschaftler und sein Buchdrucker in der Bar eines Studentenclubs vorführten.

WAS MAN BRAUCHT
* *8 bauchige Weingläser*
* *Wasser*
* *Die Finger*

SO WIRD'S GEMACHT

Als Erstes müssen Sie lernen, die Gläser zum Klingen zu bringen, indem Sie mit dem angefeuchteten Mittelfinger leicht über den Glasrand reiben.

Zum Üben füllt man ein Glas halb mit Wasser und hält den Fuß des Glases mit Finger und Daumen der linken Hand fest. Dann taucht man den rechten Mittelfinger ins Wasser und streicht fest und schnell damit über den Rand. Es ist ein Kniff dabei, aber es dürfte nicht lange dauern, bis Sie einen Ton erzeugen. Er ist überraschend laut, und weil es keinen Grundton gibt – nur die Obertöne –, hat er einen ätherischen Klang. Die Technik ist ein bisschen wie Radfahren – sobald man es gelernt hat, fällt man kaum noch um.

Wenn Sie ein wenig Vertrauen in Ihr Können gewonnen haben, stellen Sie acht Weingläser in einer Reihe auf und füllen sie unterschiedlich hoch mit Wasser. Dadurch bekommt jedes Glas eine andere Tonhöhe. Je weniger Wasser, desto höher der Ton. Gläser haben ganz unterschiedliche Eigenschaften, deshalb muss man viel mit Ein- und Ausgießen experimentieren, aber bei acht Gläsern wird das erste in der Regel fast leer und das letzte fast voll sein. Man stimmt sie mithilfe einer Stimmpfeife, einer Gitarre oder Ähnlichem, um eine Durtonleiter zu erhalten.

Üben Sie mit einer einfachen, langsamen Melodie, z.B. »Alle meine Entchen« (siehe s. 223). Wenn Sie nicht so geschickt mit den Fingern sind, schlagen Sie die Gläser mit einem Bleistift an. Das ist leichter, aber nicht ganz so beeindruckend.

Üben Sie erst ein bisschen für sich allein, bevor Sie es anderen vorführen. Man braucht gute Nerven, um mitanzuhören, wie der »Hummelflug« gnadenlos auf einer Garnitur Weingläser zugrunde gerichtet wird.

### IHRE ERSTE MELODIE

Nummerieren Sie die Gläser von 1 bis 8, indem Sie bei dem linken mit der tiefsten Note anfangen. Jetzt können Sie ein bekanntes Kinderlied spielen, indem Sie sich an den Ziffern unter den Silben orientieren.

Alle meine Entchen
| | | | | |
1 2 3 4 5 5

Schwimmen auf dem See,
| | | | |
6 6 6 6 5

Schwimmen auf dem See,
| | | | |
6 6 6 6 5

Köpfchen in das Wasser,
| | | | | |
4 4 4 4 3 3

Schwänzchen in die Höh.
| | | | |
2 2 2 2 1

*⊛ Benjamin Franklin ist der Erfinder der Bifokalbrille. ⊛*

# So stellt man einen kartesischen Taucher her

René Descartes ist berühmt für seine Behauptung, er könne seine Existenz durch den Satz beweisen: »Ich denke, also bin ich.« Bertrand Russell bemerkte dazu, Descartes habe seine Ideen offenbar aus dem Backofen gezogen, als sie erst halb gar waren. Was der Name des französischen Philosophen mit dem kartesischen Taucher zu tun hat, weiß ich nicht.

Der kartesische Taucher ist ein Zeitvertreib von jener Art,

wie man sie in viktorianischen naturwissenschaftlichen Büchern findet, mit seitenlangen Anleitungen, in denen von halbdurchlässigen Blasen, französischen Retorten, Destillierkolben und Kaliumpermanganat die Rede ist. Dies ist meine ganz persönliche schnelle Methode.

## Was man braucht
* Eine 2-Liter-Plastikflasche
* Ein Glas Wasser
* Eine Pipette

## So wird's gemacht

1 Füllen Sie die Plastikflasche bis auf einige Zentimeter unter den Rand mit kaltem Wasser.

2 Reinigen Sie die Pipette von eventuellen Ölresten. (Pipetten finden Sie bei den Aromatherapieölen Ihrer Schwester oder bei den Bachblütenessenzen im Arzneischrank.)

3 Um den Auftrieb der Pipette zu testen, geben Sie sie ins Wasser. Der Taucher soll aufrecht im Wasser stehen. Wahrscheinlich aber wird er obenauf schwimmen, als mache er »Toter Mann«. In diesem Fall müssen Sie sein Gewicht erhöhen, indem Sie ein wenig Wasser in die Pipette ziehen. Es dürfte nicht allzu lange dauern, bis Sie das Gewicht so angepasst haben, dass er aufrecht an der Oberfläche dümpelt.

4 Jetzt geben Sie den Taucher in die Flasche und schrauben den Verschluss zu. Der schwebende Taucher sieht dann aus wie ein Mann mit Zylinder, dessen Krone gerade noch aus dem Wasser herausschaut.

5 Drücken Sie oben auf die Flasche. Jeder Physikstudent kann Ihnen sagen, dass man zwar Luft komprimieren kann, aber keine Flüssigkeit – deshalb werden Bremsschläuche damit gefüllt. Wenn Sie also die Flasche zusammendrücken, wird die Luft ein wenig gepresst, da das Wasser jedoch nicht komprimiert

werden kann, wird eine kleine Menge davon in die Pipette gedrückt, die dadurch etwas schwerer wird. Und dann sinkt sie.

Sie werden feststellen, dass Sie bei Ihrem Taucher die Geschwindigkeit des Sinkens – und des Aufstiegs – steuern können, indem Sie die Stärke Ihres Drucks variieren.

Für die Vorführung vor Ihren Freunden denken Sie sich eine lustige Geschichte aus.

*❀ Peter der Große von Russland war in Zwerge vernarrt. ❀*

# Der Rosenkohl auf dem Laken

Von den 1001 Gesellschaftsspielen, die über die Jahre ersonnen wurden, ist die Kohlsprosse auf dem Laken eines der unterhaltsamsten und lustigsten. Die Regeln sind einfach, die Requisiten immer zur Hand, und es eignet sich für beliebig viele Spieler, mindestens aber drei. Geeignet ist das Spiel für Kinder oder kindische Erwachsene.

\*  Man macht viel Platz frei und stellt zwei Mannschaften zu je etwa vier oder fünf Mitspielern in zwei Reihen einander gegenüber auf. Dann gibt man ein gewaschenes Bettlaken aus und weist jeden an, das Laken an der langen Seite anzufassen. Wenn alle die Hände am Laken haben und es u-förmig zwischen den gegenüberstehenden Spielern herunterhängt, wirft man einen Rosenkohl in die Mitte.

\*  Ziel des Spiels ist es, das Laken mit einem Ruck so zu spannen, dass der Rosenkohl über die Köpfe der Gegner fliegt. Dafür gibt es einen Punkt. Es ist viel schwieriger, als es sich anhört, und auch wilder. Räumen Sie unbedingt Ihre Ming-Vasen weg und nehmen Sie die Picassos von der Wand.

* Außerhalb der Rosenkohlsaison oder bei sehr muskulösen Spielern kann man statt des Rosenkohls auch einen Champagnerkorken oder einen Tischtennisball nehmen.
* Ein Schiedsrichter ist unentbehrlich – und das sind Sie.

® Der Vorläufer des Rosenkohls, den wir heute kennen, wurde im antiken Rom kultiviert. Im 16. Jahrhundert wurde Rosenkohl in den Niederlanden und im heutigen Belgien populär. ®

# Das Hausorchester

Es ist gar nicht einzusehen, warum Sir Simon Rattle und seinesgleichen die Einzigen sein sollten, denen Orchester zur Verfügung stehen. Falls Sie sich schon immer als Dirigent gesehen haben (vom Kaliber eines Toscanini, nicht irgendeines Dorfkapellmeisters), dann kommt hier Ihre große Chance.

## Was man braucht
* *Einen Kamm und ein Stück Butterbrotpapier*
* *Ein paar gestimmte Milchflaschen*
* *Eine Keksdose*
* *Eine Gießkanne*
* *Löffel*
* *Ein Lineal*
* *Einen Staubsauger*
* *Einen leeren Papierkorb*
* *Einige »Musiker«*

## So wird's gemacht
* Man füllt und stimmt die Milchflaschen nach Art der Glasharmonika, wie auf S. 232 beschrieben, dann teilt man den Musikern die Instrumente zu. Die Melodie-

instrumente sind der Kamm mit Papier, die Milchflaschen, die mit einem Stock oder Löffel angeschlagen werden, und die Gießkanne.

\* Auf dem Kamm bläst man, indem man das Papier locker um den Kamm wickelt und gegen die Kammzähne summt, bis ein hoher Pfeifton entsteht.

\* Die Gießkanne verlangt nur einen bilabialen Triller (verächtliches Prusten), der gegen das Gießloch geblasen wird und einen hallenden Mezzoforte-Baritontriller erzeugt.

\* Die Rhythmusgruppe besteht aus der Keksdose und dem Papierkorb, die mit Schneebesen, Fingern, Stöcken oder einer Handvoll trockener Spaghetti (als »Besen«-Effekt) bearbeitet werden. Und die Löffel werden in der üblichen Weise gegen den Oberschenkel geschlagen.

\* Spezialeffekte sind möglich mit dem Staubsauger (versuchen Sie, durch das lange Rohr zu blasen, um einen Didgeridoo-Effekt zu erzeugen) und dem Lineal, das einen angenehmen Schnarrton erzeugt, wenn man es mit dem einen Ende auf einen Tisch legt und schwirren lässt.

\* Am besten lässt man dazu eine Schallplatte laufen. Auf diese Art können Sie praktisch ohne Übung eine Aufführung bieten, derer sich die Berliner Philharmoniker nicht zu schämen brauchten. Aber sorgen Sie dafür, dass die Haustiere weggesperrt sind.

*® Hoovers hoffnungslose Werbung mit Gratisflügen für den Kauf eines Staubsaugers kostete die Firma am Ende 48 Millionen Pfund. ®*

# Ein rekordverdächtiges
# Papierflugzeug im Handumdrehen

Es gilt, einen Mittelweg zu finden zwischen zwei Typen von Papierflugzeugen – einem, das verlässlich quer durchs Klassenzimmer eine illegale Nachricht wie »Kippe hinterm Fahrradschuppen in Pause?« übermittelt, und einem, das den Preis für Geschwindigkeit, Reichweite und Eleganz gewinnt.

Das hier beschriebene bricht alle Verlässlichkeitsrekorde. Es ist flott, schnell herzustellen (weil man sich die Falze leicht merken kann) und robust. Eine Delle in der Nase tut seiner Flugtüchtigkeit kaum Abbruch.

So wird's gemacht

1 Reißen Sie ein A4-Blatt von einem Schreibblock und falten Sie es einmal der Länge nach (Abb. 1).

2 Klappen Sie es auf und falten Sie die Ecken A und B zum Knick in der Mitte, sodass eine Spitze oben am Blatt entsteht (Abb. 2).

3 Drehen Sie das Papier waagrecht, die Spitze nach links, und falten Sie den diagonalen Falz unten so, dass er am Knick in der Mitte anliegt. Dieser Knick wird der Bauch des Flugzeugs.

4 Genauso machen Sie es mit der oberen Diagonale (Abb. 3).

5 Jetzt sollten Sie etwas vor sich haben, das deutlich an einen Pfeil erinnert.

6 Klappen Sie das Papier um den Mittelknick so zusammen, dass es mit der Diagonale an der Spitze ausläuft.

7 Falten Sie die obere rechte Ecke um, sodass sie genau über der unteren Ecke liegt, und machen Sie einen waagrechten Falz über das Papier, parallel zum Bauch des Flugzeugs (Abb. 4).

8 Drehen Sie es um, und machen Sie das Gleiche auf der anderen Seite.

9 Schließlich biegen Sie die gerade entstandenen Flügel so auf, dass sie einen Winkel von 90° mit dem Bauch des Flugzeugs bilden (Abb. 5).

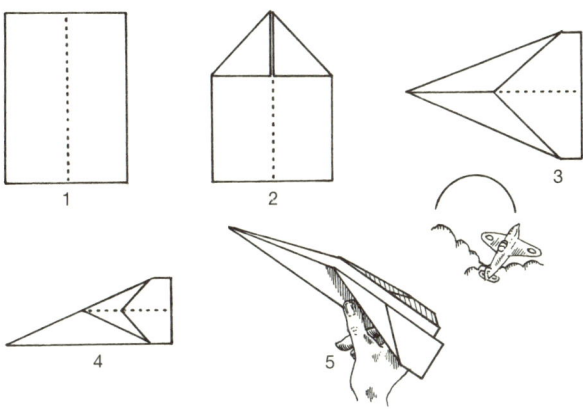

WURF
Nach dem Abwurf ist der Flug ballistisch, also nur durch die Kräfte der Schwerkraft bewegt. Werfen Sie das Flugzeug deshalb steil in die Höhe. Es wird sogar bei leichtem Luftzug stabil bleiben – was man nicht von allen Papierflugzeugen sagen kann.

*❀ Die meisten Flugzeugunglücke passieren bei Start, Steigflug, Sinkflug oder Landung. ❀*

# Einige ungewöhnliche Verwendungen eines Luftballons

DIE KOPFHÖRER DES NACHRICHTENSPRECHERS
Blasen Sie einen Ballon auf, wobei Sie die Öffnungen zweier Kaffeetassen (oder Pappbecher) auf beiden Seiten dagegenhalten. Der Ballon wird sich in die Tassen ausdehnen und diese so fest versiegeln, dass Sie sie leicht in der Schwebe hal-

ten können, sobald Sie den Ballon zugebunden haben. Sie sparen sich Ärger, wenn Sie einen Helfer engagieren. Wenn Sie mit einem Tintenstift ein Gesicht auf eine Seite des Ballons malen, sieht es aus wie ein Mann mit Kopfhörern. Sagen Sie: »Hier sind die Nachrichten mit Karl-Heinz Köpcke.« Einige (ältere) Leute lachen dann vielleicht.

## DAS GESPENSTISCHE »SKROTUM«

Blasen Sie einen Ballon auf und lassen Sie drei- oder viermal die Luft raus, bis er ganz schlaff und schrumplig ist. Füllen Sie ihn halb mit lauwarmem Wasser und binden Sie ihn zu. Dann schmuggeln Sie dieses unheimliche Ding in die Jackentasche des Trauzeugen, bevor er bei der Hochzeit seine Ansprache hält. Wenn er dann während seiner endlosen Rede gedankenverloren seine Hand in die Tasche steckt, wird sich sein Gesicht zu einem starren angeekelten Lächeln verziehen, das schwer wiederzugeben ist.

## DER SCHWERELOSE BALLON

Reiben Sie einen aufgeblasenen Ballon an Ihren Haaren, um ihn elektrisch aufzuladen. Halten Sie ihn dann einen Augenblick an die Decke, und wenn Sie dann loslassen, wird er eine Ewigkeit dort kleben bleiben. Kinder lieben das.

## DIE »STUMPFE« NADEL

Zum ersten Mal las ich eine Beschreibung dieses Tricks auf einer Cornflakespackung, und obwohl er oft in Büchern mit Tricks für Anfänger auftaucht, wird er selten vorgeführt. Das ist schade, denn er ist ausgesprochen mysteriös.

1   Sie zeigen zwei völlig gleiche aufgeblasene Ballons und reichen den einen einem Zuschauer.

2   Dann zeigen Sie ihm zwei Nadeln und bitten ihn, eine von beiden zu nehmen. Sie sagen: »Ich bin froh, dass Sie *diese* genommen haben. Das ist die *spitze* Nadel. Sie haben mir die stumpfe gelassen – sehen Sie.«

3    Jetzt stechen Sie die Nadel in den Ballon, sodass sie
     herausragt. Wenn Ihr Zuschauer es Ihnen gleichzutun
     versucht, platzt sein Ballon.

Der Trick besteht darin, vor Beginn der Vorführung heimlich
ein Quadrat Tesafilm auf Ihren Ballon zu kleben. Stechen Sie
die Nadel in den Tesafilm; dieser verhindert, dass der Ballon
platzt. Es ist ein verblüffender Trick.
    Zeigen Sie am Ende Ihren Ballon mit der Nadel vor und
bringen Sie ihn mit der Nadel des Zuschauers zum Platzen,
um das Beweismaterial zu vernichten.

### INVASION VOM MARS

Blasen Sie einen langen, dünnen, grünen Luftballon auf und
stecken Sie ihn in den Briefkasten des Pfarrers. Dann rufen
Sie: »Vorsicht! Die Marsmenschen sind gelandet!« Diesen
Gag verdanke ich Ken Dodd.

⊛ *Die Brüder Montgolfier ließen 1783 den ersten Heißluftballon aufsteigen.* ⊛

## Barometer Marke Eigenbau

Wir alle leben am Grund eines Meeres aus Luft und
sind seinem Druck ausgesetzt. Das können Sie demonstrieren, indem Sie ein Barometer anfertigen.

### WAS MAN BRAUCHT

* *Ein Glas mit gerader Wand*
* *Tesakrepp*
* *Einen Markerstift*
* *Einen Trinkhalm aus Plastik*
* *Lebensmittelfarbe (nach Wunsch)*
* *Kaugummi*

So wird's gemacht

1    Kauen Sie zunächst den Kaugummi.

2    Kleben Sie den Trinkhalm innen so ins Glas, dass sich
     sein Ende ungefähr einen Zentimeter über dem Boden
     befindet.

3    Füllen Sie das Glas zur Hälfte mit Wasser und rühren
     Sie ein wenig Lebensmittelfarbe hinein.

4    Saugen Sie Wasser in den Trinkhalm, und sobald der
     Wasserstand im Halm irgendwo zwischen der Was-
     seroberfläche und dem oberen Ende des Trinkhalms
     ist, halten Sie es auf diesem Stand, indem Sie das
     Ende zukneifen. Mit dem Kaugummi versiegeln Sie es
     dauerhaft.

5    Zeichnen Sie den Wasserspiegel im Trinkhalm auf
     einem senkrechten Tesakreppstreifen an der Außen-
     seite des Glases an.

6    Tragen Sie Ihr Barometer auf den nächsten Hügel
     oder, besser noch, in den Lift eines Hochhauses und
     markieren Sie beim Hinauf- und Hinuntersteigen
     bzw. -fahren die unterschiedlichen Pegelstände.

Das funktioniert, weil weiter oben weniger Luft das Wasser
in den Halm drückt, weiter unten dagegen mehr.

Sie können das Wetter vorhersagen, wenn Sie das Barometer auf ein dunkles Regal stellen. Fallender Druck (weniger Wasser im Halm) verheißt Wind und trübes Wetter.
Höherer Druck und mehr Wasser im Halm deuten auf schönes Wetter. Manchmal. Es ist nicht unfehlbar. Aber es ist
etwa genauso zuverlässig wie die TV-Wetterfee.

*»Mag der Rauch aus dem Schornstein wallen, dann wird Regen aus
den Wolken fallen.« (Bauernregel)*

# Das vierfingrige Ungeheuer

Hier ist ein Quickie für kalte Morgen. Ziehen Sie heimlich einen Finger aus einem Finger (oder dem Daumen) Ihres Handschuhs und stecken Sie ihn in die Handfläche. Dann strecken Sie die anderen Finger und zupfen den Handschuh so zurecht, dass er normal aussieht. Dann fordern Sie Ihren Begleiter auf, zu sagen, welcher Finger keinen Finger enthält (falls Sie verstehen, was ich meine). Es ist ziemlich verzwickt.

Wenn man die Finger oder den Daumen in einer ungewöhnlichen Haltung zeigt, ist es für geübte Spieler möglich, auch den aufmerksamsten Beobachter an der Nase herumzuführen. Er wird sich nämlich in der Regel für den »komisch aussehenden« entscheiden.

Sie dürfen bluffen, indem Sie gar keinen Finger, zwei, drei oder mehr herausnehmen, um ihn noch mehr zu verwirren.

Ein herrliches Spiel, um es mit Philosophiestudenten zu spielen, die man so mit einem Schlag auf den Boden der Empirie zurückholen kann.

※ *Arzthandschuhe (aus Schafsdärmen) wurden zum ersten Mal 1758 verwendet.* ※

# So bastelt man einen schwimmenden Papierfisch

Dieser reizvolle Zeitvertreib ist genau das Richtige, wenn Sie sich plötzlich von einer Meute rotwangiger Kinder umringt sehen, die gerade mit Burgern und Pommes vollgestopft von der Hüpfburg gekommen sind und sich nach etwas Teurem zum Kaputtmachen umsehen. Wenn Sie es gut verkaufen, werden bald alle still dasitzen und zeichnen, anmalen und ausschneiden.

WAS MAN BRAUCHT
* *Papier*
* *Schere*
* *Etwas Speise- oder Kosmetik-Öl*
* *Eine lange, flache Schale*

Zeichnen Sie auf gewöhnlichem Schreibpapier einen Fisch wie den unten abgebildeten. Er sollte ungefähr fünf Zentimeter lang sein. Falls Ihnen kleine Kinder helfen, lassen sie sich eine Weile damit beschäftigen, um die Wette Fische zu zeichnen und anzumalen. Ein wichtiges Element ist der schwarze Kreis in der Mitte, der durch eine schwarze Linie mit dem Schwanz verbunden ist.

Schneiden Sie den Fisch aus, auch den Kreis und die schwarze Linie. Jetzt füllen Sie die Schale mit Wasser und lassen den Fisch vorsichtig auf die Oberfläche fallen. Der Schwanz darf nicht zu weit vom Rand entfernt sein, und achten Sie darauf, dass die Oberseite des Fisches trocken bleibt.

Jetzt kommt der magische Teil. Lassen Sie einen Tropfen Öl in das Loch in der Mitte des Fisches fallen. Das Öl wird versuchen, sich auf der Wasseroberfläche auszubreiten. Am schnellsten geht das, indem es sich über den Kanal und am Schwanz hinaus ausbreitet. Das Papier wird dadurch in die entgegengesetzte Richtung gestoßen und schießt ziemlich schnell über das Wasser. Alle werden große Augen machen.

*⊛ Die 5 wichtigsten erdölfördernden Staaten: Saudi-Arabien, Russland, USA, Iran, China. ⊛*

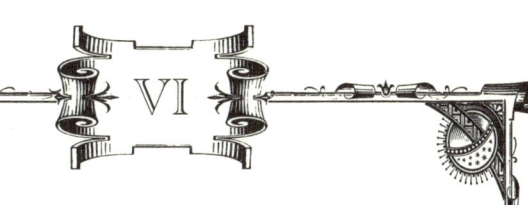

# Reingefallen!

## GAGS, WETTEN, STREICHE
## UND SCHWINDELEIEN

*Alle Missgeschicke sind lustig, solange sie anderen passieren.*
WILL ROGERS

# Das 20-Zentimeter-Bettbeben

Stellen Sie sich das mal vor: Sie haben mit Ihren Kumpels ein paar Bier getrunken, sich glücklich und zufrieden ins Bett gelegt und sind in einen tiefen, traumlosen Schlaf gesunken. Ganz plötzlich schüttelt ein gewaltiges Ungeheuer das Haus, als wollte Ihnen gleich der Himmel auf den Kopf fallen, und Ihr Bett kracht auf den Boden, als würden hundert Fässer eine Holztreppe hinunterpoltern. Während Sie sich mit einem Schrei und dem Herz in der Hose aufsetzen, merken Sie, dass das Zimmer zwar ruhig und die Tür geschlossen ist, das Bett aber in einem irren Winkel zur Wand steht und die Bettdecke gewaltsam hinuntergeschleudert wurde. Es gibt kein Anzeichen, dass sich jemand im Zimmer befindet, nur in einer Ecke rotieren geisterhaft ein paar Bierflaschen. In diesem Moment wünschen Sie, Sie hätten als Junge immer brav Ihre Hausaufgaben gemacht, und schwören, Ihren liederlichen Lebenswandel aufzugeben – ab morgen.

Sie können nicht wissen, dass Sie soeben ein Opfer des »20-Zentimeter-Bettbebens« geworden sind. Dieser teuflische Streich eignet sich besonders für Studentenwohnheime und unheimliche Hotels, in denen eine Gruppe von Freunden ein Partywochenende verbringt. Und so wird's gemacht.

1   Zuerst gucken Sie Ihr Opfer aus – häufig wird er sich ahnungslos selbst anbieten. Sie suchen nach jemandem, der genügend getrunken hat, um schläfrig zu sein, aber nicht so viel, dass er während des geplanten Aufruhrs nicht aufwacht.

2   Wenn das Opfer im Bett liegt, lassen Sie ihm Zeit einzuschlafen, gehen dann mit Ihren Komplizen (mindestens vier starke Männer) in sein Zimmer und nehmen die Ausrüstung mit – vier leere Bierflaschen.

3   Im Zimmer müssen Sie schnell und leise arbeiten wie ein Kommandotrupp. Ohne das Opfer zu wecken, heben die vier Stärksten das Bett hoch, während der

Kleinste und Gelenkigste vorsichtig eine Bierflasche aufrecht unter jedes Bein des Bettes stellt. Auf sein geflüstertes Kommando setzen Sie das Bett auf die Flaschen und verschwinden, indem Sie die Tür leise hinter sich zuziehen.

Alles Übrige ist nur noch eine Frage der Zeit. Irgendwann im Laufe der Nacht wird der arme Kerl sich umdrehen oder sein Gewicht verlagern. Dann kracht das Bett mit einem gewaltigen Rumms 20 Zentimeter tief auf den Boden, und die Flaschen fliegen in alle Himmelsrichtungen. Dies erzeugt immer einen angenehm musikalischen Effekt, etwa so, als würfe man einen Schreibtisch in die Paukenabteilung eines Orchesters.

So brutal in einer dunklen und unvertrauten Umgebung geweckt und lediglich ahnend, dass das Jüngste Gericht unmittelbar bevorsteht, wird selbst der abstrakteste Denker in arge Bedrängnis geraten, herauszufinden, was zum Teufel mit ihm passiert ist. Verraten Sie ihm nichts!

❋ *Enten am Rand einer Gruppe schlafen mit einem offenen Auge.*
*Der Rest schließt beide.* ❋

## Klassische Streiche

William Horace de Vere Cole (1881–1936) war der Schwager des britischen Premierministers Neville Chamberlain und ein berüchtigter Witzbold. Er verfügte über die drei wesentlichen Persönlichkeitsmerkmale eines Spaßvogels: wüsten Anarchismus, völlige Furchtlosigkeit und ein atemberaubendes Gespür für günstige Gelegenheiten. Als wohlhabender Aristokrat mit guten Verbindungen bereitete es Horace Cole größtes Vergnügen, seine berühmten Freunde in Verlegenheit zu bringen, indem er plötzlich mitten in London in einem gespielten epileptischen Anfall zusammenbrach oder einen seiner Bekannten – ein Parlamentsmitglied – wegen Diebstahls einer Uhr, die er ihm zuvor untergeschoben hatte, öffentlich festnehmen ließ. Als er eines Tages einigen Arbeitern begegnete, wies Cole sie mit großer Autorität an, am Piccadilly Circus einen riesigen Graben auszuheben, während ein zuvorkommender Polizist den Verkehr umleitete.

Hier ist einer von Coles besten und einfachsten Einfällen – das »Bindfadenknäuel« –, dazu einige andere klassische Scherze, die Sie vielleicht nach Ihren Bedürfnissen abwandeln können.

## DAS BINDFADENKNÄUEL

1   Besorgen Sie ein Klemmbrett. Ein Schutzhelm und eine neonfarbene Sicherheitsweste steigern Ihre Autorität, sind aber nicht unbedingt erforderlich.

2   Sprechen Sie einen freundlichen Herrn an der Ecke einer viel besuchten Ladenpassage an, reichen Sie ihm das Ende eines Bindfadenknäuels und bitten Sie ihn, es kurz zu halten.

3   Verschwinden Sie um die Ecke und wickeln Sie im Gehen das Knäuel ab.

4   In angemessen weiter Entfernung sprechen Sie eine andere freundlich wirkende Person an – gut eignen sich Nonnen. Schneiden Sie den Bindfaden ab und bitten Sie Ihr Opfer, ob es freundlicherweise das Ende halten könne, während Sie Ihren »Stramulator« aus dem Wagen holen.

5   Dann gehen Sie weg, entledigen sich des Klemmbretts und der Verkleidung und schleichen sich, eine gewisse Entfernung wahrend, zurück, um die Entwicklungen zu beobachten.

Menschen sind erstaunlich geduldig, aber nach einer Weile wird einer der armen Teufel auf der Suche nach Ihnen dem Faden folgen. Es ist urkomisch, die Verwirrung in den Gesichtern der Opfer zu beobachten, wenn sie aufeinandertreffen und jeder ein Ende des gleichen Stücks Bindfaden in der Hand hält.

## Das Spiegelei in der Tasche

Dieser Streich eignet sich am besten für förmliche Anlässe, wenn die Leute sich etwas aufgebrezelt haben. In der Dunkelheit eines Konzertsaals oder Theaters können Sie Ihre Schandtaten gut tarnen.

1   Braten Sie einige Spiegeleier gut durch – keine weichen Dotter.

2   Schneiden Sie den oberen Teil einer stabilen Plastiktüte so ab, dass sie genau in Ihre Seitentasche passt, und lassen Sie vorsichtig zwei oder drei Eier hineingleiten.

3   Am Ziel angekommen, machen Sie sich heimlich an einen eleganten Herrn heran und lassen behutsam ein Ei in seine Smokingtasche gleiten.

4   Dies funktioniert auch bei Damenhandtaschen. Der fassungslose Gesichtsausdruck, wenn Ihre Geschenke entdeckt werden, ist Gold wert.

## Der unendliche Faden

Dies funktioniert nur bei Jackettträgern.

1   Stecken Sie einen abgebrochenen Bleistift in die Mitte einer Rolle mit weißem Zwirn und klemmen Sie den Stift in die Innentasche Ihres Jacketts, sodass er die Rolle hält, diese sich aber frei drehen kann.

2   Wenn sie fest in der Tasche sitzt, ziehen Sie etwas Zwirn heraus und fädeln ihn in eine Nadel ein. Stechen Sie diese oben an der Schulter von innen durch das Jackettfutter.

3   Ziehen Sie den Faden etwa 10 Zentimeter nach außen durch und nehmen Sie die Nadel ab.

Jetzt sieht es aus, als hätten Sie ein loses weißes Fädchen am Jackett, und den ganzen Tag lang werden nette Menschen versuchen, es abzuzupfen, und dabei zu ihrer großen Verlegenheit Meter um Meter Nähgarn abspulen.

### Der geplatzte Schneemann

1 Füllen Sie eine große Versandtasche mit Rasierschaum.

2 Schieben Sie das offene Ende unter der verschlossenen Schlafzimmertür eines guten Freundes durch und treten Sie auf den dicken Teil. Es gibt nur eine Richtung, in die der Schaum entweichen kann, und genau das tut er. Alles ist voll davon.

Diesen Streich sollten Sie spielen, kurz bevor Ihr Opfer von seinen aushäusigen Aktivitäten zurückkehrt, damit der Schaum nicht wegschmilzt oder vielleicht fest wird. Darüber zu grübeln, wie der ganze Rasierschaum durch die verschlossene Tür hineingekommen ist, wird Ihr Opfer vor ein reizvolles Rätsel stellen.

### Der nasse Nieser

Diesen einfachen, aber ekligen Streich können Sie einem Freund oder einem Unbekannten spielen. Falls Sie es jedoch bei einem Fremden ausprobieren, sollten Sie einen Freund dabeihaben.

1 Tauchen Sie die Finger in ein Glas Wasser und nähern Sie sich leise von hinten Ihrem Opfer.

2 Machen Sie ein lautes, gurgelndes Niesgeräusch und schnippen Sie gleichzeitig das Wasser auf den Nacken Ihres Opfers.

3 Rennen Sie weg, so schnell Sie können.

4 Noch realistischer wird es, wenn Sie ein wenig Avocadomus in die linke Hand nehmen. Wenn Ihr Opfer sich umdreht, um Sie zu schlagen, wird er Sie dabei ertappen, wie Sie es ablecken. Halten Sie ihm die Hand hin und fragen Sie: »Möchten Sie was?«

## Das improvisierte Gewehr

Ein beeindruckenderes improvisiertes Gerät dürfte schwer zu finden sein. Mit einem A4-Blatt können Sie in Sekunden ein Instrument machen, das laut genug knallt, um Tote zu wecken.

1    Knicken Sie ein A4-Blatt der Länge nach in der Mitte und falten Sie es wieder auf (Abb. 1). Knicken Sie die vier Ecken diagonal um, sodass sie den Mittelfalz berühren (Abb. 2).

2    Legen Sie es so, dass die Spitzen nach oben und unten zeigen, schließen Sie es wie ein Buch und falten Sie dann die untere Spitze auf die obere, sodass eine

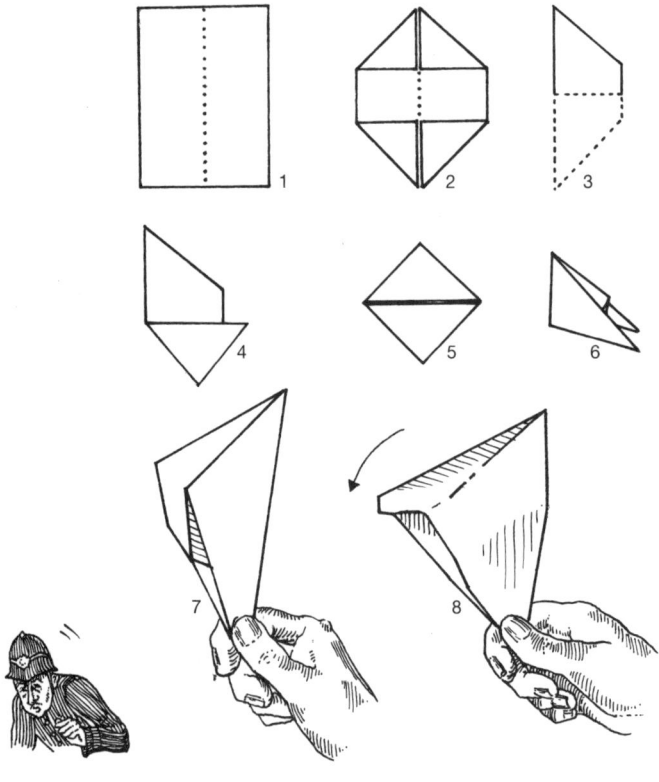

horizontale Falte entsteht. Falten Sie es wieder auf (Abb. 3).

3 Falten Sie die untere Hälfte diagonal um, sodass die Kante an den horizontalen Mittelfalz stößt (Abb. 4). Machen Sie das Gleiche mit der oberen Hälfte. Jetzt müssten Sie ein diagonales Quadrat vor sich haben (Abb. 5). Drehen Sie das ganze Ding von Norden nach Süden um und falten Sie die untere Hälfte hoch, sodass ein Dreieck entsteht (Abb. 6).

4 Greifen Sie die rechte Ecke, Daumen oben, Zeigefinger unten, und heben Sie das Ding senkrecht hoch, sodass die leicht geöffnete Ecke von Ihnen weg weist (Abb. 7).

5 Jetzt schnippen Sie den Apparat vorwärts durch die Luft, als ob Sie mit einer Peitsche knallen wollten, und die innere Klappe wird mit einem donnergleichen Knall herausspringen (Abb. 8).

## Das vergessene Bein

1 Besorgen Sie sich das Bein einer Schaufensterpuppe (Sie sind erwachsen, Sie werden schon wissen, wie Sie so etwas organisieren.)

2 Ziehen Sie einen Socken und einen Schuh über das Ende und verbergen Sie das Bein unter Ihrem Mantel.

3 Lassen Sie es in einem Kino, Zug, der Eingangshalle einer großen Firma oder TV-Gesellschaft, in einem Restaurant, einer Kneipe, einem öffentlichen Gebäude oder Ähnlichem stehen, dann gehen Sie weg und fordern es später ein. Fragen Sie: »Haben Sie das linke Bein, das ich vergessen habe?« Es macht ungeheuren Spaß und raubt anderen Leuten viel wertvolle Zeit.

\* Eine gute Variante ist, die Telefonnummer eines nahe gelegenen Massagesalons mit wasserfestem Stift an die Innenseite des Schenkels zu schreiben und das Bein neben dem Taufbecken einer Kirche stehen zu lassen. Das wird den Pfarrer ganz schön in Verlegenheit bringen.

\* Eine anregend klingende Alternative, die ich selbst nie ausprobiert habe, ist die, ein paar Fischstäbchen in das Bein zu stecken und einen amtlich aussehenden Paketschein mit Namen und Adresse eines unangenehmen Bekannten daran zu kleben, dazu die dreiste Nachricht: »BELOHNUNG! SOFORT AN BESITZER ZURÜCKGEBEN.«

## Bens Brotbombe

1 Nehmen Sie einen großen Laib Weißbrot von etwa einem Kilogramm und weichen Sie ihn über Nacht in einer Plastikschüssel oder einem Spülbecken voll Wasser ein. Achten Sie darauf, dass der Stöpsel fest schließt. Am nächsten Morgen hat das Brot jeden Tropfen Flüssigkeit aufgesogen und ist grotesk aufgequollen.

2 Heben Sie es vorsichtig heraus, tragen es wie ein Baby zu einem Fenster in einem oberen Stockwerk und werfen Sie es auf den Bürgersteig, wo es mit einem Krach wie bei einem Bauchklatscher der Weather Girls in ein Fass voll Pudding zerplatzt und Glibber in alle Richtungen verspritzt. (Der größte Hit der Weather Girls war »It's Raining Men«.) Waren die Achtziger nicht großartig?!

## Royal-Air-Force-Testpilot

Wählen Sie das größte Großmaul aus einer Gruppe von Männern und erklären Sie, Hand-Auge-Koordination spreche nachweislich für hohe Intelligenz. Erzählen Sie ihm, Testpiloten der Royal Air Force (RAF) müssten den folgenden Test bestehen, bevor sie fliegen dürften.

1 Bitten Sie ihn, die Hände mit den Handflächen nach unten und vorn auszustrecken und sie so ruhig wie möglich zu halten.

2   Jetzt stellen Sie auf die ausgestreckten Finger jeder
Hand ein Glas Bier und erklären, der Test verlange,
die Gläser wegzunehmen, ohne dass dabei Bier ver-
schüttet werde. Suchen Sie das Weite.

3   Mit einem Strohhalm in der Brusttasche und unter
Einsatz der Zähne ist es für Ihren Probanden möglich,
sich aus dieser Bredouille zu retten, ohne das Gesicht
zu verlieren. Aber das ist unwahrscheinlich.

DIE KARTOFFEL IN DER DAMENHANDTASCHE
Dieser Trick funktioniert mit allen Gemüsen oder Früchten
einschließlich Auberginen.

1   Verstecken Sie in einer Hosentasche oder anderswo
eine große Kartoffel, Pastinake, Avocado oder Banane.

2   Wenn Sie sich mit anderen Leuten in einem dunklen
Konzertsaal, einer öffentlichen Toilette, einem Auto
oder einer schummrigen Kneipe befinden, suchen Sie
sich Ihr Opfer aus, in deren Handtasche, Mantelta-
sche oder Handschuhfach Sie Ihr unbekanntes Objekt
verschwinden lassen wollen.

3   Wenn Sie spüren, dass die Bedingungen richtig sind,
führen Sie es aus – keineswegs verstohlen, sondern
dreist.

Wenn Sie das früh am Abend machen, können Sie noch genießen, wie Ihr Opfer entsetzt den Mund aufreißt, wenn es
nach dem Feuerzeug, Lippenstift oder Autoschlüssel kramt
und eine Rübe oder Kumquats findet. Lassen Sie sich nicht
anmerken, dass Sie etwas damit zu tun haben.

® *Der professionelle Witzbold Alan Abel nannte sich früher Stoidi Puekaw.*
*Rückwärts gelesen, bedeutet der Name im Englischen »Wakeup Idiots«!.* ®

## Ein Ei schwimmen lassen

Reichen Sie Ihrem Opfer ein Glas Wasser und fordern Sie es auf, ein Ei an der Oberfläche schwimmen zu lassen. Führen Sie es selbst mit einem Ei und einem eigenen Glas Wasser vor.

Wenn Ihr Mann es versucht, wird er scheitern. An den Eiern liegt es nicht: Es ist Ihr Wasser, das Sie zuvor stark gesalzen haben, sodass es viel dichter ist.

*Das weltgrößte Omelett aller Zeiten wurde in Madrid aus 5000 Eiern hergestellt.*

## Anderer Leute Goldfische verspeisen

Heutzutage tun die Leute alles, um ins Fernsehen zu kommen, im Goldenen Zeitalter des öffentlich-rechtlichen Fernsehens jedoch war man da noch zurückhaltender. Damals war der Höhepunkt der Indiskretion die Sendung »Verstehen Sie Spaß«, die erstmals 1980 im Vorabendprogramm der ARD ausgestrahlt wurde. Dort wurden ahnungslose Mitbürger heimlich gefilmt, während man ihnen einen Streich spielte.

Das Prinzip der »versteckten Kamera« hatte natürlich Vorläufer im US-Fernsehen. Einer der reizvollsten Scherze aus jener unschuldigen Frühzeit war ein Trick, bei dem ein Mann namens Peter seine Hand in ein Goldfischglas auf einer Ladentheke tauchte. Er zog einen tropfenden, zappelnden Fisch heraus und verzehrte ihn vor den Augen der angeekelten und empörten Zuschauer. So wird's gemacht.

WAS MAN BRAUCHT

*   *Eine große Karotte*

## VORBEREITUNG

Wenn Sie ein Wartezimmer oder einen privaten Haushalt mit einem Aquarium oder Goldfischglas kennen, ist dies der Trick für Sie.

* Besorgen Sie eine große Karotte und schneiden Sie mit einem scharfen Messer eine dünne längliche Scheibe aus der Mitte heraus.

* Legen Sie diese flach auf den Tisch und schneiden Sie sorgfältig den Umriss eines Goldfischs aus. Es lohnt sich, in einem Biologiebuch oder Lexikon nachzusehen, damit Sie das Profil genau hinbekommen. Machen Sie Ihren »Fisch« so groß wie irgend möglich, damit er gut zu sehen ist.

* Das nächste Vorbereitungsstadium hat meines Wissens noch nie jemand verraten. Kochen Sie die Karottenscheibe kurz, damit sie biegsam wird. Sie soll nicht zu Brei verkochen, aber flexibler sein als roh. Experimentieren Sie mit ein paar Prototypen. Wenn Sie es richtig gemacht haben, ist der »Fisch« ziemlich biegsam, und Sie können ihm Leben einhauchen, indem Sie ihn am Schwanz halten und etwas schütteln. Dabei versprüht er Wassertropfen und zappelt herzerweichend lebendig.

## VORFÜHRUNG

* Verbergen Sie den Karottenfisch in der Hand und schlendern Sie zum Aquarium oder Goldfischglas. Lenken Sie das Interesse auf sich, indem Sie gespannt ins Wasser starren.

* Wenn Sie die Aufmerksamkeit aller Anwesenden auf sich gezogen haben, tauchen Sie schnell die geschlossene Hand ins Wasser und ziehen sie mit dem zappelnden »Fisch« zwischen den Fingern heraus.

* Halten Sie ihn am Schwanz, sodass jeder ihn einen Augenblick lang zappeln sehen kann, dann stopfen Sie

ihn in den Mund. Den Leuten werden die Augen aus dem Kopf fallen. Setzen Sie dem Ganzen die Krone auf, indem Sie den »Fisch« genüsslich kauen.

*⊛ Der südasiatische Kletterfisch kann an Land gehen und auf Bäume klettern. ⊛*

## Neger mit Gazelle – die Palindrom-Herausforderung

Palindrome sind Wörter oder Sätze, die vorwärts und rückwärts gelesen gleich lauten. Findet man einmal ein richtig gutes, kann es zur Sucht werden und ist deshalb die perfekte Ablenkung für die öden Zeitwüsten, die sich durch ausgefallene Flüge und Züge oder im Wartezimmer Ihres Orthopäden auftun.

*Anna* und *Otto* sind Wortpalindrome, und als längstes deutsches Wortpalindrom galt lange *Reliefpfeiler.* So ging es auch in das Guinnessbuch der Rekorde ein, doch bringt es der *Retsinakanister* noch auf zwei Buchstaben mehr. *In Nagold legen Haehne Geld, log Anni* oder *Leo hortet Rohoel* sind Satzpalindrome. Und jedem, der in Deutschland in die Schule gegangen ist, wird einmal der Satz *Ein Neger mit Gazelle zagt im Regen nie* begegnet sein.

Das vielleicht berühmteste Palindrom ist das magische Wortquadrat SATOR AREPO TENET OPERA ROTAS. Es liest sich nicht nur rückwärts gleich, sondern untereinander geschrieben ergeben sich für die waagrechten Zeilen und die senkrechten Spalten die gleichen Wörter. Daher galt es als die magischste Zauberformel. Denn gewöhnliche Zaubersprüche konnten unwirksam gemacht werden, indem man sie rückwärts las. Ein Zauberspruch in Form eines Palindroms konnte dagegen nicht aufgehoben werden, da sich beim Rückwärtslesen der gleiche Wortlaut ergab.

Bei palindromischen Sätzen ist es eine Herausforderung,

sie einigermaßen plausibel klingen zu lassen, besonders wenn sie lang sind.

*Ein Leben mit Hegel? Der Edle geht im Nebel nie.*

Das folgende Palindrom ist 27 Worte lang, aber was könnte es bedeuten?

*Geist ziert Leben, Mut hegt Siege, Beileid trägt belegbare Reue, Neid dient nie, nun eint Neid die Neuerer, abgelebt gärt die Liebe, Geist geht, umnebelt reizt Sieg.*

Fangen Sie also an, rückwärts zu denken. Ein Blatt Papier und einen Stift müssen Sie natürlich zur Hand haben. Legen Sie einfach los und nehmen Sie zum Beispiel ein Wort wie »Renate«. Von hinten gelesen ergibt es »etaner«. Da ist der Weg nicht weit zu »Tibetaner«, der rückwärts wiederum »Renate bit« ergibt, und schon sind Sie bei *Renate bittet Tibetaner.*

Dass Englisch heute Weltsprache ist, war möglicherweise schon vor dem Sündenfall angelegt. Gut möglich, dass Adam sich Eva mit dem Palindrom vorstellte: *Madam, I'm Adam.*

® *Finnisch eignet sich mit Abstand am besten für Palindrome.* ®

# Die unilaterale Nasendeformierung

Zu den genialsten Hilfsmitteln, wenn es gilt, eine gebrochene Nase oder eine einseitige Nasenwucherung vorzutäuschen, gehört der Nuckel einer Babyflasche.

* Nehmen Sie den Nuckel und schneiden Sie mit einer Nagelschere ein Atemloch genau in die Spitze.
* Danach schneiden Sie den bauchigen Teil ab und schieben sich das Ding in ein Nasenloch.

\* Jetzt kommt der künstlerische Teil: Schneiden Sie alles Überflüssige weg. Mit einer scharfen Schere vor einem Spiegel geht das gut, Sie sollten nur aufpassen, dass Sie sich dabei nicht in Ihre eigene, echte Nase schneiden.

\* Wenn Sie fertig sind, werden Sie bemerken, dass Ihr Nasenloch grotesk geschwollen ist. Ein Hauch Make-up von Ihrer Schwester oder ein bisschen falsches Blut tarnt die Konstruktion und steigert sehr hübsch die Gesamtwirkung (siehe Blutrezept auf Seite 217).

Wenn Sie sich so ins Klassenzimmer setzen oder die Fahrprüfung machen, werden alle anderen Zustände kriegen. Kein Mensch wird fragen, an was für einer grässlichen Krankheit Sie leiden – das wäre unhöflich.

*Der wegen seiner großen Nase berühmte US-Komiker Jimmy Durante schmiss die Schule, um professioneller Ragtime-Pianist zu werden.*

## Der kaltblütige Papierriss

Hier kommt eine tolle Nummer, um seinem Opfer graue Haare zu bescheren. Mein Kumpel Jed kann es besonders gut. Man nimmt scheinbar Großvaters Testament, ein Aquarell von Turner, das Diplom des Cousins – oder irgendein anderes wertvolles Dokument – und reißt es entzwei. Obwohl die Wirkung des Scherzes nur von kurzer Dauer ist, ist der Gesichtsausdruck des Gegenübers jede Mühe wert.

1 Zum Üben nehmen Sie ein A4-Blatt und halten es sich mit einer kurzen Seite vors Gesicht. Dazu halten Sie es mittig mit Daumen und Zeigefingern beider Hände.

2 Stellen Sie sich vor, dass Sie es jetzt zerreißen, indem Sie mit der rechten Hand nach unten und zu sich hin

reißen, während Sie es noch mit der linken Hand halten. (Wenn Sie das jetzt wirklich tun, haben Sie die
Wirkung, die Sie nur imitieren wollen.)

3   Anstatt das Blatt tatsächlich zu zerreißen, halten Sie
    das Papier fest mit der linken Hand, während Daumen
    und Zeigefinger der rechten Hand locker zusammen-
    gedrückt bleiben.

4   Ziehen Sie schnell direkt vor Ihrer Nase den Nagel des
    Zeigefingers über das Papier, wobei Sie gleichzeitig
    ein reißendes, zischendes Geräusch mit dem Mund
    machen, der ja durch das Papier verdeckt ist.

Das Ganze wirkt für einen kurzen Moment schrecklich realistisch. Dann merkt Ihr Opfer, was passiert ist, und wird je
nach Naturell entweder lachen oder einen Gegenstand nach
Ihnen werfen.

*Die Stimmen der Wale in dem Film* Orca, der Killerwal *von 1977*
*stammen von Percy Edwards.* ®

## Der urinierende Eskimo

Hier ist ein unterhaltsam-vulgärer Scherz für die Cham-
pagner-Bar oder den Damenabend der Kirchenge-
meinde.

1   Wenn niemand hinschaut, nehmen Sie eine Handvoll
    Eiswürfel und halten sie so unauffällig wie möglich
    in der Faust, wobei Sie bedenken müssen, dass Ihre
    Hand sehr schnell schmerzhaft erkaltet und das Eis-
    wasser Ihnen die Hose volltropft.

2   Im passenden Augenblick nehmen Sie ein leeres Glas
    in Ihre warme Hand und sagen: »Es muss ein hartes
    Leben sein, wenn man Eskimo ist. Stellen Sie sich
    bloß einmal vor, Sie müssen die Blase leeren, und es

gibt keine Toilette im Iglu und draußen tobt ein Schneesturm. Sie müssen einfach Ihr Herz in die Hand nehmen und es wagen.«

3 Sie stehen jetzt auf (falls Sie gesessen haben), senken das Glas unter die Höhe des besten Stücks und bringen die andere Hand über das Glas, auf eine Höhe mit dem, was ich nur als Ihren »Gentleman's Bereich« umschreiben kann.

4 Verzerren Sie Ihr Gesicht, als würden Sie sich bei – 35°C in einem Schneesturm erleichtern, und machen Sie dabei ein pfeifendes Geräusch durch die Zähne. Mit der kalten Hand in der Gartenschlauch-Position pressen Sie in schneller Folge die Eiswürfel heraus, lassen sie klirrend in das Glas fallen und sagen: »Ich habe schon manche Kaltfront erlebt, aber das hier schlägt alles.«

® *Im Sommer leben die Eskimos traditionell in Zelten, nicht in Iglus.* ®

## Todsichere Wetten und Streiche

Den Leuten macht es Spaß, eine Wette zu verlieren, wenn sie gleichzeitig unterhalten werden. Hier sind einige Wetten, die Sie nicht verlieren können und die Ihre Wettgegner zum Lachen bringen – auch wenn sie zahlen müssen.

### DIE GLÄSERNE MAUSEFALLE

Diese alte Masche ist wohl eine der simpelsten und unverschämtesten. Dennoch wird sie einfach deshalb selten vorgeführt, weil sie schwierig zu behalten ist – besonders wenn man beim Zuschauen »müde« war.

1   Sie brauchen drei Gläser, die Sie nebeneinander vor
    sich auf den Tisch stellen, das Glas in der Mitte mit
    der Öffnung nach unten, die anderen mit der Öffnung
    nach oben. Vor jedes Glas legen Sie eine Nuss, Papier-
    kugel, Olive, Münze oder einen anderen geeigneten
    Gegenstand.

2   Wenn Sie so weit sind, sagen Sie: »Ich wette, dass ihr
    diese drei Mäuse nicht in nur zwei Schritten unter die-
    sen drei Glasmausefallen fangen könnt. Um euch zu
    helfen, zeige ich euch, wie es geht – aufgepasst.«

3   Jetzt heben Sie Glas 1 und 2 hoch – eines in jeder
    Hand – und drehen beide um, indem Sie Glas 1 über
    seine Maus stülpen und Glas 2 (jetzt mit der Öffnung
    nach oben) an seinen ursprünglichen Platz hinter seine
    Maus stellen. Die Glasmausefallen bleiben ihrer je-
    weiligen Maus zugeordnet und dürfen nicht die Maus
    wechseln. Sie sagen: »Eins.«

4   Sie drehen jetzt Glas 2 und 3 um, stülpen sie über ihre
    Mäuse und sagen: »Zwei.« Unter jedem Glas ist nun
    eine Maus gefangen.

5   Sobald Ihr Opfer die Regeln begriffen hat, stellen Sie
    die Gläser vor es hin. An diesem Punkt beginnt die
    krumme Tour.

6   Scheinbar stellen Sie die Glasmausefallen hinter den
    Mäusen in die Ausgangsposition, doch in Wirklich-
    keit stellen Sie zwar alle Gläser an ihren Platz, dre-
    hen aber das mittlere Glas mit der *Öffnung nach oben.*
    Ursprünglich stand es mit der Öffnung nach unten.
    Sosehr Ihr Kandidat sich auch anstrengt, er wird die
    Mäuse nicht fangen können, ohne etwas Unerlaubtes
    zu tun – und wenn er die ganze Nacht probiert.

Es ist wunderbar, sein Gesicht zu beobachten, wenn er sich
das Gehirn zermartert und rätselt, was falsch gelaufen ist.
Nehmen Sie das Geld – und die Beine unter den Arm.

### Der schnelle Bierschluck

Ihr Opfer spendiert eine Runde Bier, und wenn die Gläser vor Ihnen stehen, wetten Sie einen Euro, dass Sie sein und Ihr eigenes Glas austrinken können, bevor er fünf Bierdeckel umdrehen kann. Lassen Sie ihn die Bierdeckel hinlegen, wo er will. Wenn er »los« sagt, beginnen Sie zu trinken und wechseln dabei vom ersten zum zweiten Glas, während er die Bierdeckel umdreht.

Er wird Sie todsicher schlagen, aber wenn die Gläser leer sind, sagen Sie: »Oje, schon wieder verloren«, und geben ihm einen Euro. An diesem Punkt wird ihm dämmern, dass Sie sein Bier getrunken und ihn um eine ansehnliche Summe gebracht haben. Sagen Sie ihm, dass die nächste Runde auf ihn geht.

### Der unmögliche Papierriss

Machen Sie in ein Blatt Papier zwei ungefähr senkrechte Risse, die das Blatt in etwa dritteln. Diese Risse sollten kurz vor der Unterkante enden. Jetzt fordern Sie irgendeinen Trottel auf, die oberen Ecken A und B zu halten und das Blatt mit einem einzigen Riss zu zerreißen.

Ich liebe diesen Trick. Es scheint so leicht, ist aber unmöglich. Es ist eines der vielen wundervollen Beispiele der Physik des Universums, die ich nicht erklären kann.

*® Wenn sich 23 Leute in einem Zimmer befinden, stehen die Chancen 50:50, dass 2 am gleichen Tag Geburtstag haben. ®*

## So schüttet man jemandem Bier in die Hose

Sie werden niemandem Bier in die Hose gießen können, indem Sie ihn einfach nett bitten, dabei stillzuhalten. Wie alle Tricks, die auf Vertrauen beruhen, müssen Sie Ihre wahre Absicht verbergen, während Sie ihn überreden, irgendwelche komischen Sachen zu machen. Das schaffen Sie nur, wenn Sie ihn davon überzeugen, dass es sich am Ende für ihn auszahlen wird. So funktioniert es.

### So wird's gemacht

1   Als Erstes verstecken Sie einen Plastiktrichter hinter einem Vorhang nahe bei einem Tisch im Aufenthalts-raum eines Tagungsgebäudes oder bei einem hekti-schen Hochzeitsempfang. Geeignet sind Billard- oder Esstische.

2   Dann suchen Sie sich drei oder vier Komplizen und weisen sie in ihre Rollen ein. Sie müssen Ihren Anwei-sungen folgen, bis Sie rufen: »Knickerbocker Nia-gara!« An diesem Punkt müssen sie den Inhalt ihrer Biergläser in den Trichter gießen, der in der Hose Ih-res Opfers stecken wird. Sie werden wahrscheinlich einwenden, dass niemand ruhig stehen bleibt, wäh-rend man einen Trichter in seine Hose steckt und Bier hineingießt. Sagen Sie ihnen, sie sollen einfach abwar-ten.

3   Als Nächstes suchen Sie sich ein geeignetes Opfer für Ihren Streich. Halten Sie Ausschau nach einem von diesen unerträglichen Profilneurotikern, die sehr von sich eingenommen sind. In der Regel herrscht auf Partys oder in Studentenclubs kein Mangel an dieser Sorte. Sie schicken einen Ihrer Helfer zu ihm und lo-cken ihn an den Tisch, wo der Rest Ihrer Gruppe sich in aller Unschuld unterhält.

4   Wenn er kommt, erklären Sie der Gruppe: »Also, die Wette gilt: Ich gebe jedem einen Drink aus, der auf dem Tisch liegen und sich nur mit den Fersen festhal-ten kann, wenn der Tisch an einem Ende hochgeho-ben wird.«

5   Ihr erster Komplize wettet nun begeistert, dass er es kann, und legt sich auf den Tisch. Sie weisen Ihre Freunde an, den Tisch am Fußende bis zu einem sehr

steilen Winkel hochzuheben – fast senkrecht. Ihr beherzter Helfer hat sich mit den Schuhen über der Tischkante festgehakt und hängt nun recht sicher mit dem Kopf nach unten, aber er wird nicht herunterkommen, ohne sich weh zu tun. Nach dem Applaus wird der Tisch wieder auf den Boden herabgelassen, es gibt einiges Schulterklopfen, und Sie spendieren ihm demonstrativ ein Bier. Ein anderer Ihrer übereifrigen Komplizen will es auch versuchen, und der Trick wird wiederholt.

6    Mittlerweile dürften sich viele Zuschauer versammelt haben, und jetzt ermutigen Sie Ihr Opfer, es zu probieren. Bieten Sie ihm an, sein Jackett und sein Bier zu halten. Während er auf den Tisch steigt, darf Ihr Gesicht keineswegs Ihre Genugtuung verraten. Stattdessen geben Sie ihm gute Ratschläge. Der Tisch wird wieder gekippt, und wenn er den Höhepunkt erreicht, rufen Sie aus: »Knickerbocker Niagara!«, wobei Sie schnell den Plastiktrichter in ein Hosenbein des Opfers stecken.

7    Einer nach dem andern leeren Ihre Helfer jetzt ihre Gläser und Flaschen in den Trichter. Sie haben keine Eile, da der arme Kerl völlig hilflos ist. Es macht ungeheuren Spaß, das wechselnde Mienenspiel des Typs zu beobachten, während seine Hose sich mit Bier füllt. Er wird gründlich nass werden und vielleicht in wüste Beschimpfungen ausbrechen. In diesem Fall wären Sie gut beraten, einen schnellen Abgang zu machen und Ihren Freunden die Erklärung zu überlassen.

® *Durchschnittliche Trockenzeiten: Papierhandtuch: 12 Sekunden, Heißlufttrockner: 43 Sekunden.* ®

## Meistern Sie die teuflischsten Zungenbrecher der Welt

Die bekanntesten Zungenbrecher sind nicht besonders schwierig. Mit etwas Übung schafft fast jeder »Fischers Fritz fischt frische Fische« oder »Es klapperten die Klapperschlangen, bis ihre Klappern schlapper klangen«. Von den allgemein bekannten ist »Blaukraut bleibt Blaukraut und Brautkleid bleibt Brautkleid« vielleicht der tückischste. Wenn Sie also ein paar richtig schwierige Zungenbrecher beherrschen, sind Sie bestens dafür gerüstet, Mitreisende im Zug oder den gelangweilten Neffen zu beeindrucken – ganz zu schweigen von den Wetten, die Sie bei Ihren Kommilitonen oder in der Eckkneipe gewinnen werden.

Die Geografie scheint einen großen Anteil an Zungenbrechern zu liefern.

* *In Ulm, um Ulm und um Ulm herum.*
* *Allergischer Algerier, algerischer Allergiker.*
* *Der Cottbuser Postkutscher putzt den Cottbuser Postkutschkasten.*
* *Ob er aber über Oberammergau oder aber über Unterammergau oder aber überhaupt nicht kommt, ist nicht gewiss.*

Man gerät sehr leicht ins Stolpern, wenn man versucht, die folgenden Sätze möglichst schnell zu sprechen.

* *Die Katzen kratzen im Katzenkasten, im Katzenkasten kratzen die Katzen.*
* *Max wachst Wachsmasken. Was wachst Max? Wachsmasken wachst Max.*
* *Wenn der Benz bremst, brennt das Benz-Bremslicht.*
* *Zwanzig Zwerge zeigen Handstand, zehn im Wandschrank, zehn am Sandstrand.*
* *Zwischen zwei Zwetschgenzweigen sitzen zwei zwitschernde Schwalben.*
* *Flotte flinke Fellflicker flicken flink feine Felle.*

Bei anderen stolpert man vielleicht nicht über die Konsonanten, die Schwierigkeit liegt eher darin, sich den Spruch zu merken.

* *Ein sehr schwer sehr schnell zu sprechender Spruch ist ein Schnellsprechspruch, auch ein nur schwer schnell zu sprechender Spruch heißt Schnellsprechspruch.*
* *Wenn du Trottel zu mir Trottel Trottel sagst, sage ich Trottel zu dir Trottel so lange Trottel, bis du Trottel zu mir Trottel nie mehr Trottel sagst, du Trottel.*
* *Wer nichts weiß und weiß, dass er nichts weiß, weiß mehr als der, der nichts weiß und nicht weiß, dass er nichts weiß.*

Während der letzte Spruch philosophische Tiefe hat, zeigen die folgenden Beispiele, dass es meist nicht sosehr auf den Inhalt ankommt.

* *Der plappernde Kaplan klebt klappbare Pappplakate.*
* *Fischer, die als Floßfahrer mit Flussflößen auf Floßflüssen fahren, sind fischende Floßflussflussfloßfahrer. Wenn die fischenden Floßflussflussfloßfahrer aus den Floßflüssen Fische fischen, sind es nicht Floßfische, auch nicht bloß Fische, es sind Floßflussfische, es sind Flossenfische: Es sind Floßflussflossenfische.*

*® Die Zunge ist der einzige Muskel des Menschen, der nur an einem Ende festgewachsen ist. ®*

# Der 20-Liter-Gummi-Ärger

Anleitung

1   Falten Sie einen großen Pappkarton auseinander und entfernen Sie eventuell vorhandene metallene Heftklammern.

2    Reiben Sie eine Seite der Pappe mit Vaseline ein und legen Sie sie in die Badewanne, die fettige Seite nach oben.

3    Jetzt füllen Sie vorsichtig ein Kondom mit Wasser und lassen es auf der Pappe liegen, wo es bibbernd anschwillt. Sie werden feststellen, dass Sie 15–20 Liter in diese Riesendinger kriegen.

4    Nach ein wenig Übung (im Freien) sollten Sie mit einem Helfer in der Lage sein, das pochende, zitternde Monster auf seiner Papptrage hochzuheben und zum Bett Ihres Opfers zu tragen, wo Sie es sehr vorsichtig auf die Bettdecke legen.

Ihr Opfer wird es nicht entfernen können, ohne dass es auf sehr vergnügliche Weise platzt.

® *Neufundland rühmt sich einer kleinen, aber alten Stadt namens Dildo.* ®

# Exhibitionistenparade

## UNGEWÖHNLICHE TRICKS
## UND PARTYGAGS FÜR
## DEN ANSPRUCHSVOLLEN WITZBOLD

*Ein alter Trick in neuem Gewand ist immer eine erfreuliche Abwechslung.*
HARRY HOUDINI

# Der einarmige Straßenmusikant

Dieser improvisierte Gag ist eine Spezialität des Londoner Zauberers Terry Guyatt, der ihn mit enormer komischer Verve vorführt. Auch wenn Sie als Witzbold nicht sonderlich begabt sind, muss dieser Quatsch einfach Aufsehen erregen.

»Der einarmige Straßenmusikant« ist ein schönes Kunststück für eine Abendgesellschaft. Sobald die Damen sich zurückgezogen und die Herren ihre Zigarren angezündet haben, bitten Sie um Aufmerksamkeit und fragen: »Was ist eigentlich aus dem einarmigen Blechflötenspieler geworden, der die Leute immer vor der Staatsoper (oder einer beliebigen anderen schicken Örtlichkeit) unterhalten hat?«

Die Anwesenden werden die Ohren spitzen, also fahren Sie fort: »Ja, er war unheimlich gut, aber er hatte ein furchtbares Problem.« Ihr Publikum wird mehr wissen wollen, also sagen Sie, wenn sich das Geschrei gelegt hat: »Lassen Sie mich zeigen, was ich meine.«

Verlassen Sie kurz den Raum, um sich vorzubereiten. Falls ein Garderobenständer in der Nähe ist, borgen Sie sich dort Ihre Requisiten. Sie brauchen ein Sakko (wenn Sie nicht ohnehin eins tragen) und einen möglichst ausgefallenen Hut: Je lächerlicher er aussieht, desto besser. Schlüpfen Sie nur mit dem rechten Arm ins Sakko; den linken Ärmel lassen Sie hängen, als wären Sie einarmig. Knöpfen Sie das Sakko zu und stecken Sie den linken Arm in den Hosenbund, sodass die Hand direkt über den Familienjuwelen ruht. Das alles ist unter dem Sakko verborgen. Jetzt suchen Sie einen Hut und setzen ihn auf. Findet sich keiner, lässt sich auch ein Kaffeewärmer oder irgendein anderer alberner Ersatz zweckentfremden (*siehe* den 20-Sekunden-Papierhut auf S. 204).

Treten Sie wieder ins Zimmer, wo Sie mit erwartungsvollem Gemurmel begrüßt werden, und bitten Sie um einen Schneebesen, Bleistift, Holzlöffel oder etwas Ähnliches, das als Blechflöte dienen soll. Nehmen Sie dies in die rechte

Hand und tun Sie so, als würden Sie darauf spielen, fragen nach Wunschmelodien und tanzen ein wenig dazu, falls das Ihr Stil ist. Wenn der Applaus endet, sagen Sie: »Ja, er war schon gut, dieser einarmige Straßenmusikant. Aber mit nur einem Arm hatte er natürlich das Riesenproblem, während seines Spiels den Hut herumgehen zu lassen, und deshalb hatte er nichts zu beißen und zu brechen. Aber ich glaube, ich bin auf eine Lösung gestoßen.«

Mit einer ausholenden Bewegung der rechten Hand öffnen Sie den Hosenschlitz, stecken den linken Zeigefinger heraus und haken ihn um die »Flöte«. An diesem Punkt wird man Luftschnappen hören. Jetzt setzen Sie mit der rechten Hand den Hut ab und lassen ihn herumgehen. Das ist ein verblüffender und urkomischer Schluss.

® *Blechflöten sind diatonisch gestimmt: 2 Durtonarten und ihre verwandten Molltonarten.* ®

## So hält man eine Rede

Sie sind gebeten worden, einen Preis anzunehmen, als Trauzeuge eine Hochzeitsrede zu halten oder bei der Beerdigung einer Tante zu reden. Sie haben noch nie öffentlich gesprochen, Sie wissen nicht, wo Sie anfangen sollen, und das Herz rutscht Ihnen in die Hose. Hier kommt Ihre Überlebensstrategie.

### HINTERGRUND

Nur wenige Menschen sind beim Reden vor Publikum selbstsicher – und das gilt selbst für geübte Redner. Erfahrene Redner wissen aber, dass das Erfolgsgeheimnis darin liegt, diese Selbstsicherheit auszustrahlen. Wenn Sie nicht wirken, als hätten Sie alles unter Kontrolle, wird Ihr Publikum unruhig und zappelig, nutzen Sie also Ihre nervöse Energie, um Selbstsicherheit vorzutäuschen; so einfach ist das. Falls es eine bestimmte Persönlichkeit gibt, die in Ihren Augen Autorität ausstrahlt, sagen wir der Papst oder Ihr ehemaliger Direktor, imitieren Sie seine positive Körpersprache. Halten Sie den Kopf hoch, zappeln Sie nicht, stellen Sie Blickkontakte her und sprechen Sie bestimmt. Genau das haben alle Routiniers gelernt.

TIPPS UND TRICKS

1   Seien Sie nicht Sie selbst, wenn Sie eine Rede halten. Bieten Sie stattdessen eine übertriebene *Darstellung* von sich.

2   Lernen Sie Ihre Rede nicht Wort für Wort auswendig, und lesen Sie sie nicht vom Blatt ab. Stellen Sie sich die Rede als eine Reise vor (*siehe* »So entwickeln Sie ein gigantisches Gedächtnis«, S. 99–101). Entwerfen Sie eine gut strukturierte Rede, mit einem Anfang, einem Mittelteil und einem Schluss, das verschafft Ihnen die Freiheit zur Improvisation. Die Rede muss allerdings einen guten Anfang und ein gutes Ende haben. Recherchieren Sie ein wenig, dann stoßen Sie bestimmt auf einige passende Eröffnungs- und Schlussformeln. Klauen Sie hemmungslos, was Ihnen passt. Sie können auch Eindruck schinden, wenn Sie mit einem großen Papierbaum (*siehe* S. 213) auftreten.

3   Geht es bei Ihrem Auftritt um Fragen und Antworten, beginnen Sie mit jemandem, der am Anfang des hinteren Drittels des Publikums sitzt, rechts von Ihnen und nahe am Mittelgang. Die Forschung hat ergeben, dass in diesem Bereich »Freunde« sitzen. Meiden Sie die erste Reihe unmittelbar links von Ihnen. Dort lauern Ihre »Feinde«.

4   Seien Sie nie entschuldigend, patzig oder unflätig. Wenn die Leute bei Ihren lustigen Bemerkungen nicht lachen, reden Sie unbekümmert weiter. Schaffen Sie es gar nicht, das Eis zu brechen, probieren Sie es damit: »Sehen Sie, ich weiß, dass Leute da draußen

sind, ich kann sie atmen hören.« Sobald Ihre Zuhörer leise lachen, haben Sie sie wieder gepackt. Geben Sie sich immer selbstsicher, egal was passiert.

5   Weinen Sie auf einer Beerdigung nicht während Ihrer Rede.

6   Falls Sie unerwartet schallendes Gelächter kassieren, kontrollieren Sie Ihren Hosenschlitz. Um das unauffällig zu bewältigen, legen Sie die rechte Hand auf die Gürtelschnalle und schieben die Spitze des kleinen Fingers unter den Übertritt. Steht der Schlitz offen, müssen Sie eben improvisieren.

7   Wenn Ihr Mund trocken wird, beißen Sie sich auf die Zungenspitze, damit Speichel fließt.

8   Dies ist nicht der Ort für eine Abhandlung über Mikrofontechnik, aber hier sind drei Tipps:

     I.   Halten Sie das Mikro mit einer Hand vor die Brust und lassen Sie es dort.

     II.   Wenn es auf einem Ständer sitzt, schieben Sie es zur Seite und sprechen »quer« dazu.

     III.   Wenn es auf dem Pult steht, sprechen Sie darüber hinweg.

9   Zuhörer mögen persönliche Geschichten lieber als aneinandergereihte Witze, und in der Regel finden Sie immer etwas Nettes über einen Menschen zu sagen. Erwähnen Sie sein Lächeln, seinen Witz oder seine Tierliebe. Wenn Sie wirklich in der Bredouille sind, probieren Sie es damit: »Jeder sagt, er sei der gemeinste Mensch auf Erden gewesen, aber bleiben wir gerecht – sein Vater war schlimmer.«

⊛ *Winston Churchill fing 1895 in Kuba das Zigarrenrauchen an.* ⊛

# Taschentuchfalten – die Maus

Dieser Lieblingstrick von Lewis Carroll, »Die Maus«, ist zweifellos das schönste Taschentuchkunststück, das jemals ersonnen wurde. Wunderschön vorgeführt wird es von Norman Wisdom in seinem Film *Die Rakete zur flotten Puppe* (*The Bulldog Breed,* 1960) neben einigen guten Streichholztricks. Es ist eine erstklassige Nummer für kleine Kinder und verschafft Ihnen einen guten Ruf als Entertainer.

WAS MAN BRAUCHT
* 	*Ein Herrentaschentuch*

SO WIRD'S GEMACHT

1 	Legen Sie das Taschentuch vor sich auf den Tisch, die Ecken nach Norden, Süden, Osten und Westen (Abb. 1, S. 278).

2 	Falten Sie die Südecke zu einem Dreieck auf die Nordecke (Abb. 2, S. 278).

3 	Falten Sie die West- und die Ostecke zur Mitte, sodass eine Form entsteht, die ungefähr wie ein geöffneter Briefumschlag aussieht (Abb. 3).

4 	Rollen Sie das Taschentuch von unten auf, bis noch 6–7 cm von der Nord-Süd-Ecke sichtbar sind. Wenn Sie beim Aufrollen leicht an den Enden der Rolle ziehen, verhindern Sie, dass sich alles wieder auflöst (Abb. 4).

5 	Drehen Sie das Taschentuch von links nach rechts, sodass der aufgerollte Teil darunter liegt.

6 	Falten Sie die Enden der Rolle zur Mitte, wie bei dem Umschlag-Schritt (3) oben (Abb. 5).

7 	Rollen Sie die gefalteten Enden einmal zur oberen Ecke hin um. Jetzt falten Sie diese Ecke zu sich hin und stopfen Sie in die Falte oben. Das Ganze ist jetzt in einem heiklen Stadium, und der nächste Schritt

führt oft dazu, dass alles auseinanderfällt. Aber mit einiger Übung haben Sie bald den Dreh heraus.

8 Stecken Sie die Daumen in die Tasche vor Ihnen und drehen Sie die Rolle von innen nach außen – von Ihnen weg (Abb. 6). Rollen Sie immer weiter, bis es nicht mehr geht. Sie werden feststellen, dass sich das Taschentuch schnell festzieht, und bald werden die zwei Enden sichtbar (Abb. 7).

9 Halten Sie den Körper fest und ziehen Sie vorsichtig die Enden heraus, sodass das Ding wie ein langes Bonbon aussieht.

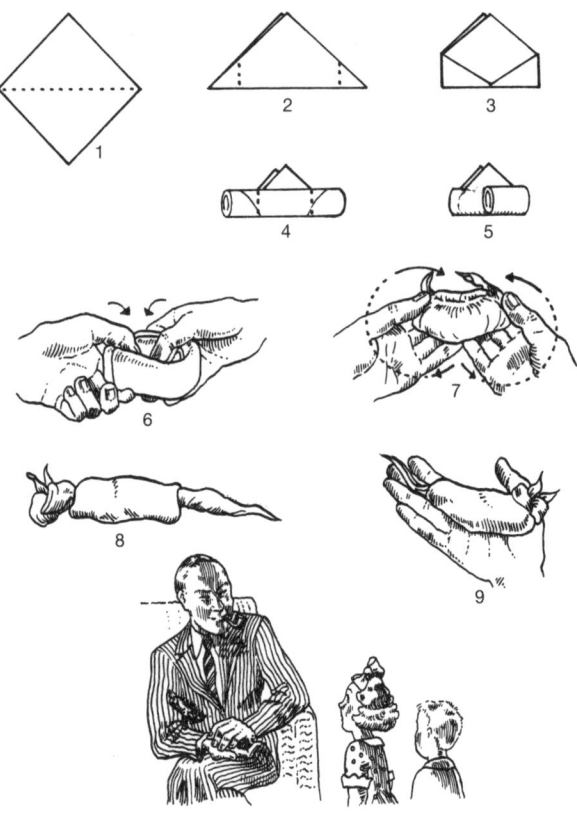

10 Machen Sie einen Knoten in das eine Ende, um den Kopf zu formen (Abb. 8). Zupfen Sie ein bisschen daran herum, bis die Zipfel wie Ohren aussehen, und Sie können sich der Akrobatik widmen.

DER SPRUNG

1 Legen Sie die Maus auf Ihre rechte Handfläche, sodass der Schwanz über den Mittelfinger hängt und der Kopf an der Daumenwurzel liegt. Daumen und Ringfinger halten sie in dieser Lage (Abb. 9).

2 Streichen Sie der Maus mit der gewölbten linken Hand über den Rücken, und sobald die Fingerspitzen Ihrer rechten Hand von der linken verdeckt sind, schnippen Sie mit dem Mittelfinger. Dadurch wird die Maus den rechten Arm hinaufkatapultiert, manchmal sogar über die Schulter.

Kinder kreischen dabei vor Vergnügen. Erzählen Sie ihnen, dass die Maus Anabolika genommen hat.

⊛ *Richard II. von England soll das Taschentuch »erfunden« haben.* ⊛

## So demonstriert man an seinem Hund Gedankenlesen

Soviel ich weiß, ist der einzige Künstler, der jemals das Gedankenlesen eines Hundes zum Gegenstand einer Nummer gemacht hat, der weltgewandte Zauberer Fergus Anckorn aus Kent, der diese einmalige Show in jahrelanger Arbeit entwickelte. Wenn Sie Lust haben, die Fähigkeit Ihres Hündchens zum Gedankenlesen vorzuführen, finden Sie hier die Grundlagen – mit freundlicher Genehmigung von Mr. Anckorn.

**Was man braucht**

\* *Einen gut erzogenen, lernfähigen Hund*
\* *Eine Tafel und Kreide oder Ähnliches*

**Was das Publikum sieht**
Der Künstler betritt den Raum mit seinem Hund, der sich brav hinsetzt. Er bittet dann einen Freiwilligen, ihm bei einem Experiment im artenübergreifenden Gedankenlesen zu helfen, und enthüllt eine Tafel oder Flipchart, worauf mehrere Befehle stehen, z. B.:

\* *Platz*
\* *Leg dich hin*
\* *Gib Laut*
\* *Hol den roten Ball/weißen Ball/den Reifen/die Zeitung usw.*

Er erklärt, dass sein Assistent neben jeden Befehl ein Häkchen macht und das Tier die Gedankenwellen erfasst und gehorcht. Der Künstler weist darauf hin, dass er in gewissem Abstand hinter dem Hund steht, also keine heimlichen Zeichen geben kann. Er betont auch, dass der Hund mit dem Rücken zur Tafel steht, um jede Möglichkeit auszuschließen, er könnte mogeln, indem er abliest. Damit kassiert man in der Regel einen Lacher.

Wenn es wieder still ist, wählt der Assistent einen Befehl aus und hakt ihn lautlos ab. Kaum hat er das Häkchen begonnen, hat der Hund schon gehorcht und die entsprechende Position eingenommen. Der Assistent geht die Liste durch, während der Künstler reglos außer Sichtweite des Hundes steht oder sitzt. Wenn alle Befehle abgearbeitet sind, verneigen sich Künstler und Hund.

## SO WIRD'S GEMACHT

Wie jeder schon ahnt, besitzt Ihr Hund in Wirklichkeit keine übernatürlichen Fähigkeiten. Er ist darauf dressiert worden, auf einen geheimen Code zu reagieren, den man durch Schnauben übermittelt. Zum Beispiel kann ein kurzes Schnauben »Platz« bedeuten, ein langes, gefolgt von zwei kurzen »Hol die Zeitung«. Es liegt bei Ihnen, ein funktionierendes System zu finden und einzuüben.

Nach etwas Training mit lauten Schnaubgeräuschen werden Sie feststellen, dass es auch viel leiser geht. Es ist erstaunlich, wie empfindlich ein Hundeohr auf den leisesten Klang reagiert – so leise, dass ein menschliches Ohr nichts hört. Beginnen Sie mit einem einfachen Befehl und arbeiten Sie daran, dann steigern Sie sich allmählich, bis Sie drei oder vier Befehle haben, die Ihr Hund versteht. Der Rest ist geschickte Zurschaustellung. Gedankenlesen mit Hund ist eher ein verblüffendes Rätsel als ein Zaubertrick und wird am besten auf geistreiche, fröhliche und lässige Art vorgeführt.

® *Der Verleger Henry Sleeper Harper rettete sich mit seinem Hund*
*Sun Yat Sen von der Titanic.* ®

# So jongliert man mit Orangen

Das Schöne am Jonglieren ist, dass die Zuschauer sehen können, wie geschickt Sie sind, und Sie mit viel Beifall belohnen. Stellen Sie sich beim Üben vor die Schlafzimmerwand oder das Bett. Das hindert Sie am Vorwärtsgehen, einem verbreiteten Anfängerproblem. Ein Bett fängt außerdem Fehlwürfe prima auf.

## FALLENLASSEN UND AUFFANGEN

Der erste und wichtigste Schritt, den man lernen muss, ist das Fallenlassen. Sie werden diesen Schritt sehr oft machen. Nehmen Sie eine Orange und lassen Sie sie auf den Boden fallen. Jetzt bitten Sie einen Freund, sie aufzuheben und Ihnen zuzuwerfen. Sagen Sie: »Danke. Warum soll ich die ganze Arbeit machen?«

### Eine Orange

Üben Sie zu Anfang mit nur einer Orange, indem Sie sie von der rechten in die linke Hand werfen. Stellen Sie sich im Geist vor ein großes Zifferblatt. Die rechte Hand beginnt bei 3 Uhr und lässt bei 2 Uhr los, wobei sie die Orange auf 12 Uhr hochwirft, mit gerade so viel Kraft, dass sie eine hübsche Kurve beschreibt. Schwerkraft und Trägheit nehmen Ihnen die Arbeit ab; Ihre Hände bleiben ungefähr da, wo sie sind, immer mit der Handfläche zur Decke. Wenn Sie es richtig machen, sollte die Orange auf dem Scheitelpunkt ihrer Kurve zu fallen beginnen – etwa auf Augenhöhe oder bei 12 Uhr, und gerade, wenn Sie sie mit der linken Hand auffangen, zum Ende ihrer Kurve kommen, zwischen 10 Uhr und 9 Uhr.

### Zwei Orangen

Beginnen Sie mit einer Orange in jeder Hand. Lassen Sie die eine in Ihrer rechten Hand los, und wenn sie den Scheitelpunkt ihres Bogens erreicht, werfen Sie diejenige in der linken Hand, indem Sie sie zur rechten Hand hin werfen wie beschrieben. Fangen Sie die erste mit der linken Hand auf und dann die zweite mit der rechten. Wiederholen Sie diese Übung, indem Sie abwechselnd mit der rechten oder der linken Hand beginnen, bis Sie es im Schlaf beherrschen. Links, rechts, links, rechts, wie beim Gehen. Werfen Sie nicht beide Orangen gleichzeitig.

### Drei Orangen

Beginnen Sie mit zwei Orangen in der rechten Hand (wir nennen sie Tom und Harry) und einer Orange (Dick) in der linken. Sie werfen zuerst die Orange auf den rechten Fingerspitzen (Tom) zur linken Hand, wie Sie es geübt haben.

Wenn Tom den Zenit erreicht hat, werfen Sie Dick aus der linken Hand wie gewohnt und fangen Tom, genauso wie in der Übung mit den zwei Orangen. Wenn Dick 12 Uhr erreicht, werfen Sie Harry aus der rechten Hand zur linken, während Sie Dick mit der rechten Hand auffangen. Ab hier wird normalerweise geflucht, versuchen Sie also, Harry zu den rechten Fingerspitzen zu rollen, bevor Sie ihn werfen. Wenn er bei 12 Uhr ist, werfen Sie Tom aus der linken Hand und fangen Harry auf. Konzentrieren Sie sich auf Harry, Dick kann selbst auf sich aufpassen. Werfen Sie die Orangen gleichmäßig und auf Augenhöhe, sonst sitzen Sie in der Patsche, denn wenn die Orangen in der Luft zusammenstoßen, ist Ihr Timing im Eimer.

⊛ *Der geniale Komiker W. C. Fields begann seine Karriere als exzellenter Comedy-Jongleur.* ⊛

# Die 10-Minuten-Show mit nichts als einer Schachtel Streichhölzer

Wenn Sie gern Zauberer wären, sich aber all die teuren Tauben, Kästen und sonstigen Paraphernalien nicht leisten können, bietet sich Ihnen hier eine Möglichkeit, wie Sie in der Kneipe oder bei Tisch mit einer einzigen Schachtel Streichhölzer unterhalten können. Keiner von diesen Tricks erfordert einen Zylinder oder ein Mädchen im Lurex-Badeanzug, und alle sind improvisiert. Außerdem können Sie die Requisiten in der Hosentasche mitbringen oder so gut wie überall für ein paar Cent kaufen.

## Ein Tipp vor Beginn

Wie Spiegeleier lassen sich simple Tricks viel leichter schlecht als gut machen. Kein Mensch mag halb flüssige Eier auf einem schmierigen Teller, und genauso wenig wird es einem Publikum Spaß machen, Ihnen zuzuschauen, wenn Sie herumstümpern, Sachen fallen lassen oder vergessen, was als Nächstes kommt. Bereiten Sie sich also gründlich vor, *probieren Sie für sich* und treten Sie *erst dann öffentlich* auf.

Als Erstes wählen Sie aus den folgenden Tricks einen aus, der Ihnen gefällt, und üben Sie ihn immer wieder allein. Dann probieren Sie ihn vor einem kritischen Freund aus, um die Unebenheiten auszubügeln. Sobald Sie zwei oder drei Effekte beherrschen, stellen Sie sie zu einem kurzen Programm zusammen, in das Sie schwungvoll einsteigen und einen Knalleffekt ans Ende setzen. Gut beraten ist, wer ein kurzes Drehbuch schreibt und auswendig lernt. Für den Anfang finden Sie hier auch Vorschläge für Ablaufpläne, die Sie aber besser selbst zusammenstellen sollten. Strengen Sie Ihre Fantasie an. Es ist eine Qual, jemandem zuzuschauen, der Dinge sagt wie: »Ich nehme ein Streichholz aus der Schachtel. Jetzt schließe ich die Schachtel. Jetzt zünde ich das Streichholz an. Jetzt lege ich die Schachtel wieder auf den Tisch.« Ihre Körperbewegungen zu beschreiben wäre nur sinnvoll, wenn Sie den Trick Blinden vorführten.

## Die Natchez-Hölzer

Diese Nummer wirkt am besten in schummriger, intimer Umgebung.

1. Sie nehmen zunächst vier Streichhölzer aus der Schachtel und klemmen Sie sie zwischen das Schubfach und die Pappmanschette. »Die Natchez-Indianer am Mississippi waren ein raffiniertes Volk«, erzählen Sie, »das mit Brandpfeilen feindliche Dörfer in Brand setzte.«

2    Während Sie dies sagen, zwängen Sie das dritte Holz fest zwischen die Köpfe der ersten beiden und fahren fort: »Sie schossen sie mit wunderschönen Hickory-bögen, die ungefähr so aussahen.«

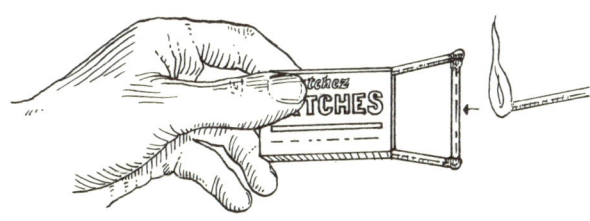

3    Tatsächlich ähnelt Ihre Anordnung nicht im Entfern-testen einem schönen Hickorybogen, aber da Sie nicht unter Eid stehen, fahren Sie fort: »Diese Bögen konn-ten also brennende Pfeile über große Entfernungen schießen – ich werde Ihnen zeigen, was ich meine.«

4    Reiben Sie das vierte Holz an, und zünden Sie das mittlere vorsichtig genau in der Mitte an. Es wird einen Augenblick brennen, bis die Spannung der anderen Hölzer es noch brennend ein kurzes Stück über den Tisch schleudert. Die Flugbahn ist allerdings ziemlich unberechenbar, probieren Sie es also nicht dort aus, wo wertvolle Teppiche oder mit Benzin ge-tränkte Lappen auf dem Boden liegen.

DER HANDTASCHENRAUB
Dieser schöne Trick ist besonders für Damen geeignet und verdient eine elegante Darstellung.

1    Als Erstes nehmen Sie drei Streichhölzer aus der Schachtel. Stecken Sie eines von oben in die Schach-tel, an der unten gezeigten Stelle, und leihen Sie sich einen schmalen Damenring aus. Als Ersatz eignen sich auch ein kleiner Gummiring, eine Büroklammer oder sogar eine Münze.

2 Jetzt beginnen Sie mit Ihrer Geschichte.
»Knutschende Paare sollten an Orten wie
diesem besser aufpassen. Einem Mädchen
wurde neulich von einem Kerl, der
direkt hinter ihr stand, die Handtasche geklaut, obwohl sie ein
Bein durch den Griff gesteckt
hatte, sehen Sie, so.« Stellen
Sie das zweite Streichholz
mit seinem »Fuß« in den
Ring (*siehe* rechts).

3 Erzählen Sie weiter: »Sie lehnte sich an ihren Schatz,
völlig dahingeschmolzen, und er gab ihr einen richtig *heißen* Kuss, nämlich so.« Zünden Sie das letzte
Streichholz an. Nehmen Sie dazu eine zweite Schachtel, sonst werfen Sie unsre »Lady« um. Halten Sie
die Flamme unter das diagonale Streichholz, ungefähr
ein Viertel unter dem Kopf, bis es Feuer fängt. Die
Flamme wird hinaufkriechen, bis beide Streichholz-
köpfe plötzlich zünden, wodurch sie verkleben. Kurz
danach wird das weibliche Streichholz sich in der
Mitte durchbiegen und dabei dramatisch sein »Bein«
heben wie ein Filmsternchen beim leidenschaftlichen
Kuss.

4 Sagen Sie: »In diesem Moment hat sie ihre Handtasche verloren.« Sie angeln den Ring und geben ihn
der Besitzerin zurück. Blasen Sie die Streichhölzer elegant aus, während alle Mädchen
laut »Aah!« rufen.

## POLARE GEGENSÄTZE

Dieser Trick beginnt mit einem Rätsel und endet mit einer
magischen Überführung.

Zuerst müssen Sie lernen, ein Streichholz heimlich in der
rechten Hand zu halten. Zu diesem Zweck legen Sie es an
die Wurzel des Mittel-, Ring- und kleinen Fingers, die sich
darüber schließen. Der gekrümmte kleine Finger kann das
Streichholz festhalten, wenn nötig, oder es kann locker in die
Falte zwischen Handfläche und Fingern geklemmt werden.
Obgleich die Bewegungsfreiheit eingeschränkt ist, kann man
mit Daumen und Zeigefinger ganz natürlich Streichhölzer
aufheben oder auf Dinge zeigen und drücken. Üben Sie dies
einen oder zwei Tage, während Sie eine Tasse heben, Zahn-
pasta ausdrücken, fernsehen und Ihren täglichen Beschäftigungen nachgehen. Nach einer Weile wird alles ganz locker
wirken, und das ist wichtig.

Beim Auftritt ist es hilfreich, die Hände unschuldig
erscheinen zu lassen, indem Sie mit der linken Hand die
Aktionen der rechten spiegeln und mit Daumen und Zeigefinger der »schuldigen« Hand ein Streichholz halten, wann
immer Sie können. Entwaffnend wirkt es auch, die locker geschlossene Hand mit den Knöcheln nach unten auf den Tisch
zu legen, wenn sie nicht gebraucht wird. Üben Sie diese Bewegungen, bevor Sie anfangen, den Trick zu proben.

1      Zum Vorführen setzen Sie sich dem Zuschauer gegen-
       über. Sie haben ein Streichholz in der rechten Hand
       versteckt, die in entspannter Haltung mit den Knö-
       cheln nach unten daliegt. In der
       linken Hand sind am Fingeransatz
       zwei Streichhölzer zu sehen.

2      Richten Sie sie durch Druck des
       linken Daumens gegen die Köpfe
       auf und nehmen Sie sie zwischen den
       Daumen und Zeigefinger der rechten Hand.
       Zeigen Sie sie vor, wie rechts abgebildet. Dies ist

die Sicht des Vorführenden, bei der das versteckte
Streichholz zu sehen ist.

3    Erzählen Sie, wie wichtig ein Kompass für Entdecker
ist und dass Streichhölzer im Notfall einen guten Ersatz abgeben.

4    Bitten Sie den Zuschauer, beide Hände zur Faust zu
ballen, und indem Sie eines der Streichhölzer zwischen den linken Daumen und Zeigefinger nehmen,
drücken Sie es mit dem Kopf nach oben ganz in seine
*linke* Faust. Lenken Sie die Aufmerksamkeit darauf
mit den Worten: »Dieses Streichholz steht aufrecht –
es zeigt genau nach Norden.«

5    Mit der rechten Hand zeigen Sie das zweite Streichholz und drehen es dramatisch mit dem Zeigefinger
der linken Hand herum. Mit dem rechten Zeigefinger
schieben Sie es mit dem *Kopf nach unten* in die *rechte*
Faust des Zuschauers. Sagen Sie: »Dessen Kopf ist unten und weist nach Süden.«

6    Entspannen Sie Ihre Hände, die Knöchel nach unten,
während Sie betonen, dass die Streichhölzer in entgegengesetzte Richtungen zeigen – eins nach Norden,
das andere nach Süden. Ein Streichholz ist immer
noch in Ihrer rechten Hand versteckt.

7    Jetzt bitten Sie den Zuschauer, seine Hände mit der
Handfläche nach oben zu drehen, ohne sie zu öffnen
(Sie können dies vormachen, ohne das versteckte
Streichholz aufzudecken), und vollführen, indem Sie
Ihre Hände wieder mit der Fläche nach unten legen,
eine magische Streichbewegung mit den ausgestreck-
ten Fingern *beider* Hände.

8    Legen Sie sie wieder in die Position mit den Knöcheln
nach unten. Weisen Sie Ihr Gegenüber an, seine
Hände zu öffnen. Es zeigt sich, dass beide Streichhölzer in dieselbe Richtung weisen.

9    Fragen Sie: »Wollen Sie nach Norden oder Süden?
Weil Ihre Kompasse beide nach Osten zeigen, oder ist

es Westen?« Er mag überrascht oder verwirrt sein, wird aber vermutlich bald erkennen, dass der Effekt sich automatisch einstellt, und wird vielleicht versuchen, es Ihnen zu erklären. Deshalb ballen Sie ohne große Umstände Ihre Hände zu Fäusten und legen Sie nahe der Kante auf den Tisch. Sagen Sie: »Probieren wir es doch bei mir aus.«

10  Von jetzt an ist es sehr wichtig, dass Sie Ihre Hände genau wie beschrieben halten. Die rechte Faust bleibt reglos, während Sie die linke zu ihm hinschieben, damit er das Streichholz mit dem Kopf nach oben hineinstecken kann. Sagen Sie: »Das ist das Streichholz mit dem Kopf nach *oben* – Norden – nicht vergessen.«

11  Ihre nächste Aktion ist psychologisch subtil, und Sie verbergen damit eine heimliche Bewegung. Sie schieben die rechte Faust im selben Moment vor, in dem die linke in ihre Ausgangsposition nahe der Tischkante zurückkehrt. Während sich die linke bewegt, lockern Sie die Hand ein wenig, damit das versteckte Streichholz unten in die Faust fallen kann. Dies wird durch die größere Bewegung des Arms verborgen. Sagen Sie: »Jetzt zum Streichholz mit dem Kopf *unten* – Süden.«

12  Während er sich Ihrer rechten Faust mit dem Streichholz nähert, wird er seine volle Aufmerksamkeit darauf richten. Jetzt blicken Sie ihn direkt an und sagen: »Tun Sie mir nicht weh.« Darauf lacht er vielleicht, und genau in diesem Augenblick entspannen Sie die Finger der linken Hand und lassen das darin befindliche Streichholz still und heimlich auf den Schoß fallen. Es ist unbedingt wichtig, dass Sie die ganze Aufmerksamkeit auf die andere Hand richten, während Sie diese heimliche Bewegung machen. Blicken Sie auf keinen Fall auf die linke Hand oder Ihren Schoß. *Und halten Sie die linke Hand still.* Nun haben Sie keine

Streichhölzer in der linken Hand und zwei in der rechten. Ihr Publikum glaubt, dass Sie in jeder Hand eines haben und jetzt irgendetwas Hinterhältiges veranstalten werden, um deren Richtung zu verändern. Tatsächlich ist Ihre ganze Mogelei schon vorbei, und von nun geht alles wie von selbst.

13    Starren Sie Ihr Gegenüber direkt an, selbst wenn er den Blick nicht erwidert, und ziehen die rechte Faust zurück, während die linke vorrückt. Am Ende sollten die Hände mindestens 20 cm auseinander und eine halbe Armlänge von der Tischkante entfernt liegen. Sagen Sie: »Ich habe vergessen, was Norden und was Süden ist.«

14    Drehen Sie die linke Hand mit der Handfläche nach oben und betrachten sie, während Sie sie etwas vorbewegen. Sagen Sie: »Was ist das?« Gleich welche Antwort kommt, öffnen Sie die linke Hand langsam, um eine leere Handfläche vorzuweisen. »Das mag wohl stimmen, aber es scheint nach Süden *gewandert* zu sein.«

15    Drehen Sie sofort die rechte Faust um und öffnen Sie sie, um die zwei Streichhölzer zu zeigen. Sagen Sie: »Hm, es heißt ja immer, dass Gegensätze sich anziehen.« Lassen Sie die Streichhölzer auf den Tisch fallen und sagen Sie dabei: »Ich möchte Ihnen noch etwas Merkwürdiges zeigen.«

Ein Streichholz auf einem anderen balancieren

Dies lässt sich gut an den vorigen Trick anschließen. Während alle klatschen, lutschen Sie geistesabwesend an Ihrem rechten Daumen, sodass er nass ist. Sie nehmen eines der fallen gelassenen Streichhölzer mit der rechten Hand und drücken den Kopf gegen den nassen Daumen.

Nach einem Augenblick nehmen Sie das andere Streichholz in die linke Hand und behaupten, Sie hätten übernatürliche Balancefähigkeiten entwickelt. Drücken Sie den Kopf des zweiten Streichholzes auf das erste, wodurch beide wegen der Feuchtigkeit fest zusammenkleben. Jetzt schauspielern Sie ein wenig, wenn Sie mit der linken Hand loslassen und scheinbar das eine auf dem anderen balancieren.

## WIE MAN EIN STREICHHOLZ LÖSCHT, INDEM MAN IN DEN (FALSCHEN) ÄRMEL BLÄST

An dieses kleine amüsante Spiel wird man sich noch erinnern, wenn Ihre eindrucksvolleren Tricks schon längst vergessen sind. In eher dunklen Räumen wirkt es am besten.

Brechen Sie ein Streichholz etwa ein Viertel unter seinem Kopf an. Reiben Sie es an, wobei Sie den Finger über die Bruchstelle halten, und während die Flamme aufflackert, drücken Sie Ihren Daumen schnell gegen die ungebrochene Seite, wobei Sie die Spitze des Streichholzes heimlich zu sich hin biegen.

Zeigen Sie es vor, wobei Sie es zwischen Daumen und Zeigefinger der rechten Hand an der Spitze halten. Jetzt blasen Sie auffällig in Ihren linken Ärmel, während Sie es mit dem rechten Daumen und Finger drehen. Es erlischt sofort. Das geht ganz ohne Raffinesse, da alle auf Ihren linken Ärmel schauen. Sie sehen aus den Augenwinkeln, wie das Streichholz erlischt. Wenn Sie es dann direkt ansehen, qualmt es hübsch.

Eine andere Möglichkeit ist, das Ende eines ungebrochenen Streichholzes mit dem Nagel des Mittelfingers zu schnippen, während Sie in den Ärmel blasen. Nehmen Sie die Variante, die Ihnen am besten gelingt.

## DAS COCKTAILGLAS

Ordnen Sie vier Streichhölzer in der Form eines Cocktailglases an, wie auf S. 292 gezeigt, wobei ein abgebrochenes Streichholzende eine Olive darstellt. Sagen Sie Ihren Zuschauern, dass sie (nur) zwei Streichhölzer umlegen dürfen und die Olive danach außerhalb des Glases liegen muss. Sie dürfen die Olive nicht berühren, und das Glas darf nicht beschädigt aussehen. Die Lösung ist unten abgebildet, aber Uneingeweihte müssen ganz schön lange nachdenken, bis sie darauf kommen. Ein reizvolles kleines Rätsel.

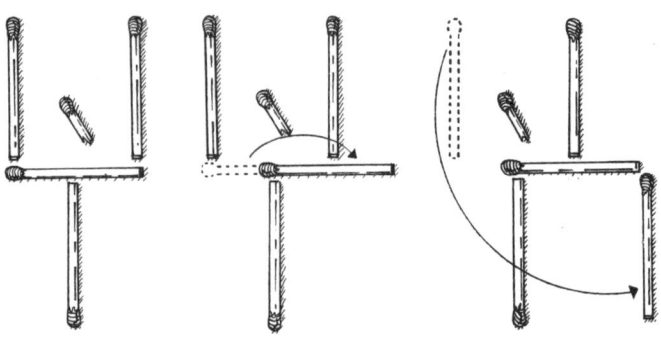

*® David Copperfield, der bekannteste Zauberer unserer Zeit,*
*trat schon mit 12 Jahren professionell auf. ®*

## So stellt man sich selbst ein Bein

Die Fähigkeit, sich selbst ein Bein zu stellen, gehört zum festen Repertoire jedes Comedians, und es lohnt sich, diese zu kultivieren. Für ein Publikum in einem förmlichen Rahmen gibt es nichts Lustigeres, als zu beobachten, wie Sie über die eigenen Füße stolpern, besonders wenn Sie dabei ein Tablett voller Weingläser in der Hand haben. Außerdem ist es ein probates Mittel, um dem Langweiler der Party die Schau zu stehlen, wenn er gerade zur Pointe seines 19. Witzes ausholt. Wenn Sie den Zeitpunkt richtig wählen, bekommen *Sie* die Lacher und er die Buhs. Die folgenden Anweisungen, wie Sie sich ein Bein stellen, ähneln in gewisser Weise denen zum Walzertanzen – nur schneller.

## SO WIRD'S GEMACHT

Obwohl der Stolperer der kleinere Cousin des Der-Länge-nach-Hinschlagens und dementsprechend einfach ist, sollte man ihn ordentlich üben, ehe man ihn einem Publikum vorführt.

Zum Proben stellt man sich in Schuhen vor einen Standspiegel und geht zwei Schritte vor, beginnend mit dem linken Bein und endend mit dem rechten Fuß davor. Dies ist die normale Schrittfolge beim Gehen, die Sie nun nachahmen wollen. Also bewegen Sie Ihren rechten Fuß nach vorn, so ähnlich wie vorher, aber anstatt ihn parallel zu schwingen, stoßen Sie von hinten an Ihren linken Fuß, der fest auf dem Boden wurzelt.

Wenn dies versehentlich passierte, würden Sie vermutlich das Gleichgewicht verlieren und mit den Armen fuchteln. Wenn also Ihr rechter Zeh an die Ferse des linken Schuhs stößt, lassen Sie sich mit dem Oberkörper und den Armen nach vorn fallen, als wären Sie von hinten geschubst worden. Stuntmen nennen dies »die Bewegung verkaufen«, und es muss eine leicht übertriebene Bewegung sein.

Proben Sie den Ablauf, bis Sie es ohne nachzudenken können. Jetzt sind Sie bereit zum Auftritt. Um die Glaubwürdigkeit nachzuprüfen, versuchen Sie es zunächst, wenn Sie mit ein paar Freunden spazieren gehen. Können Sie die an der Nase herumführen, ist es Zeit für den nächsten Schritt, nämlich hinter einer wichtigen oder aufgeblasenen Person, die gerade eine feierliche Ansprache vor einer Gruppe hält, über die eigenen Beine zu stolpern. Nach dem Stolperer lächeln Sie matt in die Versammlung und gehen Ihres Wegs. Die Leute werden versuchen, keine Miene zu verziehen, aber es wird ihnen schwerfallen.

Sobald Sie sich in dieser Übung sicher fühlen, könnten Sie es eigentlich mit einem nach Kellnerart gehaltenen Tablett voller Weingläser versuchen. Sie können dies ganz spontan tun oder sogar einen ungeheuren Wirbel verursachen, wenn Sie die Gläser vorher mit Tesa-Strips oder Ähnlichem festkleben. Sind alle halb mit Wein gefüllt, verleiht dies Ihrem Seitwärtstänzchen auf den Fußballen eine atemberaubende Wirkung.

*❋ »Ich stieg wegen des Geldes in das Geschäft ein,
und die Kunst ist daraus erwachsen.« Charlie Chaplin. ❋*

# So hält man einen Zug
# mit bloßen Händen an

Buster Keaton, Clown der alten Schule, war ein Meister dieser folgenlosen Nonsense-Nummer. Man stelle sich die Szene vor: Sie warten auf Ihren Zug, und er fährt gerade ein. Wenn er am Bahnsteig ankommt, strecken Sie den Arm vor, packen einen Griff und bringen ihn mit übermenschlicher Kraft zum Stehen. Diese Art, einen Zug zu erreichen, kassiert immer Lacher, der Trick könnte jedoch extrem gefährlich werden. *Also sollten Sie es keinesfalls versuchen – überlassen Sie das den Profis.* Berühren Sie nie den Waggon eines fahrenden Zuges und treten Sie immer weit genug von der Bahnsteigkante zurück.

### So wird's gemacht

Jeder, der versucht hat, einen gerade in den Bahnhof einfahrenden Zug zu stoppen, würde elegant von den Füßen gerissen; einen Zug mit bloßen Händen anzuhalten funktioniert nur, wenn man ganz vorn am Bahnsteig steht.

Sobald der Zug auf Schritttempo abgebremst hat und schon fast steht, halten Sie Ausschau nach einem günstigen Griff. Mit dem Blick in Fahrtrichtung packen Sie diesen und ziehen kräftig daran, während die Wagen schließlich zum Stehen kommen.

An altmodischen Dampfzügen gab es immer verwirrend viele Griffe, an denen man sich festhalten konnte. Neuere Züge dagegen sind eher stromlinienförmig und besitzen kaum vorstehende Teile. In diesem Fall müssen Sie sich mit Ihrer Technik daran anpassen. Gehen Sie ein wenig in die Knie, die Füße fest auf den Bahnsteig gestemmt, drücken Sie die flachen Hände gegen den Wagen und schieben Sie angestrengt gegen die Fahrtrichtung. Während der Zug zum Stehen kommt, werden Sie langsam ein wenig über den Bahnsteig zurückgeschoben, 30 cm oder so, was im Grunde die Gesamtwirkung noch steigert.

Die Illusion, Ihr Einsatz sei für das Halten eines großen Zuges verantwortlich, ist erstaunlich wirkungsvoll und wird durch Zugaben wie kreischende Bremsen, zischende Kompressoren und ausströmenden Dampf noch verstärkt. Sobald der Zug steht, klatschen Sie in die Hände und sagen: »Okay, dann wollen wir mal einsteigen.« Das löst bei Freunden und Mitreisenden ein amüsiertes Lächeln aus und sorgt bisweilen bei den Männern in Uniform für Aufregung.

Als bedauerliche Nebenwirkung dieses Spaßes werden Ihre Hände hinterher unbeschreiblich schmutzig sein. Aber sehen wir den Tatsachen ins Gesicht, ein Künstler leidet immer für seine Kunst. Begrüßen Sie nur niemanden mit Handschlag.

*® Die erste Dampflokomotive wurde 1804*
*von Richard Trevithick gebaut. ®*

# 10 Zeitvertreibe
# an einem Restauranttisch

Hier sind einige Gags, die man in einem Restaurant vorführen kann – jederzeit. Und man braucht keine Requisiten zu kaufen – sagenhaft!

## 1 Tischtelepathie

Legen Sie die folgenden acht Gegenstände vor einem Freund auf den Tisch, wobei Sie jeden einzelnen benennen.

1. *Glas*
2. *Gabel*
3. *Löffel*
4. *Klumpen (Zuckerwürfel)*
5. *Zündholz*
6. *Serviette*
7. *Glasteller*
8. *Salzstreuer*

Bitten Sie Ihren Freund, an einen dieser Gegenstände zu denken und den Begriff im Geiste zu buchstabieren, während Sie die Dinge auf dem Tisch anscheinend wahllos berühren. Wenn Ihr Freund zum letzten Buchstaben kommt, muss er »halt« rufen. An diesem Punkt berühren Sie seinen gedachten Gegenstand. Es funktioniert, weil jeder Gegenstand einen Buchstaben mehr hat als der vorige, was Sie aber verschweigen. Sie können die ersten drei Male jeden Artikel berühren, müssen sie dann allerdings in der richtigen Reihenfolge berühren. Sie können dann mit jedem beliebigen ausgewählten Gegenstand einen Trick vorführen.

## 2 Glas

Reiben Sie ein gerades Glas in einer Ecke des Restaurants schnell an der Wand auf und ab. Mit etwas Glück wird es in dem Winkel der Wände »kleben« bleiben, wenn Sie die Hand wegnehmen. Ich weiß nicht genau, wie das funktioniert, vermute allerdings, dass dafür die Reibungswärme verantwortlich ist. Kunststofftapeten scheinen zu helfen. Eddie O'Shaughnessy, ein irischer Kneipenzauberer aus meinem Bekanntenkreis, bringt diesen Trick einfach wunderbar.

## 3 GABEL

Legen Sie eine Gabel auf die linke Handfläche, sodass der Stiel nach rechts zeigt. Schließen Sie die Finger und drehen Sie die Gabel mit den Zinken nach oben. Umfassen Sie das linke Handgelenk mit Mittel-, Ring- und kleinem Finger der rechten Hand, wobei Sie unbemerkt den rechten Zeigefinger unter die geschlossenen Finger der linken Hand schieben. Indem Sie diesen Finger bewegen, können Sie die Gabel geheimnisvoll drehen – als Antwort auf Ja- oder Nein-Fragen der anderen am Tisch. Schließlich öffnen Sie die Finger mit staunendem Blick, denn die Gabel scheint an der Handfläche zu haften. Schütteln Sie sie einige Male, dann befehlen Sie ihr, endlich auf den Tisch zu fallen, wobei Sie heimlich mit dem rechten Zeigefinger loslassen. Lösen Sie beide Hände schnell voneinander.

## 4 LÖFFEL

Geben Sie irgendeiner der am Tisch sitzenden Personen einen Löffel und sagen Sie: »Ich drehe mich jetzt um und möchte, dass Sie von einem hier am Tisch eine Löffelografie machen. Zeigen Sie einfach mit dem Löffel auf sein Gesicht und sagen Sie ›Klick‹.« Wenn das Bild gemacht ist, drehen Sie sich um, untersuchen den Löffel gründlich und nennen schließlich die richtige Person. Der Trick lässt sich im Laufe des Abends in langweiligen Momenten häufiger wiederholen, jeweils mit anderen Löffelografen und Löffelografierten. Sie brauchen dazu einen Verbündeten, der die Person verrät, indem er ihre Sitzhaltung imitiert.

## 5 KLUMPEN (ZUCKERWÜRFEL)

Tauchen Sie heimlich einen Finger in einen vollen Aschenbecher und streifen Sie ein wenig Asche auf den Zuckerwürfel, wenn Sie ihn aufheben. Jetzt können Sie ihn anzünden und den ganzen Klumpen verbrennen. Niemand wird es schaffen, dieses Kunststück zu wiederholen.

## 6 Zündholz

Rasseln Sie mit einer Streichholzschachtel und sagen Sie: »Ich wette, keiner kann genau erraten, wie viele Streichhölzer in der Schachtel sind.« Schütteln Sie sie noch einmal, falls man Sie darum bittet. Dann öffnen Sie die Schachtel, um zu zeigen, dass sie völlig leer ist: große Überraschung. Das Geheimnis ist, dass man vorher eine volle Schachtel im Ärmel versteckt hat. Nach der Vorführung des Tricks muss man sie sofort verschwinden lassen, sonst rasselt es jedes Mal, wenn man die Hand bewegt. Am besten ist ein Gang zur Toilette. Dies ist zwar ein sehr simpler Trick, aber sehr wirkungsvoll.

## 7 Serviette

Hängen Sie eine große Papierserviette über Ihr Gesicht, die Sie mit Ihrer Brille – oder der eines Tischgenossen – feststecken. Jetzt nehmen Sie ein Stück von der Serviette in den Mund, und Sie ähneln dem Unsichtbaren. Sagen Sie: »Falls es der Unsichtbare ist, sagen Sie ihm, ich kann ihn jetzt nicht sehen.« Doof, aber sehr amüsant.

## 8 Glasteller

Während Sie auf das Essen warten, klemmen Sie heimlich eine Münze zwischen Zeige- und Mittelfinger, wie unten gezeigt, und verstecken Sie zwei oder drei Eisstücke im Mund.

Heben Sie den Glasteller hoch, machen Sie »Mm, mm« und tun Sie, als würden Sie hineinbeißen. Man hört einen lauten Knacks, wenn Sie die Münze mit dem Mittelfinger an

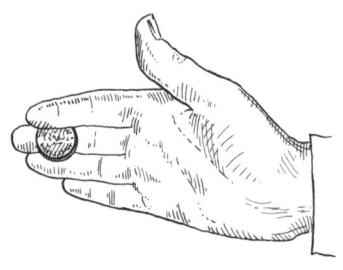

den Teller schlagen. Nehmen Sie den Glasteller von den Lippen und kauen Sie geräuschvoll das Eis, wobei Sie hin und wieder einen Eissplitter ausspucken. Ich garantiere, dass die Anwesenden sich nach diesem Gag an Sie erinnern werden. Vielleicht nicht gerne, aber erinnern werden sie sich bestimmt.

9 SALZSTREUER

Streuen Sie etwas Salz auf den Tisch und stellen Sie ein Glas Bier darauf, dann nehmen Sie den Salzstreuer und sagen: »Das ist wirklich komisch – das Salz steigt von unten auf.« Klopfen Sie mit dem Salzstreuer kräftig an den Rand des Glases. Dadurch steigen Blasen vom Boden auf, als würde das Salz im Bier nach oben steigen.

10 DER SCHMUTZIGE SCHUH

Aus einsichtigen Gründen gehört dieser Trick nicht zum Repertoire der Tischtelepathie, aber es gibt keine köstlichere Überraschung auf dem Tisch eines Nobelrestaurants als einen schmutzigen Schuh, und es ergibt ein tolles Finale. Zur Vorbereitung schlüpfen Sie aus einem Schuh und verstecken ihn auf Ihrem Schoß. Im richtigen Moment lenken Sie die Aufmerksamkeit aller auf sich und halten den linken Arm vor sich, als wollten Sie einen Blick auf die Uhr werfen. Drapieren Sie eine Serviette darüber. Mit der rechten Hand greifen Sie den Schuh, und während Sie den linken Arm vorwärtsbewegen, stellen Sie einfach den Schuh auf den Tisch, wo er hinter der Serviette verborgen ist. Nehmen Sie die Serviette mit einem eleganten Schwung weg, um Ihren schmutzigen Schuh auf der feinen Decke zu enthüllen.

® *Ein Restaurant in Peking ist auf Yak-, Esel-*
*und Seehundpenisse spezialisiert.* ®

# Die seekranke Orange

Die Ursprünge dieser Alberei bei Tisch sind im Nebel der Zeiten versunken. Sie ist über 100 Jahre alt und vermutlich noch viel älter. Bei diesem Gag biegen sich die Leute vor Lachen – vielleicht liegt es an der Kombination von anregendem Puppenspiel und einem furchtbar realistischen Höhepunkt, den jeder wiedererkennt. Wenn Sie das nächste Mal auf einer schier endlosen Kreuzfahrt beim Captain's Dinner sitzen, bietet sich dieser Gag an.

Was man braucht
* *Ein Becherglas*
* *Eine saftige Orange mit dünner Schale*
* *Eine Serviette*
* *Ein scharfes Messer*

Nehmen Sie eine Orange und schnitzen Sie zwei schmale Augen und einen großen, nach unten gezogenen Mund hinein. Sie müssen kein Michelangelo sein, ein grob geschnitztes, verschwommenes Gesicht erhöht vielmehr die Wirkung – und Sie brauchen sich nicht mit einer Nase abzumühen, wenn Sie nicht wollen. Während Sie den Mund ausschneiden, stochern Sie verstohlen ein bisschen herum und lockern einige Stückchen, was sich später als hilfreich erweisen wird.

Als Nächstes drapieren Sie eine Stoffserviette über die Öffnung des Glases und legen die Orange darauf. Wenn Sie nun das Glas mit einer Hand halten und an verschiedenen Punkten der Serviette zupfen, schaukelt das Gesicht widerlich hin und her. Dazu müssen Sie eine Geschichte erzählen, etwa so: »Ich selbst werde ja nie seekrank, aber anscheinend die meisten anderen Leute. Das verläuft offensichtlich in drei Stadien. Zuerst winkt man mit einem schwächlichen Lächeln ab, wenn man ein Sandwich angeboten bekommt, dann wird man kreidebleich und fühlt sich so krank, dass man glaubt, man sei tot, und schließlich wünscht man sich, man wäre es.« Während Sie das erzählen, lassen Sie den Kopf Ekel erregend wackeln, und die Leute lachen vor sich hin.

Schließlich heben Sie die Orange hoch und drapieren die Serviette wie eine Kapuze herum. Zeigen Sie sie kurz vor, dann drücken Sie kräftig mit beiden Händen. Die Orange wird einige authentische Geräusche machen, realistisch in das Glas speien und dabei sogar ein paar Tränen produzieren. Sie können, wenn Sie Lust haben, die Geräusche mit Ihren eigenen Würgelauten ausschmücken. Halten Sie die tropfende Frucht einen Moment hoch, dann trinken Sie genüsslich das Glas leer.

*Bestes Rezept gegen Seekrankheit: Blicken Sie starr auf den Horizont.*

# So läuft man gegen eine Tür

Gegen eine Tür zu laufen hört sich nicht besonders spektakulär an, kann aber auf Augenzeugen elektrisierend wirken. Folgendes passiert: Sie nähern sich einer großen Tür – gut sind welche aus Glas –, greifen nach der Klinke und öffnen Sie mit solcher Kraft, dass sie Ihnen mit einem lauten Knall ins Gesicht schlägt. In der Regel schnappen die Leute hinter Ihnen vor Schreck nach Luft, während Sie von der zitternden Tür zurückprallen und die Hand vor die Nase halten.

So wird's gemacht
Um diesen hübschen Trick zu üben, gehen Sie forsch auf Ihre Küchentür zu und greifen die Klinke mit der rechten Hand. Hierbei setze ich voraus, dass die Scharniere rechts sitzen, es funktioniert aber genauso gut, wenn sie links sitzen: Nehmen Sie dann einfach entsprechend den anderen Arm und das andere Bein.

Während Sie kurz vor der Tür innehalten, ist die Position des rechten Fußes entscheidend. Er sollte etwa eine Fußlänge von der Tür entfernt sein und den Boden im selben Moment berühren, in dem Sie nach der Klinke greifen. Die Sache hat einen eigenen Rhythmus, der sich mit dem Üben einstellt.

Sie ziehen die Tür schwungvoll auf und schwingen in einer Fortsetzung Ihrer flotten Bewegung den Oberkörper leicht zur Tür hin. Wenn alles am richtigen Platz ist, wird die Tür plötzlich gestoppt, wenn sie an Ihren Fuß stößt, und wenn es eine große Glastür ist, wird sie herrlich vibrieren. Ihre Nase sollte fünf bis zehn Zentimeter von ihr entfernt sein, je nachdem, wie mutig Sie sind. Es ist ein bestimmter Dreh dabei, den Kopf in die richtige Stellung zu bringen. Obwohl es ganz natürlich kommen sollte, braucht man anfangs viel Selbstvertrauen.

Der Rest ist Schauspielerei. Während die Tür an Ihren rechten Zeh stößt, wird sie mordsmäßig krachen und wackeln. Jetzt ist es an Ihnen, den Gag zu »verkaufen«. Sie tun dies, indem Sie heftig den Kopf zurückwerfen. Diese unerwartete Kombination von Vorgängen ist mehr, als das menschliche Gehirn auf die Schnelle verarbeiten kann, und Ihre Zuschauer nehmen an, dass Sie gewaltig eins auf die Nase bekommen haben. Ob Sie nun lieber frech grinsen oder die Illusion aufrechterhalten, indem Sie in gespielter Qual umhertorkeln, hängt von den Umständen ab; ich selbst verrate es in der Regel.

Nachdem Sie diesen Trick einige Male ausgeführt haben, erkennen Sie gut geeignete Türen auf Anhieb. Großstädtische Theater, Restaurants und gehobene Boutiquen haben oft angemessen imposante und verzierte Türen, doch funktioniert der Trick auch gut bei Stadtverwaltungs- und Schultüren. Wenn Sie es in einer Kneipe machen, finden Sie bestimmt Leute, die Ihnen Gutes tun wollen und Drinks spendieren.

❋ *»Ein Tag ohne Lachen ist ein vergeudeter Tag.« Charlie Chaplin* ❋

# Vier Zerstreuungen
# mit einer Banane

Es gibt viele überraschende Dinge, die man mit Bananen machen kann. Hier kommen vier besonders ungewöhnliche.

1   Sie nehmen eine reife Banane und stechen etwa in der Mitte eine Nadel in einen braunen Fleck. Indem Sie diese innerhalb der Schale drehen, können Sie die Banane halbieren, ohne sie zu schälen. Wird sie dann geschält, fällt der obere Teil ab. Es wird etwas klebriger Saft austreten, präparieren Sie also die Banane einen Tag vorher. Man kann sie für ein ahnungsloses Opfer in der Obstschale liegen lassen oder so tun, als zerschneide man sie mit einem unsichtbaren Messer, bevor man sie selbst schält. Kinder finden dies besonders geheimnisvoll.

2   Ein neues Partyspiel, das introvertierte Menschen garantiert direkt in die Küche treibt, besteht darin, zwei Menschen die Augen zu verbinden, die sich dann gegenseitig mit einer Banane füttern. Dies kann höchst amüsant sein, wie Sie sich denken können, und es sind viele interessante Variationen möglich – die ich Ihrer Fantasie überlassen möchte.

3   Schon seit Jahren kursiert die Behauptung, man könne eine Banane schälen, indem man sie (bereits teilweise geschält) in den Hals einer Milchflasche stecke, in die man zuvor ein Stück brennendes Papier hat fallen lassen. Eine Senkung des Luftdrucks in der Flasche soll diesen Effekt hervorrufen. Angeblich ist es auch möglich, auf die gleiche Art statt der Banane ein gekochtes Ei in eine Flasche zu saugen. Aber in all den Jahren, in denen ich diesen interessanten Trick ausprobiert habe, hat es bei mir nie geklappt. Anscheinend ist die dafür benötigte Energiemenge einfach zu groß. Dennoch

könnten Sie es im Geiste wissenschaftlicher Überprüfung einmal selbst versuchen.

4     Bei einem Ausflug in ein Schloss nehmen Sie eine Banane in der Tasche mit. Während Sie mit Ihren langweiligen Verwandten durch den Park schlendern, nehmen Sie heimlich die Banane in die Hand, das faserige Ende zwischen Daumen und Zeigefinger geklemmt. Dies ist nicht schwer zu verbergen, da niemand darauf achtet. Gehen Sie zu einem kleinen Baum und greifen Sie die Spitze eines jungen Zweigs, wobei Sie Ihr Tun mit dem Körper vor dem Publikum abschirmen. Jetzt lassen Sie die Banane los und drücken ihre Spitze gegen einen Zweig. Sie halten die Banane und den Zweig fest und drehen sich zur Seite, sodass die Frucht zu sehen ist. Mit großer Ernsthaftigkeit machen Sie die Leute darauf aufmerksam, indem Sie sagen: »Unglaublich, was heutzutage hier wächst. Das muss die globale Erwärmung sein.« Tun Sie so, als rissen Sie die Banane ab, dann schälen und essen Sie sie. Bringt Ihnen garantiert Lacher ein.

<sup>®</sup> *Ein Gesetz von 1982 verbot Scherze über den Namen des Präsidenten von Simbabwe, Canaan Banana.* <sup>®</sup>

# Café-Quickies

### Hebung der Titanic

Erzählen Sie die Geschichte vom Untergang der *Titanic* und beschreiben Sie die jüngsten Anstrengungen, Wertgegenstände aus der Tiefe zu bergen. Lassen Sie einige Rosinen in ein Glas klare Limonade oder Sprudel fallen, während Sie erklären, dies sei ein Bergungskommando, das die ganze Nacht hinunter zum Achterdeck tauchen werde, um Perlenketten und Silberzeug zu suchen. Als wollten sie mit ihrem Verhalten Ihre Geschichte illustrieren, werden die Rosinen den ganzen Abend hypnotisierend auf- und absteigen. Trinken Sie das Glas nicht geistesabwesend aus, denn es ist ein zu merkwürdiges Gefühl. Es gibt eine Obergrenze für die Größe der Rosinen, und einige sollten Sie vielleicht besser halbieren.

### DAS ZURÜCKSTRÖMENDE GETRÄNK

Lassen Sie zwei oder drei Smarties (oder ähnliche Süßigkeiten) in eine frisch geöffnete Dose oder Flasche eines sprudelnden Getränks fallen. Binnen kurzem beschleunigen die Süßigkeiten die Freisetzung des Kohlendioxids und erzeugen eine erstaunliche Menge Schaum. Er wird immer weiter hinausdrängen, wie ein Vulkan, der Lava speit.

### DER BOSS, DEN JEDER HASST

Dies ist ein weiterer Gag, der gut mit einer Gruppe von Bürokollegen an einem Cafétisch funktioniert. Eine Version davon sah ich vor Jahrzehnten bei Jay Marshall, einem begnadeten, geistreichen amerikanischen Zauberer. Sie können die Geschichte entsprechend der eigenen Situation variieren.

Gießen Sie etwas Wasser auf eine Untertasse und streuen Sie etwas Pfeffer auf die Oberfläche. Es funktioniert, wenn der Pfeffer frisch gemahlen ist oder aus dem Pfefferstreuer kommt, aber schwarz muss er sein, sonst sieht man ihn nicht.

Sie erzählen eine Geschichte über die Leute, die in Ihrer Firma arbeiten, und beschreiben, was für ein bunter Haufen das ist, dass sich aber in einem einzigen Punkt alle einig sind: Hass auf den Boss – oder Sie greifen irgendeine andere allgemein verabscheute Person heraus.

Erzählen Sie, wie die ganze Firma neulich im Freibad schwimmen war und sich richtig schön amüsierte, als plötzlich der Boss in seiner engen Neonbadehose auftauchte. Als er ins Wasser stieg, wichen alle zurück, um einen möglichst großen Bogen um ihn zu machen. Während Sie das sagen, tunken Sie den Zeigefinger ins Wasser, und in diesem Moment wird der Pfeffer vor dem Finger zurückweichen wie vor einem starken Magnetfeld.

Natürlich ist hier Mogelei im Spiel, die dem opportunistischen Erzähler besonders gut in den Kram passt. Bei einem Gang zur Toilette kratzen Sie mit dem Fingernagel über die Seife, sodass Sie einen ansehnlichen Batzen darunter haben. Die Seife ist es, die den Pfeffer flüchten lässt.

So zündet man aus der Entfernung
eine Kerze wieder an
Dies ist wieder einer dieser Tricks, die an einem schummrigen Ort funktionieren.

Theaterzeit ist »länger« als Echtzeit, und jemandem zuzusehen, der an einer Streichholzschachtel herumfummelt und versucht, ein Streichholz herauszuholen, kann für ein Publikum quälend sein. Deshalb öffnen Sie zur Vorbereitung das Fach, ziehen ein Streichholz teilweise heraus und schließen die Schachtel wieder, sodass nur der Kopf herausschaut. Diesen Kniff kennt jeder Schauspieler, der ein Streichholz auf der Bühne anzünden muss, während er seinen Text zu sprechen versucht.

Lenken Sie die Aufmerksamkeit auf die Kerze und blasen Sie sie mit einem kräftigen Luftstoß aus. Lassen Sie den Rauch aufsteigen und reiben Sie schnell das Streichholz an. Halten Sie die Flamme reglos an die Rauchfahne, einige Zentimeter über dem Docht. Kerzen reagieren unterschiedlich, aber bei einer kräftigen Rauchfahne wird eine gute Kerze plötzlich mit einem kleinen Knall wieder aufflammen.

Das liegt daran, dass die Flamme am Rauch nach unten wandert, der entflammbare Stoffe enthält. Es ist ein reizvoller und überraschender Trick für alle, die sich nicht auskennen. In dunklen Räumen, in denen der Rauch kaum zu sehen ist, erscheint der Effekt geradezu magisch.

## DER MESSERWETZER

Hier ist eine wunderbare optische Illusion, die den Eindruck vermittelt, dass Ihr Teller rotiert.

Während Sie in einem Café auf Ihre Bestellung warten, nehmen Sie Ihr Messer in die Hand und verkünden: »Das ist total stumpf – das taugt überhaupt nichts.« Jetzt nehmen Sie Ihren Teller (möglichst ohne Muster) und stützen den Rand so auf den Oberschenkel, dass noch ein Teil über der Tischkante sichtbar bleibt. Die Unterseite sollte zu Ihrem Körper zeigen.

Indem Sie ihn leicht mit der linken Hand halten, packen Sie den Tellerrand bei 12 Uhr mit den rechten Fingern, etwa wie ein Lenkrad. Jetzt tun Sie so, als würden Sie den Teller zwei oder drei Mal im Uhrzeigersinn um eine unsichtbare Achse in seiner Mitte drehen.

Beginnen Sie, mit dem Bein – oder den Beinen – auf und ab zu wippen, sodass der Teller ein wenig hüpft. Ob Sie es glauben oder nicht, dies ist eine sehr täuschende Bewegung – alle werden schwören, dass er sich dreht.

Sobald er das richtige »Tempo« hat (dafür ist leider einige schauspielerische Begabung nötig), heben Sie das Messer mit der rechten Hand hoch und ziehen die Klinge locker über den hüpfenden Tellerrand. Die Illusion, dass der Teller ein rotierender Wetzstein ist, wird verstärkt, wenn das Messer eine gezahnte Schneide hat, die sehr echte Geräuscheffekte hervorbringt.

Hören Sie nicht auf, mit dem Bein zu wippen. Natürlich werden Sie dem Teller ab und zu den besonderen Drall geben müssen, damit er sich weiter »dreht«.

## WIE MAN EIN »AKKORDEON« AUS DER NASE ZIEHT

Falten Sie einen Plastiktrinkhalm heimlich zu einem engen Zickzack und schieben Sie ihn mit dem Daumen in Ihr Lieblingsnasenloch. Im Augenblick Ihrer Wahl zwicken Sie Ihre Nase leicht mit der linken Hand und ziehen mit dem rechten

Daumen und Zeigefinger das Akkordeon heraus. Sagen Sie:
»Irgendwie landen diese Dinger doch immer da!«

### Der äusserst nervige Onkeltrick

Den Trick brachte mir ein sehr nerviger Onkel bei. Reißen Sie ein Drittel der Papierhülle eines Plastiktrinkhalms
ab. Ziehen Sie dieses Stück wieder über den Halm, lassen Sie
aber einen reichlichen Zentimeter Luft an dem geschlossenen Ende. Nehmen Sie den Strohhalm in den Mund und zielen Sie auf eine unangenehme Person auf der anderen Seite
des Tisches. Jetzt richten Sie ihn einige Grade nach oben und
blasen sehr kräftig einmal hinein. Die Papierhülle wird abge-
feuert und landet ziemlich hart an der Stirn Ihres Opfers.
Beim ersten Mal recht amüsant, ist dies unbeschreiblich
nervig, wenn es mehr als einmal passiert. Also machen Sie
weiter.

Wenn man das Ende in Tomatenketchup taucht, kann
man das Papier so kräftig an die Decke blasen, dass es kleben bleibt. Mit einem Zweier- oder Dreier-Team können Sie
einen dramatischen Stalaktiten-Effekt erzielen. Es macht
auch Spaß, während der langweiligen Passagen eines dieser
russischen Theaterstücke ein halbes Dutzend über das Ge-
länder des ersten Ranges zu schießen: harmlos, aber befriedigend lästig.

### Die zappelnde Wasserschlange

Kneifen Sie das Ende der Papierhülle eines Plastiktrinkhalms
ab. Halten Sie Papier und Halm am geschlossenen Ende zwischen den Fingerspitzen der linken Hand und schieben Sie
die Hülle mit der rechten am Halm hinunter. Drücken Sie
das Papier fest zusammen, wodurch es sich von selbst zieh-
harmonikaförmig zusammenschiebt wie die Quetschkom-
mode eines Seemanns.

Legen Sie das Ding auf den Tisch und lassen Sie mit
einem Cocktailspieß oder dem Finger einen Tropfen Wasser
auf das zusammengedrückte Papier fallen. Sie werden zuvor

experimentieren müssen, um genau herauszubekommen, wie viel Wasser Sie brauchen. Das Papier wird sich jetzt entfalten, und die Schlange wird sich in artgerechtem Gleiten über den Tisch schlängeln. Es ist ein rätselhafter und ziemlich übernatürlich aussehender Trick.

## Schwebende Erbse
Schneiden Sie ein Stück von einem Trinkhalm ab und nehmen Sie mit zurückgelegtem Kopf das kurze Stück in den Mund. Dann nehmen Sie eine Erbse vom Teller und legen sie vorsichtig auf die Spitze des Trinkhalms. Mit einer festen Brotkugel geht es auch. Sie blasen leicht, und sie hebt sich in die Luft. Wenn Sie den Kopf ein wenig neigen, können Sie die Erbse sogar in einem Winkel fixieren. Man denkt, sie müsste fallen, aber der höhere Luftdruck außerhalb der dünnen Säule, die Sie durch den Halm blasen, schiebt die Erbse an ihren Platz zurück. Ein bisschen Üben hilft. Dies ist wieder der Bernoulli-Effekt. Es ist das gleiche Prinzip, das ein Flugzeug vom Boden abheben lässt. (Mehr zum Bernoulli-Effekt *siehe* S. 63.)

## Der »Aufforderung zum Gehen«-Trick
Mit den Zähnen drücken Sie einen guten Zentimeter eines Plastiktrinkhalms am Ende platt. Jetzt schneiden Sie den Halm entlang den Knicken ein, sodass ein oboenartiges Doppelblatt entsteht. Klemmen Sie diese »Strohboe« zwischen die Lippen und blasen Sie kräftig. Es wird laute »Musik« herauskommen. Wenn Sie Musikliebhaber sind, schneiden Sie ein paar Fingerlöcher und versuchen Sie, »Hänschen klein« zu spielen.

Es wird nicht lange dauern, und Sie sind von lächelndem Personal und glücklichen Gästen aus allen Ecken des Cafés umringt, die Sie anflehen, weiterzumachen.

SCHWANENGESANG

Für diesen Trick nimmt man am besten einen Trinkhalm mit großem Durchmesser.

Man hält den Halm senkrecht und kneift ihn nahe dem unteren Ende mit Zeigefinger und Daumen der linken Hand zusammen. Indem man mit dem zusammengedrückten Zeigefinger und Daumen der rechten Hand am Halm auf und ab streicht, während man über das Loch bläst, kann man ein angenehmes schwanenartiges Pfeifgeräusch erzeugen.

*Baked Beans ähneln einem indianischen Bohnengericht, das in Bärenfett gekocht wird.*

# Zwei Pullovernummern

Hier sind zwei Quickies für Tage, an denen Sie einen Pullover tragen. Falls Sie Strickjackenträger sind, müssen Sie diese wenden.

## DIE EULE

Sie ziehen die Schuhe aus und nehmen die Arme aus den Ärmeln. Jetzt gehen Sie in die Hocke, die Knie bis zum Schlüsselbein angezogen, und ziehen den Pullover über die Beine herunter. Bitten Sie einen Freund, die Ärmel über den Rücken zu hängen, sodass sie nicht zu sehen sind, und fassen Sie mit den Zehen den Saum. Strecken Sie die Hände vorne heraus, die Finger gespreizt und leicht gekrümmt wie eine Eule, die einen Ast umgreift. Jetzt müssen Sie nur noch den Kopf um 90° nach links und rechts oder komplett herumdrehen, falls Sie das schaffen, und eulenhaft blinzeln. Rufen Sie dazu »Schuhu!«

## DIE ARMTRANSPLANTATION

Solange Ihre Arme aus den Ärmeln sind, können Sie einen Mann mimen, der eine merkwürdige Operation durchgemacht hat. Sie kreuzen einfach unter dem Pullover die Arme und stecken sie in die falschen Ärmel. Die Wirkung ist sehr seltsam, besonders wenn Sie mit den Händen wedeln und dabei lauthals schreien, dass Sie den Tansplantationschirurgen wegen Trunkenheit im Dienst verklagen werden.

*In einem amerikanischen Flugzeug sollten Sie keine Stricknadeln mit sich führen, die zusammen länger als 79 cm sind.*

# Das elastische Taschentuch

Diese wirklich verblüffende Vorführung ergibt ein hübsches Vorspiel für einige Gags mit einer Serviette oder einem Taschentuch. Ideal, wenn Sie Zeremonienmeister bei einem Hochzeitsempfang sind.

Besorgen Sie sich ein großes Taschentuch oder eine Serviette. Sie fassen es an den gegenüberliegenden Ecken, raffen unauffällig fünf bis acht Zentimeter in jeder Hand und ziehen es stramm.

Wenn Sie bereit sind, lenken Sie die Aufmerksamkeit auf das Taschentuch, das horizontal vor Ihnen gespannt ist, wobei zwei Ecken in der Mitte herunterhängen und die anderen beiden in Ihren Händen zusammengeknüllt sind. Die Illusion besteht darin, dass es ein ganzes Stück kleiner wirkt, als es tatsächlich ist.

Indem Sie es herumschwingen wie ein Springseil und dabei allmählich aus beiden Händen etwas Stoff freigeben, können Sie den Anschein erwecken, dass es sich enorm »dehnt«. Die Bewegungen sind: Drehung-Stopp, Drehung-Stopp, Drehung-Stopp, wobei Sie jedes Mal ein bisschen Stoff herauslassen.

Es klingt zwar nicht sonderlich beeindruckend, aber das Gegenteil ist der Fall. Probieren Sie es vor einem Spiegel aus, und Sie werden selbst darauf hereinfallen.

® *Spandex oder Lycra, 1959 von DuPont erfunden, kann 500 % gedehnt werden, ohne zu reißen.* ®

## Die magnetischen Finger

Der alte Schulhoftrick wirkt auf seltsame und geheimnisvolle Weise und ist immer für einen Lacher gut.

1   Bitten Sie jemanden, die Finger zu verschränken und fest zu schließen.

2   Nun muss er seine Zeigefinger ausstrecken und wie ein V auseinander halten, wobei die anderen Finger und die Daumen fest geschlossen bleiben.

3   Jetzt machen Sie mit Ihren Fingern eine kreisende Bewegung um seine ausgestreckten Finger, die sich darauf langsam schließen werden.

Der Effekt ist die Folge einer unwillkürlichen Muskelentspannung, gepaart mit einem gewissen Grad hypnotischer Beeinflussung Ihrerseits.

® *Man verabreicht Kühen »Kuhmagneten«, die eventuell mit der Nahrung aufgenommene schädliche Metallteile anziehen.* ®

## So »kocht« man Wasser in einem auf dem Kopf stehenden Glas

Das macht man am besten in der Nähe der Spüle. Ein Misslingen im Restaurant wäre peinlich. Ein paar Trainingsversuche sind hilfreich.

Füllen Sie ein Wasserglas zu etwa drei Vierteln mit Wasser. Legen Sie ein nasses Taschentuch über die Öffnung des Glases, ziehen Sie es stramm und halten Sie es an den Seiten fest.

Drücken Sie den Stoff mit dem linken Zeigefinger in das Glas, bis er gerade das Wasser berührt. Jetzt drehen Sie das Glas mit der rechten Hand um, wobei Sie den Stoff fest an den Seiten halten (Abb.). Es wird kein Wasser durchdringen, und die konkave Vertiefung darf jeder Zuschauer vorsichtig berühren. Es fühlt sich ein bisschen unheimlich an.

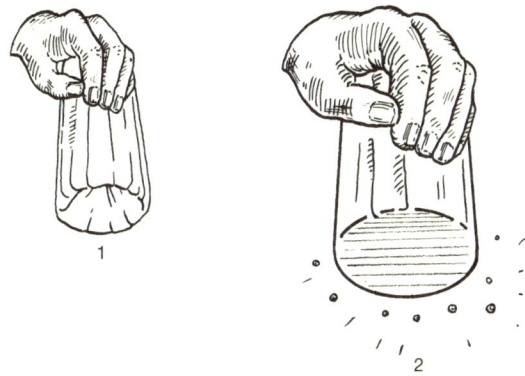

Sie halten das Glas umgekehrt und zwirbeln den Stoff am geschlossenen Ende, bis er stramm wie ein Trommelfell sitzt. Weil in dem Glas ein Vakuum entstanden ist, dringt Luft durch den Stoff und macht kleine blubbernde Geräusche, als würde das Wasser kochen (Abb. 2).

Mit diesem faszinierenden Effekt lässt sich endlos herumspielen.

℗ »Am Ende ist alles ein Gag.« Charlie Chaplin ℗

# Militante Kochkunst

## Kühne Küche für aufrechte Chefs

*Es ist nichts als ein verdammter gebratener Teigkloß.*
Colonel Harland Sanders

# Eingelegte Eier

Manchmal als Kaviar des armen Mannes beschrieben, sind eingelegte Eier billig und machen glücklich; wer nie ein Solei gegessen hat, der hat nicht gelebt. In England findet man sie bescheiden auf der Theke vieler Fish-and-Chips-Läden oder in Pubs neben der Kasse. Zu Hause sind sie ein schmackhafter fettfreier Snack und halten sich nach dem Öffnen selbst ungekühlt ewig. Es gibt viele Rezepte, Eier einzulegen, vom stinknormalen Solei bis zu scharf gewürzten Killer-Eiern. Es gibt knallgelbe Dilleier, aufgeregte Eier (Rote Bete) und sogar aztekenblaue Eier (Lebensmittelfarbe). Hier kommt ein Rezept für Großmutters einfache altmodische Soleier.

WAS MAN BRAUCHT
* *12–16 große Eier*
* *Ein großes Einlegegefäß mit weiter Öffnung*
* *2 Liter normalen braunen Essig*
* *Eine kräftige Prise Salz*
* *2 Esslöffel Zucker*

SO WIRD'S GEMACHT
In einem großen Kochtopf werden die Eier völlig mit kaltem Wasser bedeckt. Dazu gibt man einen kräftigen Schuss Essig, damit die Schalen nicht platzen und sie sich leichter schälen lassen. Im geschlossenen Topf wird das Wasser zum Kochen gebracht. Sobald es sprudelnd kocht, schaltet man den Herd ab und lässt die Eier 15 Minuten im heißen Wasser. Die richtige Zeit ist wichtig. Kocht man Eier zu lange oder bei zu hoher Temperatur, schrumpft das Eiweiß und wird zäh, und das Eigelb wird hart und verfärbt sich graugrün.

Nach 15 Minuten nimmt man den Deckel ab, stellt den Topf in die Spüle unter den Hahn und dreht das kalte Wasser auf. Man lässt es ein paar Minuten überlaufen und erledigt inzwischen etwas anderes.

Zum Schälen der Eier klopft man sie auf den Tisch und zerdrückt die Schale mit den Händen. Nun schält man sie vom dicken Ende aus vorsichtig unter Wasser. Die Haut muss ganz entfernt werden, aber ohne die Eier zu beschädigen. Narbige Eier sehen hässlich aus. Dieser Teil ist todlangweilig. Lassen Sie sich von jemandem helfen.

Man gießt den Essig in einen Topf, gibt Salz und Zucker hinzu und bringt ihn zum Kochen. Wenn man Delikatesseier machen will, ist jetzt der Zeitpunkt, um gehackte Zwiebeln, Kardamomkörner, Cayennepfeffer, Knoblauch oder was auch immer hineinzugeben und es köcheln zu lassen, bis die Leute anfangen, sich über den unaussprechlichen Geruch zu beklagen. Man gibt die Eier in ein sehr sauberes Gefäß in der Spüle und gießt den kochenden Essig darüber. Nach etwa fünf Minuten setzt man den Deckel auf und verschließt das Gefäß luftdicht.

Stellen Sie die Eier an einen dunklen, kühlen Ort. Ungefähr in einem Monat sind sie fertig. Je länger man sie stehen lässt, desto gummiartiger werden sie, so, wie sie der Kenner am liebsten mag. Am besten schmecken sie zu einem guten Bier.

*❋ Das alljährliche Internationale Essigfest findet in Roslyn, South Dakota, statt. ❋*

## Rezept für leckere Hoden

Falls Sie bei dem Gedanken, einen Teller Hoden zu verschlingen, hastig die Beine übereinanderschlagen, denken Sie einfach an das arme Spendertier. Wenn Sie nicht auf einem Bauernhof leben, kann es zugegebenermaßen schwierig sein, an die Zutaten zu kommen, und der Typ im Supermarkt wird Sie sicher komisch angucken, wenn Sie fragen, ob er heute Hoden hat. Dennoch ist dieses saftige Rezept ideal, wenn Sie den Ex Ihrer Freundin einladen. Sehen Sie einfach zu, wie er mit einem Stück in Soße getränktem Brot auf halbem Weg zum Mund erstarrt, wenn Sie ihm sagen, was er isst. »Rocky Mountain Austern« ist der Rolls Royce unter den Hodenrezepten und der Beweis, dass zum Kochen von Hoden mehr dazugehört, als sie einfach in eine heiße Pfanne zu werfen, bis sie explodieren.

## ROCKY MOUNTAIN AUSTERN »MONTANA«

* *900 g Stierhoden*
* *120 g Mehl*
* *30 g Maismehl*
* *1 Glas Rotwein*
* *1 Glas Milch*
* *4 zerdrückte Knoblauchzehen*
* *Salz und Pfeffer*
* *Scharfe Chilisoße*
* *Bratöl*

### SO WIRD'S GEMACHT

1   Die Fritteuse vorheizen.
2   Mit einem scharfen Messer trennen Sie die feste Membran auf, die jeden Hoden umgibt. Dies kann knifflig sein, wird aber leichter, wenn die Hoden vorher blanchiert wurden oder tiefgefroren sind.
3   Sie geben die Hoden in eine große Pfanne und bedecken sie mit Salzwasser. Eine Stunde ziehen lassen, damit das Blut aussickern kann.
4   Währenddessen den Frittierteig zubereiten.

### COWBOY BILLS BEWÄHRTER HODENFRITTIERTEIG

Mehl, Maismehl und Knoblauch werden mit etwas Salz und Pfeffer in einer Schüssel vermischt. In eine zweite Schüssel gießt man Milch und Chilisoße, den Wein in eine dritte. Das ist alles.

1 Nach einer Stunde gießen Sie das Wasser ab und füllen die Hodenpfanne wieder mit gerade so viel Wasser, dass die Hoden an der Oberfläche schwimmen. Geben Sie mehrere kräftige Spritzer Essig dazu.

2 Kochen Sie die Hoden in drei bis vier Minuten halb gar, dann gießen Sie sie ab und spülen sie unter fließendem kaltem Wasser ab. Abgekühlt mit einem scharfen Messer in fingerdünne Scheiben schneiden. Salzen und pfeffern.

3 Die Scheiben in der Mehlmischung, dann in der Milch-Chili-Mischung wälzen. Dann noch einmal im Mehl wälzen und kurz in den Wein tauchen.

4 Nun in der Fritteuse goldbraun braten. Sie werden leicht hart, also nicht zu lange braten.

5 Servieren Sie sie mit Fritten und einer Hodensoße Ihrer Wahl.

*Beim Hodenfest in Montana werden 15000 Besucher mit 2½ Tonnen Fleisch verköstigt.*

# So röstet man ein Spanferkel am Spieß

Wenn die Grillzeit kommt, ist Spanferkel am Spieß nicht die billigste Wahl, macht aber den meisten Eindruck. Dieses Rezept reicht für 6 Möbelpacker oder 80 ausgemergelte Fakire.

ZUTATEN

* *Ein Spanferkel von ca. 3,5 kg*
* *4–5 Äpfel*
* *3–4 Zwiebeln*
* *Ein paar Knoblauchzehen*
* *Ein gehäufter Esslöffel Korianderkörner*
* *4 Handvoll Paniermehl*
* *4 Esslöffel zerlassene Butter oder Öl*

* *Eine gute Handvoll gehackte Petersilie*
* *3 zarte Salbeiblätter*
* *Etwas gemahlener Ingwer*
* *Salz und Pfeffer*
* *1 Flasche billiger Rotwein*
* *1 schwarze Olive*

## NICHT ZUM ESSEN

* *Ein Spieß und eine Kurbel*
* *Ein Maiskolben*
* *Ein Stück dünner Bindfaden*
* *Glühende Kohlen*

## SO WIRD'S GEMACHT

1   Baden Sie das Schwein in einer schwachen Lösung aus doppeltkohlensaurem Natron und vergessen Sie nicht, es hinter den Ohren zu waschen. Die Zähne brauchen Sie ihm nicht zu putzen.

2   Sie ziehen den Stöpsel, duschen das Schwein ab und lassen frisches Wasser in die Wanne. Rühren Sie ein paar Handvoll Salz hinein und lassen Sie es eine halbe Stunde ziehen, während Sie den Spieß aufbauen und die Kohlen anzünden.

3   Lassen Sie das Wasser ab und tragen Sie Ihr Schwein auf einem großen Handtuch nach unten. Legen Sie es auf den Küchentisch und trocknen Sie es mit einem sauberen Tuch oder einem Fön ab.

4   Lösen Sie die Augen heraus, werfen Sie sie aber nicht weg; sie eignen sich hervorragend, um sie Leuten, die Sie nicht leiden können, in die Hosen- oder Handtasche zu stecken. Sehen Sie sich die Gesichter an, wenn sie ihre Schlüssel suchen.

5   Zerstoßen Sie die Kräuter, Ingwer und Knoblauch und verrühren Sie alles. Geben Sie viel Salz und Pfeffer dazu und reiben Sie das Schwein damit von innen ein.

6   Geben Sie das Paniermehl, die Zwiebeln, gehackten Äpfel, Petersilie und zerlassene Butter in eine Schüssel und würzen Sie die Mischung mit Salz und Pfeffer. Geben Sie ausreichend Wein dazu, um die Masse feucht zu halten.

7   Füllen Sie das Schwein damit und nähen Sie den Hohlraum mit etwas Bindfaden zu.

8   Strecken Sie die Beine und binden Sie sie fest zusammen. Ringeln Sie den Schwanz und stecken Sie ihn mit einem Metallspieß fest. Decken Sie Schwanz und Ohren mit Folie ab, damit sie nicht verkohlen. Stecken Sie ihm den Apfel ins Maul, damit es während des Garens geöffnet bleibt.

9   Stecken Sie das Schwein auf den Spieß und begießen Sie es mit etwas zerlassener Butter oder Öl. Zum Schluss reiben Sie die Haut mit Salz ein.

10  Lassen Sie sich von jemandem helfen, das Schwein vor – nicht über – die glühenden Kohlen zu bringen. Der Spieß sollte anfangs mindestens 60 cm von den Kohlen entfernt sein, sonst verbrennt die Haut, ehe es durchgebraten ist. Sobald es innen gar ist, können Sie den Spieß nach und nach näher an die Kohlen bringen, bis die Haut einen warmen Bronzeton annimmt. Drehen Sie das Schwein regelmäßig und begießen Sie es mit dem austretenden Fett, das Sie in einer Pfanne darunter auffangen können.

11  Im Freien hängt alles vom Wind, dem Wetter, der Temperatur der Kohlen und anderen lästigen Variablen ab. Im Backofen benötigt man ungefähr 20–50 Minuten pro Kilo, kann aber den Stand der Dinge am Spieß testen, indem man in den dicksten Teil des Fleisches schneidet und einen Finger hineinsteckt. Es sollte heißer sein, als man aushalten kann. Und es muss stark dampfen. Schweinefleisch muss vor dem Verzehr kochend heiß erhitzt werden (rund 80–85°). Wenn das Schwein gar ist, entfernt man den

Spieß, die Folie und den Maiskolben. Halbieren Sie die Olive längs und setzen Sie die Halbkugeln mit der runden Seite nach außen in die Augenhöhlen. Stecken Sie ihm einen Apfel ins Maul. Es muss übrigens kein Apfel sein; auch eine Bruyèrepfeife sieht sehr würdig aus. Richten Sie das Schwein auf einer großen Platte mit Röstkartoffeln, Würsten und Bratäpfeln an.

12 Tranchieren Sie es und servieren Sie das Fleisch in knusprigen Sandwiches oder Baguettes. Wenn Sie Engländer sind, vergessen Sie die Apfelsoße nicht.

® *Der Autor Stephen Fry war 2003 Pfeifenraucher des Jahres.* ®

# Pfannkuchen in der Luft wenden

Die wichtigen Faktoren für einen guten Pfannkuchen-wurf sind eine beschichtete Pfanne, ein geschmeidiger Schlenzer aus dem Handgelenk und Nerven wie Drahtseile. Der Handgelenk-Schlenzer ist wesentlich, um das Vakuum unter dem Pfannkuchen aufzulösen, sodass er im hohen Bogen herausrutscht. Die Wandung der Bratpfanne leitet den Salto ein, indem sie den Pfannkuchen beim Herausgleiten aus der Pfanne wendet.

Die einzige Möglichkeit, diese Technik in den Griff zu kriegen, ist, sie eifrig zu üben. Machen Sie sich einen Trainingspfannkuchen, den Sie mit Hilfe eines Tellers wenden, sodass er auf beiden Seiten gebacken ist. Beginnen Sie mit unambitionierten kleinen Würfen. Sobald Sie ein wenig Selbstvertrauen gewonnen haben, sollten Sie zu den 1-Meter-Würfen – der durchschnittlichen Wurfhöhe – übergehen. Das optimale Wurftempo für einen 1-Meter-Wurf beträgt 16 Stundenkilometer, wobei der Pfannkuchen seinen Zenit in weniger als einer halben Sekunde erreicht.

Nach einigem Üben testen Sie Ihre Geschicklichkeit an dem verblüffenden deckenhohen »Kronleuchter-Wurf«.

PFANNKUCHEN-WISSENSCHAFT

Einer der weltweit führenden Experten in der Wissenschaft des Pfannkuchenwurfs ist Dr. Garry Tungate von der Universität Birmingham. Seine Forschungen haben einige Aufsehen erregende Ergebnisse erbracht.

* ½ Joule (Energie) braucht man, um einen durchschnittlichen Pfannkuchen einen Meter hoch in die Luft zu werfen.

* Schurkenpfannkuchen (solche, die Sie nicht auffangen können) treffen in etwa 1,1 Sekunden auf dem Boden auf (in der Regel mit der flüssigen Seite nach unten) und klatschen mit etwa 22 Stundenkilometern aufs Linoleum.

Wenn Sie vorhaben, Pfannkuchen zu werfen, müssen Sie wissen, wie man sie zubereitet. Hier ist ein Rezept, das etwa 1000 Pfannkuchen ergibt. Damit können Sie wohl ein Weilchen üben.

FASTNACHTSPFANNKUCHEN
*8,1 kg Weizenmehl*
*18 Liter Milch*
*7 Liter Wasser*
*2,475 kg Butter*
*166 Eier*
*90 Prisen Salz*
*Eine Spülschüssel Zucker*
*Zitronensaft (sagen wir von 150 Zitronen)*

SO WIRD'S GEMACHT

1 Sieben Sie das Mehl und das Salz in eine Aluminium-badewanne.

2 Schlagen Sie die Eier auf, geben Sie sie in die Mitte und verquirlen Sie sie mit dem Mehl.

3 Geben Sie nach und nach unter ständigem Rühren Milch und Wasser dazu, damit die Masse glatt und klumpenfrei bleibt. Der Teig sollte einer gleichmäßigen Creme ähneln, wenn Sie fertig sind (dauert etwa zwei Stunden).

4 Zerlassen Sie die Butter in der Bratpfanne. Nicht die ganze, nur ein Klümpchen – Sie machen nicht einen einzigen Riesenpfannkuchen.

5 Stellen Sie die Pfanne auf mittlere Hitze und achten Sie darauf, dass die Butter nicht braun wird.

6 Gießen Sie genügend Teig für einen dünnen Pfann-kuchen in die Pfanne und verteilen Sie ihn gleichmä-ßig. Man braucht ein wenig Übung, um die richtige Menge hinzubekommen, aber nach etwa zweihundert Versuchen sollten Sie es im Schlaf können.

7 Wenn der Pfannkuchen sich an den Rändern zu wel-len beginnt und Sie ihn durch Rütteln von der Pfanne lösen können, probieren Sie den Wurf gemäß den oben angegebenen Instruktionen.

8 Backen Sie die andere Seite – das dauert nur wenige Sekunden.

9    Stapeln Sie Ihre Pfannkuchen auf einem Teller und halten Sie sie im Backofen warm (für 1000 Pfannkuchen braucht man zwischen 30 und 50 Backöfen).

10    Servieren Sie sie zusammengerollt, mit Zucker bestreut und einem Spritzer Zitronensaft.

Wenn Sie mehr als 1000 Pfannkuchen brauchen, multiplizieren Sie die Mengen einfach Ihrem Bedarf entsprechend.

*Zitronen lieben Sandböden.*

# Traditionelle Ingwerbier-Herstellung im Badezimmer

Früher dauerte es ewig, selbst Ingwerbier herzustellen, und die Flaschen waren immer teuflisch explosiv. Meine 24-Stunden-Methode ist einfach und glasfrei und lässt sich machen, wenn man ans Badezimmer gefesselt ist.

WAS MAN BRAUCHT

* *Zwei leere 2-Liter-Plastikwasserflaschen und einen Deckel*
* *Eine große Ingwerwurzel. Kein Ingwerpulver – das wäre gemogelt.*
* *Einen großen Zahnputzbecher voll mit irgendwelchem Zucker, der gerade zur Hand ist*
* *Ungefähr einen Viertel Teelöffel Trockenhefe*
* *Eine Käsereibe oder Ähnliches*
* *Eine Zitrone*
* *Eine Nagelschere*

## So wird's gemacht

1   Stellen Sie die Dusche auf heiß und waschen Sie alles gründlich, bis auf den Zucker und die Hefe.

2   Mit der Nagelschere schneiden Sie die Hälfte einer Flasche ab und halten die untere Hälfte in Reserve. Wir nennen dieses Stück B für Boden.

3   Füllen Sie den Zucker und die Hefe in die heile Flasche, wobei Sie die umgekehrte obere Hälfte der anderen als Trichter benutzen.

4   Reiben Sie den Ingwer auf einen Spiegel, bis Sie ungefähr zwei Esslöffel haben. Schälen Sie ihn nicht. Ein Rasiermesser oder Hornhauthobel eignet sich auch gut als Reibe, aber passen Sie auf Ihre Knöchel auf: Menschliche Haut verbessert das Aroma keineswegs.

5   Halbieren Sie die Zitrone mit der Schere und pressen Sie den Saft in Flaschenteil B. Dann rühren Sie den Ingwer mit einer Nagelfeile oder Ähnlichem ein. Zwei Esslöffel ergeben ein mild würziges Getränk, wenn Sie aber einen scharfen Nasenfeger vorziehen, geben Sie entsprechend mehr hinein.

6   Füllen Sie mit Wasser auf und gießen Sie das Gebräu durch den improvisierten Trichter in die unzerschnittene Flasche. Bei eventuellen Verstopfungen helfen Sie mit einer Zahnbürste nach.

7   Spülen Sie übrig gebliebene Bröckchen und Stücke in die Flasche und füllen Sie sie mit Wasser so weit auf, dass einige Zentimeter Luft zum Gären bleiben. Dass etwas danebengeht, ist unvermeidlich; legen Sie ein Handtuch auf den Boden, und regen Sie sich nicht auf.

8   Schrauben Sie den Deckel fest zu und schütteln Sie die Flasche, bis sich der Zucker aufgelöst hat. Das macht einen Riesenspaß, besonders mit Musikbegleitung, falls es im Bad ein Radio gibt.

9   Die Flasche sollte jetzt auf sanften Druck reagieren wie das Bein einer Debütantin. Stellen Sie sie an einen warmen Ort, z. B. auf einen Heizkörper.

10    Nach ungefähr 24 Stunden (bei kalter Witterung län-
      ger) drücken Sie die Flasche wieder. Die Gärung ist
      abgeschlossen, wenn sie sich hart wie der Bizeps eines
      Matrosen anfühlt. Länger als 48 Stunden sollte sie kei-
      nesfalls stehen bleiben, sonst spritzt sie beim Öffnen
      gewaltig oder könnte sogar explodieren.
11    Gekühlt servieren. Wenn Sie herumschwimmende
      Ingwerschnipsel nicht mögen, seihen Sie diese durch
      einen sauberen Waschlappen oder ein Taschentuch ab.

*Elisabeth 1. wird die Erfindung des Pfefferkuchenmanns zugeschrieben.*

# So wählt, öffnet und isst man Austern

Jemand hat einmal geschrieben, Austern schmeckten, als
würde man den Rotz einer Schildkröte schlucken. Das ist
Verleumdung, denn keine Meeresfrucht schmeckt köstlicher.
Die mit Abstand verbreitetste Austernart weltweit ist die Pa-
zifische Felsenauster. In Europa kommen die meisten Austern
aus Frankreich; sie werden heute fast ausschließlich in Aqua-
kulturen gezüchtet. Die volkstümliche R-Regel, nach der Austern nur in Monaten mit einem R wirklich schmackhaft sind,
also von September bis April, hat ihren Ursprung in einem
französischen Gesetz aus dem 18. Jahrhundert, das zur Siche-
rung der Bestände das Austernfischen in der Laichzeit verbot.

## Auswahl einer Auster

Suchen Sie nach schweren, fest geschlossenen Austern.
Wenn man einige Exemplare in der Vorauswahl hat, klopft
man an die Schale. Sie sollten dicht und voll klingen. Wie
jede andere Muschel können tote Austern giftig sein. Man
sollte sie also bei vertrauenswürdigen Lieferanten kaufen und
am besten am selben Tag verzehren. Man kann sie in einer
Schüssel im Kühlschrank aufbewahren, die runde Seite nach
unten, damit der Saft aufgefangen wird.

## ÖFFNEN EINER AUSTER

Das Öffnen von Austern ist eine wahrhaft geisttötende Aufgabe, die man sich aber erleichtern kann, wenn man die Muscheln zuvor 20 Minuten ins Tiefkühlfach legt. Wenn Sie so weit sind, bürsten Sie sie gründlich ab, um jeden Schmutz zu entfernen. Falls Sie keinen speziellen metallenen Austernhandschuh besitzen, wickeln Sie die Auster in ein Geschirrtuch und halten Sie sie gut fest.

Bei Felsenaustern schiebt man vorsichtig die Spitze eines kurzen scharfen Messers in das Scharnier und dreht es herum – von sich weg –, um die Schale zu lockern. Dabei muss man zunächst vermeiden, das Gewebe zu verletzen.

Bei den kleineren europäischen Austern schneidet man nicht in das Scharnier. Man hält es nahe dem Daumen und schneidet mit einem langen Messer um die gegenüberliegende Seite herum.

Man klappt die Auster wie ein Buch auf, schneidet das Fleisch von der oberen Schale und lässt es in die untere fallen. Die obere Schale wirft man weg und löst das Fleisch in der unteren. Achten Sie darauf, dass keine Flüssigkeit verloren geht. Die Austern sollten auf irgendeiner flachen Unterlage liegen, während man daran arbeitet – eine ungünstige Unterlage ist zum Beispiel der Fernseher.

## SO ISST MAN AUSTERN

Sie halten die Auster in der linken Hand und träufeln ein wenig Zitronensaft auf das Fleisch. Mehr brauchen Sie nicht. Nehmen Sie sie in die andere Hand, indem Sie die gegenüberliegenden Ränder der Schale von unten fassen. Führen Sie die Auster zum Mund und kippen Sie alles in sich hinein. Ob Sie kauen, liegt ganz bei Ihnen.

*⚮ Austern können ihr Geschlecht wechseln – und tun es auch. ⚮*

# So bereitet man ein Club-Sandwich zu

Das Club-Sandwich ist ein durch und durch amerikanisches Essen, das überall in den USA an Imbisstheken angeboten wird. Es geht mindestens bis ins 19. Jahrhundert zurück und besteht aus gekochter Puten- oder Hähnchenbrust, krossem Speck, Tomate und knackigem Salat zwischen Schichten aus getoastetem Weißbrot, angereichert mit Mayonnaise. Es wird heftig gestritten, ob Hähnchen der Pute vorzuziehen ist, und obwohl das Club-Sandwich fast immer aus drei Scheiben Brot besteht und von den heute unvermeidlichen Cocktailspießen zusammengehalten wird, gilt diese »Doppeldecker«-Version manchen Sandwich-Snobs als Proletennahrung.

Wie der Name entstand, weiß niemand.

ZUTATEN
* *60 g gekochte Puten- oder Hähnchenbrust*
* *3 dünn geschnittene Stücke Weißbrot*
* *Mayonnaise*
* *Ein knackiges Salatblatt*
* *Eine kleine reife Tomate*
* *2 Scheiben kross gebratener Speck*
* *4 Cocktailspieße*
* *Ein scharfes Messer*

SO WIRD'S GEMACHT

1   Schneiden Sie das Puten-/Hähnchenfleisch und die Tomate in dünne Scheiben.

2   Toasten Sie das Brot und bestreichen Sie es mit Mayonnaise – nur von einer Seite.

3   Legen Sie ein halbes Salatblatt auf eine Scheibe getoastetes Brot und darauf das Fleisch.

4   Setzen Sie die zweite Scheibe mit der Mayonnaise nach oben auf das Fleisch.

5    Dann geben Sie die andere Hälfte des Salatblatts und
     eine oder zwei Tomatenscheiben dazu und packen den
     Speck darauf. (O Mann, mir läuft schon das Wasser
     im Mund zusammen.)

6    Zum Schluss kommt das letzte Stück Brot darauf,
     Mayonnaise nach unten (klar).

7    Schneiden Sie das Sandwich in vier Dreiecke und
     stecken Sie in jedes einen Cocktailspieß, damit das
     Ganze nicht auseinanderfällt.

8    Schieben Sie es sich zwischen die Zähne. (Der Spieß
     wird nicht mitgegessen.)

*❋* *Als Herzog Richelieu 1756 Port Mayon auf Menorca einnahm,
kreierte sein Koch die »Mayonnaise«.* *❋*

# So macht man Glühwein

Die Rezepte reichen mindestens bis ins Mittelalter zurück, und auch in der Zeit Königin Victorias war Glühwein ein beliebtes Getränk. Eine Variante namens »Negus«
servierte man an Kindergeburtstagen. Kein Wunder, dass sie
damals so komische Hosen trugen.

Wenn Sie um die Weihnachtszeit Gäste beeindrucken
wollen, kommt hier ein Rezept, das sich sehr leicht abwandeln lässt, sodass Sie immer etwas Trinkbares zaubern können, selbst wenn Sie total abgebrannt sind. Eigentlich kann
man dabei kaum etwas falsch machen.

WAS MAN BRAUCHT
* ❋ *2 Flaschen Rotwein*
* ❋ *1 Glas Wasser*
* ❋ *Etwas Zucker*
* ❋ *½ Flasche Branntwein*
* ❋ *4 Zimtstangen*
* ❋ *5 Gewürznelken*

* *5 Kardamomschoten, zerstoßen*
* *Einige Orangen (ungespritzt)*
* *1 Zitrone (ungespritzt)*

SO WIRD'S GEMACHT

1 Raspeln Sie die Schalen der Früchte ab und geben Sie sie zusammen mit Zucker, Zimt, Kardamom und Gewürznelken in das Wasser. Lassen Sie es fünf Minuten köcheln, und nehmen Sie es vom Feuer.

2 Jetzt geben Sie den Wein dazu, wobei man schon einen Schluck trinken kann, wenn man ihn sowieso in der Hand hat, und geben den frisch gepressten Saft von einem halben Dutzend Orangen hinein sowie gerade so viel Zucker, dass er die Gerbsäure des Weins abpuffert. Übertreiben Sie nicht beim Zucker, denn je mehr Glühwein man trinkt, desto süßer schmeckt das Zeug. Man kann noch mehr Gewürze dazugeben, sollte aber vorsichtig sein, denn wenn sie einmal drin sind, ist nichts mehr zu retten.

3 Erwärmen Sie das Gebräu 20 Minuten bei schwacher Hitze und geben Sie etwas Wasser dazu, wenn Sie glauben, dass es etwas zu stark wird. Es darf auf keinen Fall kochen, das verdirbt alles.

4 Fünf Minuten vorm Servieren gießen Sie die magische Zutat hinein: eine viertel Flasche Branntwein. Servieren Sie es richtig heiß, denn lauwarmer Glühwein ist peinlich. Machen Sie das mit einem hübschen Schöpflöffel – nicht aus Plastik – direkt aus dem Topf, das macht Eindruck: der viele Dampf, dazu die wunderbaren Düfte. Sie können ihn in Weingläsern anbieten, aber dicke Becher sind besser, weil der Wein dann nicht so schnell abkühlt. Servieren Sie ihn mit einem kleinen Minzezweig. Nur Banausen lassen Obststücke darin schwimmen.

® *Oliver Cromwell war strikt gegen Weihnachtslieder.* ®

# So macht man eine Pork Pie

Jungs mögen Pork Pie, Mädchen mögen Schokolade – das ist Gesetz. Die Schweinefleischpastete ist eine Erfindung des 19. Jahrhunderts aus Melton Mowbray in Mittelengland. Fest, kross und saftig, mit feuchter Jus, wird für echte Pies ungepökeltes Schweinefleisch verwendet, kein Schinken. Deshalb ist das Innere grau, nicht rosa. Die Pastete wird in einem Drei-Stufen-Verfahren aus einem fettreichen Warmwasserteig gemacht. Der berühmte Schmerbauch der Pie rührt daher, dass sie ohne Backform gebacken wird. Hier kommen die Zutaten für den gewissenhaften Koch und die Methode für jedes einzelne Element.

## JUS

* *Knapp 1 kg Schweineknochen und ein Schweinsfuß (oder etwas Gelatine, wenn Sie faul sind)*
* *Eine Zwiebel*
* *Gewürznelken, eine Prise Kräutermischung und ein Löffel Pfefferkörner*

Alles wird in einen großen Topf mit viel Wasser gegeben und zum Kochen gebracht. Drei Stunden im zugedeckten Topf köcheln lassen, dann abgießen und über Nacht zugedeckt im Kühlschrank kühl stellen. Am nächsten Tag das Fett abschöpfen.

## FÜLLUNG

* *1,1 kg Schweineschulter (ohne Knochen)*
* *450 g frischer durchwachsener Speck*
* *Eine kräftige Prise gehackter Salbei, Thymian und Piment*
* *6 Spritzer Anchovisessenz (unverzichtbar!)*
* *Salz und weißer Pfeffer*

Das Fleisch wird grob gehackt, mit allen Zutaten vermischt und gut gewürzt.

## Pastete

* * 450 g Weizenmehl
* * 225 g Schweineschmalz
* * Etwa ½ Tasse Wasser
* * 4 große Prisen Salz
* * 1 Ei (zum Glasieren)

Mehl und Salz in eine Schüssel sieben. Das Schmalz wird im Wasser langsam erhitzt und, sobald es geschmolzen ist, bis fast zum Sieden gebracht. Zum Mehl geben und mit einem Holzlöffel glatt rühren, dann auf einem Brett zu einem geschmeidigen Teig kneten. Lassen Sie den Teig eine halbe Stunde im Trockenschrank (also im Wäscheschrank; holen Sie vorher die Katze heraus).

### So kommt alles zusammen

1   Heizen Sie den Backofen auf 200° vor, Gas Stufe 6.

2   Zwei Drittel des Teigs werden ausgerollt und sorgfältig in einen Pastetenring gedrückt oder um ein großes eingefettetes Gurkenglas geformt, dann wird der Ring entfernt bzw. das Glas herausgelöst.

3   Die Füllung wird in den Teigmantel gegeben. Der restliche Teig wird für den Deckel ausgerollt, die Ränder werden mit einem Wellenrand zusammengefügt. In die Mitte schneidet man ein Loch und steckt einen Zylinder aus Pergamentpapier hinein, damit es sich nicht schließt.

4   Man bindet eine doppelte Lage eingefettetes Pergamentpapier um die Pie, setzt sie auf ein Blech und backt sie eine halbe Stunde (gelegentlich nachschauen). Dann reduziert man die Temperatur auf 180°, Gas Stufe 4, und lässt sie weitere 1½ Stunden backen. Nach 45 Minuten entfernt man den Pergamentkragen.

5   Zum Schluss wird die Pie mit Ei bepinselt und zum Bräunen weitere 10 Minuten in den Backofen gestellt.

Dann nimmt man sie heraus und lässt sie mehrere Stunden abkühlen.

6   Die Jus wird auf dem Herd flüssig gemacht und durch das Loch in die Pie gegossen. Ein Trichter hilft.

7   Über Nacht kalt stellen. Nur Ausländer essen eine Pie warm.

® *Charles Mingus widmete Lester Young sein Stück »Goodbye Pork Pie Hat«.* ®

# Mexikanische Schneesuppe

**D**as folgende Rezept ist erstaunlich billig und schnell, was ideal ist, wenn Sie, sagen wir, ein fauler Student und pleite sind.

## ZUTATEN
* *2–3 Brühwürfel*
* *Ein paar kleine Kartoffeln*
* *1 Frühlingszwiebel*
* *Ein paar sehr scharfe Chilischoten*

## SO WIRD'S GEMACHT

1   Schneiden Sie einige kleine Kartoffeln in grobe Stücke und kochen Sie sie in ausreichend Wasser für zwei großzügige Teller Suppe. Sie dürfen nicht zu weich werden – 10 Minuten köcheln reicht in der Regel.

2   Krümeln Sie zwei oder drei Gemüsebrühwürfel hinein. Wenn Sie einen haben, nehmen Sie einen Brühwürfel mit Chili, aber Vorsicht – es ist wirklich drin, was draufsteht.

3   Hacken Sie die scharfen Chilischoten und werfen Sie sie hinein.

4   Schneiden Sie die Frühlingszwiebel in Ringe und werfen Sie die auch hinein.

5   Servieren Sie die Suppe.

In Lateinamerika erzählt man sich, dass stillende Mütter ihre Brustwarzen mit Chiliöl einreiben, damit die Säuglinge sich gleich an das spätere scharfe Essen gewöhnen. Vermeiden Sie, sich die Augen zu reiben, nachdem Sie Chilischoten geschnitten haben. Die Rückstände können Ihren Schleimhäuten übel mitspielen.

Vollmilch, Wein, Bier oder Branntwein sind ein Gegenmittel gegen die feurige Schärfe. Brot hilft auch, Wasser dagegen nicht, es verstärkt vielmehr die Qual.

❀ Pan de Muerto *wird am mexikanischen Tag der Toten auf die Altäre gelegt.* ❀

# So macht man eine Gans backofenfertig

So wird's gemacht

1   Fangen Sie eine Gans.

2   Rupfen Sie sie. Da ist *gar nichts dabei*, reißen Sie einfach die Federn in Wuchsrichtung aus, und suchen Sie dabei nach Einschusslöchern. Holen Sie eventuell vorhandene Schrotkugeln mit einem kleinen spitzen Messer heraus, mit dem Sie auch die Kielfedern herausziehen können. Entfernen Sie die Haare und Daunen, indem Sie den Vogel über brennendes Papier halten und ringsum absengen.

3   Köpfen Sie den Vogel.

4   Schneiden Sie durch die Haut rund um das Bein, 4 cm unter dem Knie, ohne die Sehnen zu durchtrennen. Legen Sie das Bein über die Tischkante und drücken Sie es nach unten, um den Knochen zu brechen. (Die Knochen artgerecht aufgezogener Gänse sind spröde und scharf. Minderwertige Supermarktgänse haben krümelige weiche Knochen. Die sollten Sie meiden.) Nehmen Sie den Fuß in die rechte Hand, greifen Sie den Körper fest mit der linken und reißen Sie den Fuß

ab. Die Sehnen sollten mitkommen. Bei älteren Gän-
sen müssen Sie sie mit einem Spieß entfernen – sie
werden beim Kochen hart und knorpelig, wenn man
sie nicht entfernt.

5  Machen Sie zum Ausnehmen einen Schnitt unter dem
Brustbein, sodass Sie gerade mit der Hand hineinkom-
men. Sie ziehen den Muskelmagen, das Herz und
die Leber heraus (Gänseklein). In etwas Butter sautiert
und auf Toast serviert, ist Gänseleber eine Delikatesse.
Unter der Leber liegt die Gallenblase. Verletzten Sie
diese auf keinen Fall, damit keine Galle ausläuft und
das Fleisch mit ihrem unangenehm bitteren, Brechreiz
auslösenden Geschmack ungenießbar macht.

6  Die schwammigen roten Dinger unter den Rippen
sind die Lungen. Nehmen Sie sie zusammen mit den
Nieren heraus; diese kann man nicht übersehen. Sie
liegen neben dem Rückgrat.

7  Schieben Sie Zeige- und Mittelfinger unter die Haut
am Hals, wo Sie die Luftröhre finden. Ziehen Sie sie
heraus.

8  Entfernen Sie den Magen (den Kropf) des Vogels, der
an der Brust unter der Haut liegt.

9  Jetzt ziehen Sie die Haut am Hals zurück und schneiden den Hals nahe am Körper ab, wobei Sie ein langes
Stück Haut hängen lassen, das unter dem Rücken ordentlich festgesteckt wird.

10  Entfernen Sie die Bürzeldrüse und waschen Sie den
Vogel, indem Sie kaltes Wasser durch ihn hindurch-
laufen lassen. Tupfen Sie ihn trocken und sehen Sie
nach, ob Sie nichts darin vergessen haben – besonders
Papiergeld.

11  Und ab in den Backofen mit ihm.

⁂ *Die Erzählungen* Les Contes de ma Mère l'Oye
(Geschichten von Mutter Gans) *von Charles Perrault erschienen 1697.* ⁂

# So macht man Glotzaugen

Jeder junge Mann sollte ein oder zwei schicke Gerichte zubereiten können, und Glotzaugen haben den Vorteil, dass sie schnell und billig und dazu überraschend sind. Sie sind das perfekte Frühstück für kleine Neffen und Nichten, die bei der Erwähnung von Rührei auf Toast die Nase rümpfen. Tatsächlich werden sie wahrscheinlich so darauf abfahren, dass sie Sie noch jahrelang in aller Herrgottsfrühe wecken werden, weil sie Appetit darauf haben.

## WAS MAN BRAUCHT
* *Brotscheiben*
* *Butter oder Margarine*
* *Eier*

## SO WIRD'S GEMACHT
1 Legen Sie eine Brotscheibe auf den Tisch und stechen Sie mit der Öffnung eines Wasserglases eine runde Scheibe aus der Mitte aus. Drehen Sie das Glas ein wenig, damit sich der Kreis löst, und heben Sie ihn heraus. Legen Sie ihn beiseite.

2 Zerlassen Sie etwas Butter oder Margarine bei mittlerer Hitze in einer Bratpfanne. Achten Sie darauf, dass sie nicht braun wird.

3 Bestreichen Sie das Brot auf beiden Seiten mit Butter und geben Sie es in die Pfanne.

4 Schlagen Sie vorsichtig ein Ei über dem Loch auf und lassen Sie es braten. Nach einer Weile drehen Sie die Scheibe mit einem Bratenwender oder einer Maurerkelle um und braten die andere Seite.

5 Sobald das Brot goldbraun und das Ei durchgebraten ist, legen Sie das Glotzauge auf einen Teller. Für Kinder passt Tomatenketchup ideal dazu.

6 Wenn Sie mehrere Glotzaugen zubereiten, können Sie die aus der Mitte geschnittenen Kreise für gebratene

oder getoastete »Löcher« verwenden. Aus irgendeinem Grund putzen Kinder, die mit Butter bestrichenen Toast stets höhnisch ablehnen, getoastete »Löcher« begeistert weg. Sie können dem »Loch« ein Gesicht machen, indem Sie ein paar Rosinen hineinstecken.

® *Ursache von vorstehenden Augen können eine Überfunktion der Schilddrüse, eine Thrombose oder grüner Star sein.* ®

## So bekocht man ein Mädchen

Wurst, Eier und eine gebratene Scheibe Brot sind prima, wenn man sie im Imbiss einer Gruppe Taxifahrer auftischt, aber das ist keine Mahlzeit, die Sie einem Mädchen vorsetzen können, das Sie beeindrucken wollen. Damen mögen großes Theater, Schnickschnack und dergleichen. Was Sie also brauchen, ist ein fantasievoller Mischmasch, der aussieht, als sei wesentlich mehr Können und Geld für ihn aufgewandt worden, als dies tatsächlich der Fall ist. Das folgende Rezept ist genau das Richtige. Manche mögen einwenden, dass Spaghetti, wie Maiskolben, unästhetisch zu essen sind. Doch gerade das verleiht Ihnen eine subtile Machtposition und gibt Ihnen eine tolle Entschuldigung, der Lady ganz nahe zu kommen. Halten Sie sich bereit, mit der guten alten Serviette Erste Hilfe zu leisten.

PASTA RAPIDA CON CREMA, BASILICO,
AGLIO E PANCETTA AFFUMICATA

ZUTATEN
* *Ein Paket frische Spaghetti*
* *¼ Liter Sahne*
* *Einige Streifen durchwachsener Speck (geräuchert)*
* *2 Knoblauchzehen*
* *Einige frische Basilikumblätter*

* *Olivenöl*
* *Butter*
* *Salz*
* *Frisch gemahlener schwarzer Pfeffer*

Jeden Artikel, den Sie nicht klauen können, bekommen Sie im Supermarkt.

### So wird's gemacht

1   Setzen Sie einen großen Topf mit Wasser auf und wärmen Sie eine Servierschüssel und zwei Teller im Backofen vor.

2   Bis das Wasser kocht, schneiden Sie vier Streifen Speck und braten Sie sie in ½ Teelöffel Olivenöl unter ständigem Rühren an.

3   Reduzieren Sie die Hitze und geben Sie etwas Butter und die zwei zerdrückten Knoblauchzehen dazu. Knoblauch zerdrückt man am besten, indem man ihn ungeschält unter ein Messer mit breiter Klinge legt und ihn mit der geballten Faust zerquetscht. Die Haut kann dann leicht entfernt werden. Warnung: Knoblauch und Butter verbrennen leicht, also auf niedrige Hitze achten.

4   Sobald der Knoblauch weich ist, rühren Sie einen Teelöffel Olivenöl hinein und gießen die Sahne zu. Nach Geschmack würzen.

5   Bei niedriger Hitze bringen Sie die Sahne unter ständigem Rühren zum Kochen, dann legen Sie den Deckel auf.

6   Geben Sie die Pasta ins kochende Wasser. Halten Sie sich gewissenhaft an die Angaben auf der Packung. Frische Spaghetti sind schnell gar, bleiben Sie also dabei stehen und haben Sie ein Auge darauf. Hacken Sie währenddessen das Basilikum.

7   Sobald die Spaghetti gar sind, gießen Sie das Wasser ab und geben sie in die Schüssel. Tun Sie das behut-

sam, denn frische Spaghetti sind empfindlicher als getrocknete. Gießen Sie die cremige Speck-Knoblauch-Soße über die Pasta und streuen Sie das gehackte Basilikum darauf. Geben Sie sich um Gottes willen Mühe, dass es hübsch aussieht. Knoblauch, Speck und Basilikum erzeugen einen herrlichen Duft, und die Sahne, das Fett aus dem Speck, Öl und Butter machen die Mahlzeit schmackhaft und obendrein sättigend. Servieren Sie es sofort auf den vorgewärmten Tellern.

Als billige Vorspeise probieren Sie eine Dose klare Brühe und tun so, als hätten Sie sie selbst gekocht. Wenn Sie total pleite sind, können Sie auch zwei Brühwürfel in kochendes Wasser werfen und in einer schönen Schüssel eine köstliche leichte Suppe auftischen. Das machen Sie natürlich heimlich. Richtig präsentiert wirkt es geradezu traumhaft. Wenn Sie drei Tropfen Scotch auftreiben können, machen Sie daraus ein Festmahl. Als Nachtisch sieht geschmolzene Schokolade über einer billigen Eiscreme wunderbar aus und schmeckt auch ausgezeichnet. Geben Sie das Ganze als altes Familienrezept aus.

Eine Blume (im Park oder einem Vorgarten geklaut) im Wasserglas verleiht dem Tisch im Männerhaushalt einen Hauch von Klasse. Stellen Sie eine Kerze hin – keine knubblige in einer Tabakdose voller schwarzer Fingerabdrücke, sondern eine edle. Teelichte tun es auch – die Ladies mögen das.

Et voilà!

❀ *In China wurden schon vor rund 4000 Jahren Nudeln hergestellt.* ❀

# Perfektes Roastbeef und Yorkshire-Pudding

Roastbeef und Yorkshire-Pudding sind zweifellos die Nummer eins der britischen Küche. Warum nicht einmal über den Kanal gucken und das Geheimnis des Yorkshire-Puddings lösen, der kein Pudding ist? Und das Ganze ist kinderleicht. Die Zubereitung dauert gerade mal 40 Minuten, und während das Fleisch gart, ist genügend Gelegenheit, ein bisschen ins Sonntagsfernsehen zu schauen und das eine oder andere Bier zu trinken. Dieses einfache Rezept reicht für vier normale Leute oder zwei richtig Dicke.

## ZUTATEN

* *225 g Rinderbraten*
* *30 g Bratenfett oder etwas Sonnenblumenöl*
* *110 g Kartoffeln (nicht zu groß)*
* *3–4 große Pastinaken*
* *Ein paar schöne Karotten*
* *Salz und Pfeffer*
* *Eine Handvoll Speisestärke*
* *Ihre Lieblingsbratensoße aus der Tüte*

## FÜR DEN YORKSHIRE-PUDDING

* *150 g Mehl*
* *2 große Eier*
* *Etwa ¼ l Vollmilch*

## SO WIRD'S GEMACHT

1   Heizen Sie den Backofen auf 180° vor (Gas Stufe 4), und vierteln Sie die Karotten, Pastinaken (längs) und Kartoffeln.

2   Geben Sie das Mehl, eine Prise Salz und die Eier in eine Schüssel und rühren Sie nach und nach die Milch hinein, schlagen Sie alles zu einem glatten Teig. Rüh-

ren Sie $^1/_8$ l kaltes Wasser hinein, dann lassen Sie alles zugedeckt stehen.

3   Geben Sie das gewürzte Fleisch mit dem Bratenfett oder Öl in einen großen Schmortopf, und lassen Sie es unter gelegentlichem Begießen die richtige Zeit braten. Rechnen Sie 20 Minuten pro 500 g plus 30 Minuten – je nachdem, ob Sie es muhend, medium oder eingeäschert mögen. Ein Stück Folie verhindert, dass die Außenseite verbrennt, wenn Sie beschließen, es lange im Ofen zu lassen.

4   Geben Sie die Kartoffeln in einen Topf und lassen Sie sie einige Minuten sprudelnd kochen. Nach dem Abgießen schütteln Sie sie kräftig bei geschlossenem Deckel. Das reißt die Außenflächen auf, sodass sie beim Garen mehr Fett aufnehmen und schön knusprig werden.

5   Lassen Sie die Karotten und Pastinaken einige Minuten kochen, gießen Sie das Wasser ab, heben Sie aber etwa $^1/_2$ l davon für die Soße auf.

6   Etwa 40 Minuten bevor das Fleisch fertig ist, geben Sie das Gemüse in den Schmortopf. Würzen Sie es und schwenken Sie alles in dem Fett, besonders die Kartoffeln.

7   Verteilen Sie etwa $^1/_2$ Teelöffel heißes Fett in zwei Muffinbleche. Stellen Sie den Backofen auf 220° (Gas Stufe 7), und schieben Sie die Bleche auf die oberste Schiene, über das Fleisch.

8   Rühren Sie den Teig an, und sobald die Bleche richtig heiß sind (sie sollten schon dampfen), nehmen Sie sie aus dem Ofen und füllen die Vertiefungen mit Teig. Der Teig sollte für 15–20 Yorkshire-Puddings reichen. Schieben Sie die Bleche wieder in den Backofen. Backen Sie sie etwa 30 Minuten, aber behalten Sie die Entwicklung im Auge: Feuchte Yorkshires sind eklig, aber verbrennen sollen sie auch nicht. Dies ist eigentlich der einzige kritische Teil der Übung. Falls Sie sich

die Sache nicht zutrauen, können Sie auch hochwertige tiefgefrorene kaufen, die Sie einfach nur warm machen, aber das ist eigentlich gemogelt.

9    Zehn Minuten vor dem Ende des Bratvorgangs nehmen Sie das Fleisch heraus, wickeln es in Alufolie und lassen es »ruhen« (es gart immer noch). Geben Sie das Gemüse in eine vorgewärmte Servierschüssel, die Kartoffeln in eine andere.

10   Gießen Sie rasch das Gemüsewasser zum Fleischsaft, rühren Sie etwas Speisestärke hinein, und erhitzen Sie es langsam, damit es eindickt. Dann mischen Sie die Soße nach den Angaben auf der Packung und geben sie in den Schmortopf. Verrühren Sie alles und würzen Sie nach Bedarf nach. Seihen Sie die Soße in ein heißes Gefäß ab.

11   Sobald die Yorkshire-Puddings aufgegangen und schön knusprig sind, nehmen Sie sie aus dem Backofen.

Servieren Sie den Braten mit Meerrettichsoße und Senf. Bier oder Wein passt gut dazu, und ein ordentliches Dessert danach ist Pflicht, vielleicht warmer Apfelstrudel mit Vanillesoße oder Scheiterhaufen. Das müssen Sie aber selbst aussuchen, ich kann schließlich nicht alles machen.

*Die Geburtsstunde der britischen Flagge, des Union Jack, schlug am 1. Januar 1801, als sich Großbritannien und Irland zum Vereinigten Königreich zusammenschlossen.*

## Woolton Pie

Während des Zweiten Weltkriegs, als überall Mangel herrschte und eine Lieferung Orangen in einem Laden wie ein Lotteriegewinn gefeiert wurde, schafften es Hausfrauen (wissen Sie noch, was das ist?), für ihre Familien zu kochen, ohne dass jemand an Unterernährung starb. Außerdem war die Kost damals auch nicht ungesünder, und nichts wurde weggeworfen. Heute drängen sich auf den Straßen die Übergewichtigen, Opfer minderwertigen Fastfoods in Wegwerfgeschirr. Nostalgie mag auch nicht mehr sein, was sie einmal war, aber wenn Sie es einmal ausprobieren wollen, kommt hier ein leckeres britisches Rezept aus dem Krieg, das mancher Großmutter Tränen der Rührung in die Augen treiben wird.

## DIE PIE

Die Woolton Pie wurde im Mai 1941 als Erfindung des Ernährungsministers Frederick James Marquis, 1. Earl of Woolton, eingeführt. Gemüse, die in sämtlichen Hausgärten und Schrebergärten gezogen wurden, zählten zu den wenigen Nahrungsmitteln, die es im Überfluss gab. Bis 1943 wurde eine Million Tonnen jährlich erzeugt. Woolton war eine beliebte Persönlichkeit und nutzte seine Bekanntheit zum Besten. Unter seinem Namen erschienen sogar Verse, die die Verschwendung von Lebensmitteln anprangerten.

## DAS KRIEGSREZEPT

Das Rezept für die Woolton Pie wurde vom Chefkoch des Savoy Hotels kreiert. Angeblich reicht es für fünf oder sechs Personen. Nicht vergessen: schrubben, nicht schälen.

## WAS MAN BRAUCHT

* *Je 450 g gewürfelte Kartoffeln, Blumenkohl, Kohlrüben und Karotten*
* *3–4 Frühlingszwiebeln*
* *Etwas gehackte Petersilie*
* *1 Teelöffel Gemüseextrakt*
* *1 Teelöffel Hafermehl*

## SO WIRD'S GEMACHT

Alles wird zusammen 10 Minuten knapp mit Wasser bedeckt gekocht und ab und zu umgerührt, damit es nicht anhängt.

Nach dem Abkühlen wird es in eine Pieform gegeben, mit der gehackten Petersilie bestreut und mit einer Kruste aus Kartoffeln oder Vollkornbrotkrümeln überzogen. Dann wird es bei mäßiger Hitze im Backofen gebacken, bis es schön braun ist, und heiß mit brauner Soße serviert.

In Erinnerung an Großmutters Küche können Sie es zum Nachtisch mit einem köstlichen Karottenpudding versuchen, der mit Karotten, Gelatine und Orangenessenz gemacht wird.

® *Neville Chamberlain, britischer Premierminister von 1937 bis 1940, war Mitglied der Royal Horticultural Society.* ®

# Das große britische Frühstück

Wenn Sie ein Frühstück aus Brot oder Brötchen mit Marmelade gewohnt sind, haut Sie ein komplettes englisches Frühstück wahrscheinlich um (und erspart Ihnen vermutlich das Mittagessen). War es früher am häuslichen Tisch der Normalfall, verzehren es heute in Hotels und Cafés meist Männer auf der Suche nach seelischer Stütze und moralischem Trost. Heiß, fettig, proteinreich und irgendwie die persönlichen Schwächen verzeihend, ist es eine Art Freund auf dem Teller.

*Und so wandlungsfähig.* Tomaten, Pilze und »Bubble and Squeak« (ein Resteessen aus Kartoffeln und Gemüse) gehören zu den üblichen gebratenen Beilagen, während maritime Zugaben wie Räucherheringe oder Kedgeree (geräucherter Schellfisch mit Reis und Eiern) neben Spezialitäten wie scharf gewürzten gebratenen Nieren dieses »barocke« Frühstück komplettieren. Aber ob einfach oder üppig, heruntergespült wird das komplette englische Frühstück mit dem obligatorischen mahagonibraunen Tee (eimerweise).

Hier ist ein Rezept, bei dem nichts schiefgehen kann und das die wichtigsten Bestandteile umfasst. Lassen Sie weg, was

Sie nicht mögen, und nehmen Sie dazu, was Sie mögen, ganz wie bei Ihrer Krankenversicherung. Knausern Sie bloß nicht bei der Qualität der Bohnen oder Würste, denn das rächt sich. Für zwei Personen.

ZUTATEN

* *4 Scheiben Speck*
* *2 Eier*
* *4 gute Würste*
* *Etwas Blutwurst (besorgen Sie die richtige)*
* *Champignons*
* *Tomaten*
* *Eine Dose anständige Baked Beans*
* *2 Scheiben Brot Ihrer Wahl*
* *Etwas Butter oder ein bisschen Schmalz oder Öl*

Das eigentliche Problem beim kompletten englischen Frühstück ist die Koordination – nämlich alles gleichzeitig fertig zu bekommen. Mehrere Pfannen werden helfen, ebenso zusätzlich zum Kochfeld der Einsatz des Grills.

1   Schneiden Sie die Würste mit der Schere auseinander und ziehen Sie die Haut der Blutwurst ab. Nach dem Braten bekommen Sie sie nur schwer ab. Schneiden Sie die Blutwurst in dickere Scheiben, halbieren Sie Tomaten und Champignons und geben Sie das Brot in den Toaster, schalten Sie ihn aber noch nicht ein.

2   Grillen Sie die Würste bei mittlerer Hitze. Je höher ihr Fleischanteil, desto geringer ist die Gefahr, dass sie verbrennen. In der Regel brauchen sie länger als das Übrige – etwa 15 Minuten. Wenn Sie den Speck nicht so knusprig haben wollen, dass er krümelt, geben Sie ihn sechs Minuten später dazu. Wenden Sie das Fleisch ab und zu. Ich verwende dafür ein raffiniertes Gerät, das wie eine Kreuzung aus Schere und Kohlenzange aussieht. Sie *können* die Würste und den Speck

zusammen mit dem Rest braten, aber das endet dann oft in einer Art kulinarischem Verkehrsstau auf dem Kochfeld.

3   Machen Sie die Bohnen in einem Topf unter gelegentlichem Rühren bei schwacher Hitze warm: zugedeckt, wenn Sie die Soße flüssig haben wollen, ohne Deckel, wenn sie etwas eindicken soll.

4   Garen Sie die Champignons mit etwas Butter und einer Prise Salz langsam in einem anderen Topf. Lassen Sie den Deckel weg, sonst ziehen sie zu viel Wasser. Wenn sie gerade weich sind, schalten Sie auf die niedrigste Stufe oder legen den Deckel auf und stellen sie in den mäßig vorgeheizten Backofen.

5   In der Zwischenzeit beginnen Sie, die Blutwurst in etwas Fett zu braten. Machen Sie das bei geringer Hitze – es dauert nicht lange. Blutwurst lässt sich auch gut grillen, aber im Grill herrscht schon einiges Gedränge.

6   Legen Sie die Tomaten in den Grill oder zur Blutwurst und schalten Sie den Toaster an.

7   Schlagen Sie die Eier in eine heiße beschichtete Pfanne mit etwas Fett. Sie sind das Ausschlaggebende beim kompletten englischen Frühstück und bieten Anlass für Kontroversen. Ich mag meine ohne knusprige Ränder, mit weichem Dotter, jedoch beidseitig gebraten. Aber die Geschmäcker sind verschieden, machen Sie sie also, wie Sie sie mögen.

8   Wenn Sie es richtig koordiniert haben, sollten der Toast und die Eier gleichzeitig fertig sein. Laden Sie alles auf vorgewärmte Teller und servieren Sie es.

Die richtigen Würzen sind H P Sauce (eine würzige Fertigsoße auf Malz-Essig-Basis), Ketchup und englischer Senf.

---

® *John Bull, eine Figur, die auf britischen Rekrutierungsplakaten im Weltkrieg warb, wurde bereits 1712 von Dr. John Arbuthnot geschaffen.* ®

# Das amerikanische Frühstück

Das amerikanische Frühstück besteht aus vielen seltsamen und exotischen Dingen, oft Süßes und Pikantes zusammen, etwa Speck und Pfannkuchen mit Ahornsirup. Hier sind ein paar typische Rezepte.

### EGGS OVER EASY
Diese Eier sind nichts anderes als eine Trockenübung für Amerikaner, die einen flüssigen Dotter mögen, aber kein glibberiges Eiweiß. Sie werden wie Spiegeleier gebraten, dann für 15 Sekunden gewendet. Nicht zu früh wenden.

### HASH BROWNS
Hash browns sind eine Art Rösti, also Pfannkuchen aus geriebenen Kartoffeln. Sie sollten knusprig sein, sind aber oft enttäuschend weich. Das Geheimnis besteht darin, vor dem Braten möglichst viel Wasser zu entziehen. Dieses wasserarme Rezept macht zwei hungrige Leute satt.

### ZUTATEN
* *225 g geriebene Kartoffeln*
* *Ein großzügiger Klacks Sonnenblumenöl*
* *Salz und Pfeffer*

### WAS MAN BRAUCHT
* *Eine große Bratpfanne*
* *Eine Käsereibe*
* *Eine Pflanzenpresse*

### SO WIRD'S GEMACHT
1. Geben Sie die geriebenen Kartoffeln in eine Pflanzenpresse und drücken Sie so viel Wasser heraus wie möglich. *Sie werden staunen.* Wenn Sie keine Pflanzenpresse besitzen, können Sie mit zwei Backblechen und einem dicken Mann oder einem Auto darauf improvisieren.

2    Erhitzen Sie das Öl ziemlich stark. Wenn es gerade zu dampfen beginnt, geben Sie die Kartoffeln in einer dünnen, gleichmäßigen Schicht in die Pfanne und würzen sie.

3    Wenn sie goldbraun sind, wenden Sie sie mit einem Bratenwender (oder siehe »Wie man einen Pfannkuchen wirft, S. 323f.). Braten Sie die andere Seite ebenso und servieren Sie.

## ZIMT-TOAST (FÜR ZWEI)

Ein typisch amerikanisches Gericht, für das Sie brauchen:

### ZUTATEN

* *4 Scheiben Weißbrot*
* *½ Dose Kondensmilch*
* *1 kleines Ei*
* *Etwas Vanilleextrakt*
* *Zimtpulver nach Geschmack*
* *1 Prise Salz*
* *Ein großer Klacks Butter*

### SO WIRD'S GEMACHT

1    Mischen Sie alles bis auf das Brot und die Butter in einer Schüssel.

2    Zerlassen Sie die Butter in einer ziemlich heißen Pfanne, während Sie das Brot in der oben beschriebenen Masse wälzen.

3    Braten Sie jede Seite ungefähr drei Minuten, bis sie schön braun ist.

4    Mit etwas Puderzucker bestreut sehen sie richtig echt aus, besonders, wenn Sie dazu irgendeine Wildwurst oder etwas anderes aggressiv Deftiges essen.

*☞ Die Figur des Uncle Sam stammt aus
dem amerikanischen Krieg von 1812. ☜*

# Kochen für Gäste, wenn man die Handwerker in der Küche hat

Angenommen, Sie erwarten eine illustre Gesellschaft zum Essen, haben aber vergessen, dass die Fliesenleger in der Küche Estrich mischen und der Boden aufgerissen ist. Keine Sorge, *ist uns allen schon passiert*, und wenn Sie die richtigen Zutaten im Haus haben, können Sie trotzdem Ihre Gäste bewirten. Hier sind die Notfallmaßnahmen mit einigen Menüvorschlägen.

VORSPEISE
* *Mayonnaise-Eier*
* *Mulligatawny-Soup mit warmem Brot*

HAUPTGANG
* *Frischer gemischter Salat mit Vinaigrette d'imprévu*
* *Filet vom Räucherlachs mit neuen Kartoffeln, grünen Bohnen, Strauchtomaten und Petersiliensoße*

DESSERT
* *Crème Caramel*
* *Blanchierte Mandeln mit Honig*

ZUM ABSCHLUSS
* *Selbstgemachter Cappuccino*

SO WIRD'S GEMACHT
1 Bevor Sie mit dem Kochen beginnen, lassen Sie das Auto an und lassen es im Leerlauf laufen.

2 Stellen Sie den Weißwein im Spülkasten der Toilette kalt (Sie lassen ihn natürlich in der Flasche; Sie wollen ja nicht jedes Mal spülen, wenn einer um ein Glas Chablis bittet).

3 Wärmen Sie das Brot über der Lüftung an der Rückseite Ihres Fernsehers, aber stellen Sie den Ton ab, da-

mit die Unterhaltung nicht gestört wird. Fladenbrot lässt sich gut in einem Hosenbügler aufbacken.

4 Waschen Sie die Kartoffeln mit einem Hochdruckreiniger oder einem Gartenschlauch und kochen Sie sie oben im Wasserkocher. Gegen Ende schmeißen Sie die Bohnen dazu.

5 Bereiten Sie die Eier vor, indem Sie sie gut fünf Minuten in Ihrem Fußbad kochen.

6 Gießen Sie die Suppe in eine Wärmflasche und lassen Sie im Waschbecken im Bad sehr heißes Wasser darüberlaufen. Mulligatawny-Soup ist eine gute Wahl, weil sie den herben Gummigeschmack überdeckt. Servieren Sie sie nach Möglichkeit nicht in der Wärmflasche; das macht keinen guten Eindruck.

7 Für den Salat zunächst den Blattsalat in Ihren Aktenvernichter geben. Dann mischen Sie ihn mit den übrigen Salatzutaten.

8 Für die Salatsoße die Vinaigrette anrühren und entweder im Flüssigseifenspender am Tisch servieren oder zusammen mit dem Salat in der Waschmaschine im Schleudergang vermischen. Mit einem alten Rasiermesser von einem Brocken Parmesan gesäbelte Späne machen sich auf dem Salat ziemlich stilvoll.

9 Für den Hauptgang schälen Sie als Erstes die Tomaten. Mit einem guten Tapetenkratzer dauert das bloß Sekunden.

10 Wickeln Sie den Fisch in Folie und dünsten Sie ihn in der auf »Economy« geschalteten Spülmaschine. Oder Sie drapieren ihn um den Motorkühler Ihres Autos und beauftragen jemanden, in der Kiste eine Runde zu drehen. Mit beiden Methoden wird der Fisch wunderbar gar. Noch ein Tipp: Bevor Sie den Fisch servieren, wärmen Sie die Teller mit einem Fön vor.

11 Für die weiße Soße dünsten Sie zunächst eine gehackte Zwiebel mit einem guten Bügeleisen – auf »Baumwolle« gestellt – glasig. Schaben Sie sie zusam-

men mit etwas gehackter Petersilie in eine Pfanne. Verrühren Sie das Ganze auf einem heißen Automotor mit Mehl, Milch und Sahne.

12    Die Crème Caramel gelingt mit Ihrer voll aufgedrehten Schleifmaschine kinderleicht.

13    Wenn Sie sich für die Mandeln entscheiden, übergießen Sie sie mit siedend heißem Wasser, bevor Sie sie servieren.

14    Einen richtig guten schaumigen Cappuccino kriegen Sie mit einer elektrischen Zahnbürste hin.

⊛ *Am Schluss vieler französischer Filme erscheint das Wort* Fin *(Ende).* ⊛

# Register

*Erstmals von beiden Seiten erklommen: der einzig wahre Gipfel der Gefühle. Wie sie ihn sieht und was er davon hält*

Simone Buchholz /
Harald Braun
ER KOMMT, SIE KOMMT
Das Orgasmusbuch
240 Seiten
Gebunden mit Schutzumschlag
ISBN 978-3-431-03708-1

Für Frauen ist er der Mount Everest, für Männer das Fichtelgebirge: der Orgasmus. Was wissen wir eigentlich über die schönste Sache im Leben und warum so wenig?
*ER KOMMT, SIE KOMMT* ist eine amüsante Auseinandersetzung mit dem Gipfelstreben von Frauen und Männern und dem Problem, dass unbedingt beide raufwollen, sich aber auf keinen gemeinsamen Weg einigen können. Mal klappt es, mal klappt es nicht. Warum?
Heiter und immer mit einem Augenzwinkern lüften Simone Buchholz und Harald Braun das letzte schöne Geheimniss der Welt – was denkt sie und was denkt er dabei?

Ehrenwirth

*Sie denken, der US-Präsident wäre der
einflussreichste Mann der Welt? 
Weit gefehlt! Es ist der Marlboro-Man*

Dan Karlan / Allan Lazar /
Jeremy Salter
DIE 101 EINFLUSS-
REICHSTEN PERSONEN, DIE
ES NIE GAB
Wie Barbie, James Bond und
Hamlet uns verändert haben
365 Seiten
Gebunden mit Schutzumschlag
ISBN 978-3-431-03753-1

Hätten die Gebrüder Wright wohl jemals ihren ersten Flugversuch
unternommen, wenn es nicht Vorbilder wie Ikarus oder Daedalus
gegeben hätte. Wie viele Menschen hätten ohne den Marlboro-Man
nie mit dem Rauchen angefangen? Und welche Frau träumt nicht
davon, einmal einen Mann zu treffen wie Bond, James Bond?
Dan Karlan, Allan Lazar und Jeremy Salter haben eine einzigarti-
ge Liste erstellt: Die 101 einflussreichsten Personen aus Literatur,
Film, Fernsehen, Mythologie und Märchen. Alle haben sie eines
gemeinsam: Es hat sie nie gegeben. Und dennoch haben sie unsere Kultur geprägt und beeinflussen oft heute noch unser Leben.
Wer sind sie, wer hat sie erfunden, warum sind sie so mächtig – das
ungewöhnlichste Who-is-who, das es bisher in Buchform gab!

Ehrenwirth

*Von Arminius bis Adenauer,*
*von Canossa bis zum Mauerfall*

Bernd Ingmar Gutberlet
DIE 33 WICHTIGSTEN
EREIGNISSE DER
DEUTSCHEN GESCHICHTE
ca. 272 Seiten
Gebunden mit Schutzumschlag
ISBN 978-3-431-03759-3

*Wo und wann fand noch mal die Krönung Karls des Großen statt?*
*Warum war der Gang nach Canossa ein so einschneidendes Ereignis?*
*Und welche Symbolkraft hatte Willy Brandts Kniefall von Warschau?*

Die deutsche Geschichte voller überraschender Ereignisse und
dramatischer Wendungen, großer Siege und vernichtender Nie-
derlagen. Wer sich nur noch lückenhaft an seinen Geschichts-
unterricht erinnert oder einfach sein Wissen auf kurzweilige
Art auffrischen möchte, dem hilft Bestsellerautor Bernd Ingmar
Gutberlet in 33 Kapiteln gekonnt auf die Sprünge. Kurz, prägnant
und unterhaltsam.

Ehrenwirth

*Genug ist genug. Wie wir erkennen,
worauf es wirklich ankommt.*

John Naish
GENUG
Wie Sie der Welt des
Überflusses entkommen
Deutsche Erstausgabe
Gebunden mit Schutzumschlag
ISBN 978-3-431-03762-3

Heute gibt es von allem mehr, als wir jemals nutzen, genießen oder uns leisten können. Mehr Information, mehr Essen, mehr Sachen, mehr Statussymbole. Trotzdem rücken wir keinen Millimeter von der ältesten Überlebensstrategie der Menschheit ab: Wir wollen immer noch mehr, mehr, mehr – auch wenn uns das krank, müde, übergewichtig, unzufrieden und arm macht. Die Welt des Überflusses zerstört unsere persönlichen Ressourcen und die unseres Planeten.

In Wahrheit fehlt uns gar nichts – bis auf die Fähigkeit zu erkennen, wann es genug ist. Times-Journalist John Naish lebt uns vor, wie wir alle mit weniger ein erfüllteres, gesünderes, umweltbewussteres und glücklicheres Leben führen können.

Ehrenwirth